Douglas Sean O'Donnell, Leland Ryken

LA BELLEZA Y EL PODER DE LA EXPOSICIÓN BÍBLICA

Cómo predicar los distintos géneros literarios de las Escrituras

EDITORIAL PORTAVOZ

Título del original: *The Beauty and Power of Biblical Exposition,* © 2022 por Douglas Sean O'Donnell y Leland Ryken, y publicado por Crossway, un ministerio editorial de Good News Publishers, Wheaton, IL 60187, U.S.A. Traducido con permiso. Todos los derechos reservados.

Edición en castellano: *La belleza y el poder de la exposición bíblica* © 2024 por Editorial Portavoz, filial de Kregel Inc., Grand Rapids, Michigan 49505. Traducido con permiso. Todos los derechos reservados. Publicado por acuerdo con Crossway.

Traducción: Jorge Ostos.
Maquetación y composición del eBook: www.produccioneditorial.com

EDITORIAL PORTAVOZ
2450 Oak Industrial Drive NE
Grand Rapids, MI 49505 USA
Visítenos en: www.portavoz.com

ISBN 978-0-8254-5039-6 (rústica)
ISBN 978-0-8254-7152-0 (Kindle)
ISBN 978-0-8254-7153-7 (epub)

1 2 3 4 5 edición / año 33 32 31 30 29 28 27 26 25 24

Impreso en los Estados Unidos de América
Printed in the United States of America

«Este libro es un magnífico manjar para que los predicadores lo saboreen y digieran, y así puedan preparar un banquete de vida para quienes los escuchen. Es una delicia leerlo de principio a fin. Formados por un profundo amor a la Biblia y al Dios que la dio, O'Donnell y Ryken nos han hecho un regalo maravilloso. Ya seas un predicador principiante que desea que sus errores sean corregidos de manera apacible, pero con sabiduría; un predicador cansado que ha perdido el amor por la expresión artística; un predicador agobiado que está tomando atajos debido a las exigencias del ministerio; o un predicador experimentado, para quien los senderos homiléticos bastante usados se han convertido en una segunda naturaleza, aquí hay algo que te edificará sustancialmente. Este libro te hará sonreír y te proporcionará una nueva fascinación por el texto de las Sagradas Escrituras. ¡Léelo y disfrútalo!».

David Gibson, ministro, Trinity Church, Aberdeen, Escocia; autor, *Living Life Backward* y *Radically Whole*

«Con magistrales e inspiradores desafíos para los predicadores, O'Donnell y Ryken combinan sus años de experiencia en la predicación bíblica en un manual descriptivo y útil para la exposición bíblica. Esta obra, con sus ejemplos relevantes, anima a los predicadores a leer la Biblia a través de la lente de sus diversos géneros literarios, para predicar fielmente la Palabra de Dios con la intención del autor y con un propósito transformador».

Robert Smith Jr., profesor bautista «Charles T. Carter» de la cátedra de Divinidad, Beeson Divinity School, Samford University

«Así como Virgilio se presentó ante Dante, este volumen se nos presenta ahora como una sabia guía turística de los contornos, las profundidades y la gran belleza de los géneros literarios de la Biblia. Los predicadores (al igual que sus congregaciones) se beneficiarán de las numerosas ideas contenidas en cada capítulo, y todos los lectores verán enriquecida su apreciación de las Escrituras por el evidente afecto que O'Donnell y Ryken sienten por la Palabra de Dios. Deja que este libro te anime en tu labor con la Palabra».

Robert S. Kinney, director de ministerios, Charles Simeon Trust; sacerdote, Christ Church, Viena, Austria

«Predicar de manera fiel y hacerlo bien es el desafío de toda una vida. Necesitamos toda la ayuda posible. Hay aquí mucha sabiduría, fruto de una larga experiencia y de un cuidadoso estudio, todo ello recopilado con calidez y claridad. Este libro será un recurso útil para los predicadores y para quienes se dedican a formarlos».

> **Christopher Ash**, escritor residente, Tyndale House; autor,
> *La predicación como prioridad*

«Leland Ryken ha sido quizá la voz más clara y útil para entender la literatura de la Biblia en nuestra generación, y aquí Douglas O'Donnell, de manera hábil y específica, aporta la visión y la voz de Ryken a la tarea de la predicación. La fuerza de este libro reside especialmente en afirmar la importancia de prestar atención a la función y la belleza de la forma literaria, pero también en su exposición de estrategias particulares para la lectura y la predicación, ilustradas con ejemplos concretos. Está claro que la forma literaria es importante para Dios; y, como predicadores, debería serlo para nosotros, tanto en nuestra preparación como en nuestra predicación. *La belleza y el poder de la exposición bíblica* te será útil en ambos frentes. Es un testimonio indiscutible del poder y lo beneficioso de la hermosa Palabra de Dios».

> **Mike Bullmore**, pastor principal, CrossWay Community Church,
> Bristol, Wisconsin

«Una de las grandes necesidades de nuestros días es que los púlpitos estén ocupados por predicadores comprometidos con la proclamación de la verdad de las Escrituras y preparados para hacer sonar la belleza del evangelio. Esta obra ha lanzado la flecha hacia un blanco digno e inamovible. Cada uno de estos dos hombres han sido voces moldeadoras en mi vida como predicador y compositor de himnos, y estoy expectante por ver cómo el Señor usará esta contribución para moldear la próxima generación de expositores».

> **Matt Boswell**, pastor principal, The Trails Church, Celina, Texas;
> compositor de himnos

A
R. Kent Hughes

CONTENIDO

TABLAS Y DIAGRAMAS

INTRODUCCIÓN

Hace casi treinta años, tomé el curso *Literatura de la Biblia* del Dr. Leland Ryken. Allí conocí el ingenio, la sabiduría y la injusta política de calificaciones de Lee. ¡Solo me puso un 8! También conocí los géneros literarios y la forma en que el maestro de la Palabra de Dios, si desea ser un instructor bueno y fiel (¡además de perspicaz e interesante!), necesita entender cómo funciona cada género.

Lo que más recuerdo de aquella clase, además de la hermosa y menuda morena que se convertiría en mi esposa, fue el recuento que hizo Lee de la historia del juez zurdo Aod, de la tribu de Benjamín, que asesinó al arrogante y obeso rey moabita Eglón (Jue. 3:12-30). En su encuentro privado, Aod sacó su espada oculta de doble filo del muslo derecho y se la clavó al desprevenido Eglón con la mano izquierda. El estómago del soberano se tragó la espada, y murió cuando Aod escapaba. Mientras el Dr. Ryken relataba la historia, señalando los detalles importantes y cómo el género narrativo trabajaba y trabaja sobre nuestro intelecto y nuestras emociones, quedé cautivado. *Eso se puede predicar*, pensé.

Desde ese día hasta hoy, he continuado —tanto por sus libros como por su amistad— bajo la tutela del Dr. Ryken. ¡He aprendido mucho! Me merezco un 10 o algún reconocimiento honorífico de su parte por aprobar mi evolución. Bueno, supongo que su oferta de ser coautor de este libro es exactamente eso; o, al menos, lo tomaré como eso, ¡y notificaré rápidamente al registro de Wheaton College para que cambien mi nota promedio!

Cuando Lee se me acercó y me preguntó si quería formar equipo con él para escribir un libro sobre la predicación de los géneros literarios de la Biblia, me sentí honrado. Cuando me dijo que le gustaría que yo, como predicador, fuera «la voz» del libro,[1] me sentí doblemente honrado. El

---

1. A título personal, Lee sabe que la literatura inglesa es su especialidad. No es predicador. Creo que renunció a tener dos voces en este libro —medio capítulo suyo y medio mío— porque

trato consistía en que él escribiría sobre el tema de cada capítulo, y yo tendría total libertad para utilizar lo que quisiera, reformularlo con mis propias palabras y añadir la perspectiva de un predicador. Dijo que no necesitaba ver nada de lo que yo escribiera. Confianza. Libertad. ¡Alas para escribir!

Cuando empecé a remontar el vuelo —escudriñando sus palabras con deleite, como el aire bajo las alas—, se me ocurrió la idea de honrarlo como él me había honrado a mí. Sí, lo que tienen en sus manos es mi homenaje personal a él. He tomado tanto el nuevo material que ha escrito para este proyecto en particular, como algunos de los fragmentos más aplicables de algunas de sus más de setenta monografías, artículos y ensayos, para dar voz a *nuestros* pensamientos sobre cómo predicar los géneros de la narrativa, la parábola, la epístola, la poesía, los proverbios y la escritura visionaria. El propósito de nuestro esfuerzo común es sencillo. Queremos ayudarte a «desatar la tempestad», como los predicadores suelen decirse, y orar unos por otros. En el proceso de determinar el título de este libro, en un momento dado sugerí «Trueno invertido», mientras leía el perspicaz comentario de Ryken sobre el poema «Oración» de George Herbert.[2] Una de las imágenes de Herbert para describir la oración es un trueno invertido, en el sentido de que, por medio de la oración, lanzamos peticiones al cielo como un rayo.[3] Tomo prestada esa convincente metáfora, pero utilizándola de un modo diferente. La idea es esta: ¿qué ocurre detrás del poderoso rayo del domingo por la mañana? ¿Qué ocurre, en otras palabras, si invertimos el marco temporal desde el golpe de las Escrituras del domingo hasta el tranquilo estudio de las Escrituras por parte del pastor en los días previos? ¿Qué hay detrás del calor y la luz? Mi argumento es claro, o espero que lo sea. Lo dejaré claro ahora: Comprender lo que sucede en el estudio del pastor, cuando trata de entender y luego explicar, ilustrar y aplicar la Palabra de Dios, puede ayudar a todos los que enseñan regularmente las Escrituras a aprovechar la marejada detrás de la tormenta.

---

siente un gran respeto por la vocación del pastor y pensó que mi voz, como predicador, sería más directamente relevante para nuestros lectores.

2. Leland Ryken, *The Soul in Paraphrase: A Treasury of Classical Devotional Poems* (Wheaton, IL: Crossway, 2018), 88-89.

3. Para más información sobre el poema, ver Leland Ryken, *The Devotional Poetry of Donne, Herbert, and Milton*, Christian Guides to the Classics (Wheaton, IL: Crossway, 2014), 54-55.

SIETE CONVICCIONES COMPARTIDAS

Antes de asomarnos a esa fuente de energía, es importante decir algo sobre las convicciones compartidas que subyacen a este esfuerzo de colaboración, o «nuestro libro», como titulábamos a menudo los numerosos correos electrónicos que nos enviábamos. Tenemos al menos siete. En primer lugar, un enfoque literario de la Biblia es esencial para una buena predicación, porque la Biblia es literatura. Para dividir correctamente la Palabra de verdad, es necesario comprender cómo está compuesta la Biblia. Una exposición bíblica fiel requiere un cuidadoso análisis literario. Como Martín Lutero declaró una vez: «Estoy persuadido de que sin el conocimiento de la literatura, la teología pura no puede perdurar en absoluto». El contexto de esa cita es que Lutero está expresando su «deseo de que haya tantos poetas y retóricos como sea posible» en el púlpito, porque ve que «por estos estudios, como por ningún otro medio, la gente está maravillosamente capacitada para captar la verdad sagrada y para manejarla de manera hábil y gustosa».[4] Del mismo modo, estamos convencidos de que, por el lado negativo, un tratamiento de la Biblia que ignore su naturaleza literaria es un pecado de omisión;[5] y, por el lado positivo, un tratamiento de la Biblia que reconozca que esta es una antología literaria, en la que las partes individuales pertenecen a diversos géneros literarios, y abarque «incluso un mínimo de análisis literario autoconsciente» mejorará en gran manera la proclamación de la Palabra de Dios.[6]

En segundo lugar, un enfoque literario de la Biblia ayuda a evitar una predicación reduccionista. Algunos pastores piensan que la predicación expositiva no es más que el equivalente homilético de la escritura expositiva, cuyo único objetivo es transmitir hechos e información. Podría decirse que el objetivo de predicar el Salmo 23 es reducir todas las imágenes a ideas. Pero ¿por qué quitar la poesía del poema? El Salmo 23 no

---

4. Martín Lutero, «Letter to Eoban Hess, 29 March 1523», en *Luthers Briefwechsel*, en *D. Martin Luthers Werke*, 120 vols. (Weimar, Alemania: Böhlhaus, 1883-2009), 3:50.

5. «[E]xiste... un sentido... por el que la Biblia, que después de todo es literatura, no puede leerse sino como tal; y sus diversas partes como diferentes géneros literarios» (C. S. Lewis, *Reflexiones sobre los Salmos* [Barcelona: Editorial Planeta, 2010], 13).

6. Leland Ryken, «The Bible as Literature and Expository Preaching», en *Preach the Word: Essays on Preaching: In Honor of R. Kent Hughes*, ed. Leland Ryken y Todd Wilson (Wheaton, IL: Crossway, 2007), 39.

es una colección de ideas; es un hermoso poema corto que Dios inspiró a David para que lo escribiera, de modo que pudiéramos entender el cuadro que pinta, las emociones que expresa y las verdades eternas que propone. He aquí otro ejemplo, de una historia bíblica que Ryken utiliza a menudo para defender e ilustrar su punto de vista, y con razón. En sus propias palabras:

> El sexto mandamiento nos dice: «No matarás». La historia de Caín (Gn. 4:1-16) encarna esa misma verdad por medio de personajes y acontecimientos. El relato de Caín no utiliza la palabra abstracta *asesinato*, ni contiene un mandamiento de no asesinar. *Muestra* que no debemos cometer asesinatos. El autor de cualquier historia quiere que revivamos una experiencia en nuestra imaginación y que, por ese medio, nos encontremos con la verdad. Así funciona la literatura. Si el autor de Génesis 4 hubiera querido, ante todo, que captáramos una idea con la mente, nos habría dado una idea. El hecho de que nos diera algo más nos obliga a tener en cuenta ese «algo más». Hay que dejar que los autores bíblicos establezcan la agenda de cómo se espera que asimilemos lo que escribieron. ¿Qué ocurre cuando ignoramos la forma narrativa de la historia de Caín? El resultado más habitual es que el texto se reduce a una idea. El reduccionismo en esta forma es lo único que nos queda por hacer con el texto si ignoramos la historia con sus personajes, escenarios y acontecimientos. Si ignoramos la forma narrativa, no tratamos el texto en términos de su modo de funcionamiento previsto, que es conseguir que compartamos una experiencia. Kenneth Bailey ha escrito acertadamente que un relato (y por extensión cualquier texto literario) «no se trata de un cartucho del que te puedes deshacer una vez disparada la bala. Una parábola es una casa donde se invita al lector o al oyente a residir... a mirar el mundo desde el punto de vista del relato».[7]

---

7. Leland Ryken, «Why We Need to Read and Interpret the Bible as Literature», ensayo inédito, citando Kenneth Bailey, *El hijo pródigo* (Miami, FL: Editorial Vida, 2009), 102. Varias ideas y expresiones de esta introducción proceden del artículo inédito de Ryken. En otros lugares, Ryken comenta sobre Génesis 4: «Una persona que escucha un sermón expositivo sobre la historia de Caín debe ser consciente desde el principio hasta el final de que el texto que se está explicando es un relato, no un tratado teológico. El texto existe para ser revivido

En tercer lugar, y estrechamente relacionado con el segundo, un enfoque literario de la Biblia reconoce que, a lo largo de las Escrituras, el significado se comunica mediante diversas formas literarias.[8] Hay más en la historia del asesinato de Caín a Abel, que el mandato: «No mates a tu hermano». Del mismo modo, la naturaleza de la «gran fe» de la mujer cananea en Mateo 15:21-28 solo se entiende en su diálogo con Jesús y su respuesta a Él.[9] La fe solo se define una vez en la Biblia (He. 11:1), pero se ilustra de forma narrativa cientos de veces. Pensemos en las historias de Abraham, Job y Habacuc. Piensa también en los poemas de los hijos de Coré. En el Salmo 46:1-3, los hijos cantan a la fe resistente:

Dios es nuestro amparo y fortaleza,
Nuestro pronto auxilio en las tribulaciones.
Por tanto, no temeremos, aunque la tierra sea removida,
Y se traspasen los montes al corazón del mar;
Aunque bramen y se turben sus aguas,
Y tiemblen los montes a causa de su braveza.

Sería absurdo ignorar o hacer caso omiso de la forma y las características literarias de este poema, pues las verdades del texto aparecen en la forma y las características. Cuando imaginamos a Dios como una poderosa fortaleza inconmovible y segura (la imagen utilizada en la línea final del poema: «Nuestro refugio es el Dios de Jacob», v. 11), y cuando leemos que un fuerte y repentino terremoto hace que la ladera de una montaña se estrelle contra el mar, captamos el sentido del poema. Las imágenes encarnan la idea. Los poetas podrían haber dicho simplemente: «Dios es nuestra seguridad en tiempos de calamidad», pero en lugar de ello proporcionan imágenes que hacen que el punto mismo sea

---

en su totalidad, no para ser utilizado como fuente de textos de prueba para generalizaciones morales y teológicas» (Ryken, «Bible as Literature and Expository Preaching», 43).

8. «No hay contenido sin la forma en que se expresa» (Leland Ryken, *Literary Introductions to the Books of the Bible* [Wheaton, IL: Crossway, 2015], 10).

9. Como Flannery O'Connor señala de la narrativa, «toda la historia es el significado, porque es una experiencia, no una abstracción» (*Mystery and Manners: Occasional Prose* [Nueva York: Farrar, Straus, & Giroux, 1969], 73). Para un ejemplo de cómo se enseña la doctrina en forma narrativa, ver Douglas Sean O'Donnell, *"O Woman, Great Is Your Faith!": Faith in the Gospel of Matthew* (Eugene, OR: Pickwick, 2021).

más fácil de recordar y tangible. El medio no es el mensaje, pero el mensaje no puede obtenerse plenamente sin el medio. No podemos descartar la forma una vez que hemos deducido la idea. Predicar simplemente una idea abstracta es no hacer justicia a la intención de los autores (¡los hijos de Coré escribieron un poema inspirado por Dios!)[10] y es desconectar el poder de las imágenes verbales en la predicación de la Palabra.

En cuarto lugar, un enfoque literario de la Biblia asiste al predicador a ayudar a su congregación a revivir el texto de la forma más completa posible, a fin de experimentar su mensaje. Hace años, el profesor Richard Pratt escribió un libro sobre la interpretación de las narrativas del Antiguo Testamento titulado *He Gave Us Stories*. Sí, Dios nos dio historias. También nos dio poemas, parábolas, proverbios, leyes, listas, cartas, doxologías, debates, diálogos, lamentaciones, himnos, visiones apocalípticas, crónicas, encomios, tratados y mucho más. Nos dio estos diversos géneros por varias razones, una de las cuales es volver a experimentar en comunidad las ideas, expresiones, emociones y aplicaciones de cada texto único. Por ejemplo, no podemos revivir una historia sin encontrar y analizar los escenarios, los personajes y las tramas; y no podemos revivir un poema sin asimilar su estructura y sus símbolos. La Biblia no es predominantemente un libro de ideas, un libro de listas de proposiciones teológicas disociadas al azar. Los cristianos a veces tratan la Biblia de ese modo, lo cual es una lástima. Los predicadores cristianos a veces predican la Biblia de esa manera. ¡Una doble ración de vergüenza!

Cuando un predicador y su congregación no logran revivir un texto, no logran entrar en la experiencia humana tan cuidadosa y vívidamente expresada en las Escrituras. La Biblia encarna la experiencia humana: las lágrimas de la muerte, la tristeza de la enfermedad, el aguijón de la

---

10. Aquí es donde entra en juego la doctrina de la inspiración. ¿Inspiró Dios las formas de la Biblia o solo el contenido? Pues, ¡ambas cosas! Dios guio a algunos autores bíblicos a escribir historias, a otros a escribir poemas, a otros a escribir sátiras y proverbios y epístolas. El Espíritu Santo supervisó el proceso de composición emprendido por los autores bíblicos y también los productos resultantes de esa composición (ver 2 P. 1:21). Por tanto, siempre que un autor bíblico expresó el contenido de un pasaje en forma literaria, podemos concluir con seguridad que *pretendía* que el predicador interpretara el pasaje utilizando métodos literarios ordinarios de análisis. Dicho de otro modo, siempre que un autor bíblico plasma su mensaje en un género literario y por medio de técnicas literarias, *pretende* que los pastores se dediquen al análisis literario.

traición, el rubor de la estimulación sexual. Es un libro de experiencia humana, no solo o principalmente un libro de ideas religiosas y morales. Las noticias de la noche pueden contarnos *lo que ha sucedido*, mientras que la Biblia nos dice *lo que sucede*, lo que es cierto para todas las personas en todos los lugares y tiempos. Así, «para ganar relevancia, todo lo que un predicador necesita hacer es explicar la experiencia humana incrustada en las partes literarias de la Biblia».[11] De hecho, necesita «resistir el impulso inmediato de reducir cada pasaje bíblico a un conjunto de ideas teológicas»,[12] y utilizar la experiencia humana expresada en las Escrituras para tender puentes entre el mundo antiguo del texto y la actualidad. Como exhorta Ryken: «Necesitamos oír la voz de la experiencia humana desde el púlpito». Porque oír esa voz es conectar profundamente la Palabra exhalada de Dios con su pueblo jadeante, para enseñarle, reprenderlo, corregirlo y formarlo en la justicia, a fin de capacitarlo para toda buena obra (ver 2 Ti. 3:16-17). «La prueba de si un predicador expositivo ha tratado adecuadamente un texto —continúa Ryken— es sencilla: si los oyentes han sido llevados a ver sus propias experiencias en el texto y la exposición, el expositor ha interactuado con el tema de acuerdo con su naturaleza literaria».[13]

En quinto lugar, una aproximación literaria a la Biblia permite conocer y apreciar el arte de la Palabra inspirada de Dios. Aunque está escrita en lenguas antiguas sencillas y comunes, y gran parte de ella utiliza un lenguaje sencillo para hablar de realidades profundas, la belleza de la expresión y el arte de la disposición están presentes en todas partes. Así como estamos llamados a adorar al Señor «en la hermosura de la santidad» (Sal. 96:9), los predicadores deben predicar, y todos los cristianos deben deleitarse en la belleza de la santidad de la Santa Palabra de Dios. La belleza le importaba a Dios cuando creó el mundo, y le importaba cuando movió a los autores de la Biblia a escribir. «El escritor de Eclesiastés expone su filosofía de la composición y se describe como un estilista y un artesano de la palabra consciente de sí mismo, que ordenaba su material "con gran cuidado" y que procuraba "hallar palabras

---

11. Ryken, «Bible as Literature and Expository Preaching», 42.

12. Leland Ryken, «Reading the Bible as Literature», en *The ESV Study Bible* (Wheaton, IL: Crossway, 2008), 2570.

13. Ryken, «Bible as Literature and Expository Preaching», 42, 44.

agradables" (Ec. 12:9-10). Seguramente otros escritores bíblicos hicieron lo mismo».[14] Todo predicador de la Biblia tiene la responsabilidad de hacer algo con esa belleza. Subrayar, explicar, ilustrar y aplicar las imágenes, las metáforas, los símiles, las hipérboles, los apóstrofes, las personificaciones, las paradojas y los juegos de palabras, así como muchos otros recursos literarios, ¡es un deber sagrado y un deleite![15] Si el arte se encuentra en cada página de la Biblia, los predicadores bíblicos necesitan exponer la Biblia con eso en mente.

En sexto lugar, un enfoque literario de la Biblia abre todo el canon de las Escrituras a la exploración y la exposición. Ryken relata la vez en que un ministro de larga data le confió que, antes de dominar el análisis literario de la Biblia, solía leer un salmo a los pacientes en un hospital, pero nunca consideró predicar a partir de un salmo porque «no sabía qué hacer con él». Dominar todos los géneros literarios y comprender cómo funcionan los diversos recursos literarios da al expositor la confianza y la habilidad necesarias para abarcar toda la Biblia. Cuando se llega a la escena inicial del Cantar de los Cantares, al Discurso de los Olivos, a una parábola sobre el juicio, a un proverbio paradójico o a las visiones de Juan en Patmos, la pregunta no es: «¿Qué hago con esto?» ni: «¡Oh, cielos!, ¿cómo rayos predico esto?». Las Escrituras están abiertas de par en par y listas para ser exploradas y expuestas.

En séptimo lugar (¡nos parecía numerológicamente necesaria una séptima convicción!), un enfoque literario de la Biblia añade frescura y disfrute a nuestra lectura y predicación, junto con un antídoto contra la mala interpretación de la Palabra de Dios. Aunque esto es una frase hecha, los tres puntos de esta séptima convicción son sencillos. Frescura: si nunca hemos considerado la Biblia como literatura y como un libro que revela su belleza y su verdad por medios literarios, un enfoque literario de la predicación aporta nuevas perspectivas. Disfrute: si sabemos ver las cualidades literarias de la Biblia, experimentaremos el mismo placer que cuando leemos a Emily Dickinson, Charles Dickens

---

14. Ryken, «Reading the Bible as Literature», 2570.

15. Ver Leland Ryken, *A Complete Handbook of Literary Forms in the Bible* (Wheaton, IL: Crossway, 2014); y «Glossary of Literary Terms and Genres», en *The Literary Study Bible, English Standard Version* (Wheaton, IL: Crossway, 2019), 1975-1988.

o J. R. R. Tolkien. Mala interpretación: si somos capaces de identificar correctamente el género (el libro de Jonás es una sátira, no una historia de héroes) y los recursos literarios (Pr. 3:11 es un paralelismo sinónimo: hacer el mismo punto de dos maneras, no hacer dos puntos), interpretaremos correctamente la Palabra de Dios para el pueblo de Dios. Lo cual —vale recalcar— siempre aporta frescura y disfrute a todos.

EL *FINAL* DE LA INTRODUCCIÓN

Una de las afirmaciones más reveladoras (y tristemente acertadas, en mi opinión) que hace Ryken en su excelente ensayo: «The Bible as Literature and Expository Preaching» es la siguiente: «Muchos expositores de la Biblia estarían de acuerdo con... la naturaleza literaria de la Biblia, pero la omiten cuando están en el púlpito. El mero asentimiento a la idea de que la Biblia es una antología literaria no ha producido un enfoque literario de la Biblia».[16]

Los dos objetivos principales de este libro son claros. En primer lugar, deseamos informar e inspirar a los pastores para que comprendan que «la atención a las dimensiones literarias de la Biblia debe estar en primer plano en los sermones expositivos».[17] Un análisis literario de las Escrituras tiene un valor incalculable para una predicación fiel. Dejemos de omitir lo obvio; empecemos a abrazar lo importante.[18] En segundo lugar, tratamos de proporcionar una base para que los predicadores pasen de sermones llenos de meras proposiciones teológicas abstractas y aplicaciones morales con textos de prueba, a sermones que sean frescos, relevantes, interesantes y con palabras precisas según la intención del autor sobre la Palabra de Dios, que revivan la experiencia humana y reaviven el amor a Dios y a los demás. Así pues, aprovecha el arsenal de herramientas analíticas que se ofrecen. Y asume la encantadora tarea de predicar palabras de deleite al (normalmente) encantador pueblo de Dios.

---

16. Ryken, «Bible as Literature and Expository Preaching», 44.

17. Ryken, «Bible as Literature and Expository Preaching», 44, 47.

18. «Todo lo que los escritores ponían en sus composiciones era algo que consideraban importante, incluidos los aspectos literarios de un texto. Si los aspectos literarios eran importantes para los escritores de la Biblia, también deben serlo para nosotros como lectores» y predicadores (Ryken, *Literary Introductions to the Books of the Bible*, 10).

En lo que sigue, cubrimos la predicación de la narrativa (cap. 1), las parábolas (cap. 2), las epístolas (cap. 3), la poesía (cap. 4), los proverbios (cap. 5) y los escritos visionarios (cap. 6). Nuestra secuela sobre el discurso de la predicación, la sátira, las historias de héroes, la ley, el evangelio, la profecía, las fábulas, los enigmas, las máximas, los monólogos y diálogos, y similares, saldrá precisamente 144.000 días después de la publicación de este libro. (El que lee, entienda). Para el presente volumen, cada capítulo se dividirá en dos partes: la primera tratará de cómo *leer* un género específico; la segunda, de cómo *predicarlo*. Básicamente, he tomado el material de Lee y lo he adaptado para que los predicadores saquen el máximo provecho de él. También he añadido mis propias ideas, basadas en su tutela y en mis años de experiencia pastoral. Así que, si alguna vez has querido saber cómo la obra de toda una vida del Dr. Leland Ryken sobre la Biblia como literatura puede ayudarte en tu predicación, ¡sigue leyendo!

1
LAS MÁS GRANDES HISTORIAS JAMÁS CONTADAS

Cómo predicar narrativa

Seis preguntas. Responde con sinceridad. La primera: ¿Has oído alguna vez a un predicador usar la Biblia como plataforma de lanzamiento (es decir, se lee un texto cerca del comienzo del sermón, y luego, una vez que el predicador entra en su mensaje, la Biblia desaparece de la vista y rara vez reaparece)? He visto a algunos predicadores levantar la Biblia, leer un versículo, ¡y luego no decir absolutamente nada sobre ella! Supongo que esto no te describe.

Segunda pregunta: ¿Has oído alguna vez a un predicador usar la Biblia como un mapa que recorre el mayor número posible de pasajes paralelos? Es decir, se lee una narrativa (digamos, de los Sinópticos) y luego se hace una exégesis rápida de sus paralelos en los otros Evangelios, después se cita extensamente a Pablo y, por último, ganas una estrellita de oro por ir más rápido a cualquier parte de la Biblia, menos a la historia real que se leyó como lectura de las Escrituras del día. En lugar de entender un relato concreto en el contexto de la narrativa completa, y vivir en ese texto durante todo el sermón y experimentar en profundidad la historia, te llevan a mil madrigueras de curiosidad exegética. ¿Has estado allí? ¿Lo has oído? ¿Lo habrás hecho alguna vez?

Tercera pregunta: ¿Has oído alguna vez a un predicador usar la Biblia para moralizar un texto? Por ejemplo, ¿en un retiro de hombres, la historia de Judá y Tamar se trata como una exposición sobre la importancia de evitar a las mujeres sexualmente inmorales en los viajes de negocios, y el relato de José y la mujer de Potifar, como la charla de seguimiento sobre cómo podemos tener la victoria, como hizo José, sobre la mujer sexualmente agresiva en el trabajo? ¡Eso se puede predicar! Pero no es así como deben predicarse esas historias. La historia de Judá y Tamar (Gn. 38) deriva su significado, como toda narrativa bíblica, del conjunto literario, a saber, la historia de José registrada en Génesis 37–50. La historia de Judá y Tamar trata más del cumplimiento de las promesas de Dios que de un acto sexual inmoral, y encaja en la historia de José en el sentido de que este salva la vida de la descendencia de Judá, una descendencia de la que procede el Cristo.

Cuarta pregunta: ¿Has oído alguna vez a un predicador usar la Biblia como una conferencia de teología sistemática (es decir, que da un sermón doctrinal que está divorciado, no de los versículos de la narrativa, sino de la narrativa en sí)? Por ejemplo, el milagro de Jesús cuando camina sobre el agua se convierte meramente en un texto de prueba para la doctrina de la divinidad de Jesús. Se despoja a la propia narrativa de su belleza textual para poder enfatizar una doctrina. Ese relato confirma esa doctrina, pero no es la única intención de la narrativa. Se pierde la textura tejida por Dios de una historia que ofrece verdades multifacéticas sobre Él, la humanidad, el discipulado, el pecado y la salvación.

Quinta pregunta: ¿Has oído alguna vez a un predicador usar la Biblia como un espectáculo de diapositivas? Es decir, utiliza una presentación detallada en PowerPoint o videoclips que dominan el sermón. Muchas iglesias de hoy no reconocen el poder de una buena historia y de un buen narrador. ¡No hay nada más fascinante que escuchar a un maestro examinar una historia magistralmente escrita sobre el Maestro! Las ilustraciones o los gráficos en una diapositiva pueden ayudar al oyente (y al observador) a seguir el discurso e ilustrar visualmente conceptos complejos, pero la «predicación» dominada por la tecnología está dominada por el medio equivocado. Lo que ocurre es que la mayoría de las personas se deleitan con las imágenes interesantes y los videos entretenidos, no con la mismísima Palabra bíblica Dios.

En sexto lugar: ¿Has oído alguna vez a un predicador usar la Biblia como punto de partida para su propia exposición narrativa imaginativa (es decir, finge ser un personaje de la historia y añade una docena de detalles al relato inspirado)? Por ejemplo, cuando llega al detalle del tamaño de Zaqueo, una cuarta parte del sermón hace «exégesis» de su significado mediante acciones reales. Un árbol está en escena. El predicador se empequeñece vistiendo una larga túnica, arrodillándose y corriendo por el escenario. Se acerca al árbol, lo mira y luego, a los fieles. Lo aclaman. Sube al árbol. Está bien, lo admito, nunca he visto eso, pero hoy nada me sorprendería. La cuestión, en forma de pregunta, es la siguiente: ¿Por qué la necesidad de ampliar al extremo una narrativa inspirada por Dios? ¿Es tu interpretación dramática realmente una mejora de la inspiración del Espíritu?

Si has respondido afirmativamente a alguna o a todas las preguntas anteriores, permíteme hacerte una última pregunta: ¿Lamentas el estado actual de la predicación en las iglesias que enseñan la Biblia? Me imagino que sí. Pues bien, un remedio seguro a tales modelos de predicación es un compromiso serio con la naturaleza literaria de la Biblia. Piénsalo: No se pueden predicar sermones del tipo «la Biblia como plataforma de lanzamiento», o cualquiera de los ejemplos anteriores, y predicar fielmente alguna de las historias de las Escrituras. Imagínate un sermón sobre David y Goliat, el endemoniado geraseno o la conversión de Saúl, que comienza con una cita del versículo más popular del texto, pero el predicador se va por la tangente, para nunca volver a una de las más grandes historias jamás contadas.

En este capítulo, exploraremos cómo leer y predicar el género más predominante en la Biblia.[1] La narrativa no es el género más importante solo porque sea el más predominante (cada género es esencial para un ministerio de predicación completo), pero si no entiendes los fundamentos de este género, eso te limitará en gran manera. ¡Completamente limitado! Porque incluso las partes no narrativas de la Biblia

---

1. Reflexionando sobre el predominio de los relatos en la Biblia, Thomas G. Long escribe: «Hay relatos de batallas, relatos de traiciones, relatos de seducción y traición en la corte real, relatos sobre campesinos y necios, relatos de curaciones, relatos violentos, relatos divertidos y tristes, relatos de muerte y relatos de resurrección. De hecho, los relatos son tan comunes en las Escrituras que algunos estudiosos han afirmado, comprensible pero incorrectamente, que la Biblia es exclusivamente una colección narrativa. Se trata de una exageración, por supuesto —en la Biblia hay mucho material no narrativo—, pero la afirmación de que la Biblia es un "libro de relatos" no está muy lejos de la realidad» (*Preaching and the Literary Forms of the Bible* [Filadelfia: Fortress, 1989], 66).

ocupan su lugar dentro de la metanarrativa general que unifica la Biblia. El personaje central de la historia organizadora de la Biblia es Dios, y la preocupación literaria (¡y teológica!) central de la Biblia es la caracterización (o representación) de Dios. Los actos de Dios constituyen la trama de la historia maestra de la Biblia.[2] Y toda criatura interactúa con este protagonista divino. Por eso, de todos los capítulos de este breve libro, te invitamos a que le eches un vistazo y apliques este, que es el más fundamental.

CÓMO LEER LA NARRATIVA BÍBLICA

En su clase magistral en video sobre «Narración y escritura», Salman Rushdie afirma: «Necesitamos historias para entendernos a nosotros mismos. Somos la única criatura que hace esto tan inusual: contarnos historias para intentar comprender qué clase de criatura somos». Más adelante dice: «Cuando un niño nace, lo primero que pide es seguridad y amor. Lo siguiente que el niño pide es: "Cuéntame un cuento"». Ahí es donde empezamos. La experiencia humana «Cuéntame un cuento» es quizá el impulso humano más universal. Vivimos en un mundo de historias, y nuestras vidas tienen una cualidad narrativa. A todos nos gustan las historias. Así que, ¿por qué no íbamos a hacer todo lo posible, como predicadores, por entender cómo manejar (incluso dominar) este género? ¿Quieres conectar con tus fieles? Por supuesto. Entonces no subestimes el poder de comprender y comunicar las historias diseñadas por Dios de forma única a personas hechas a su imagen. No encontrarás material para sermones más prometedor que las historias que Dios dio a su Iglesia y a su mundo.

LOS COMPONENTES DE UNA HISTORIA

Si has ido al seminario, habrás aprendido que no hay principio de hermenéutica bíblica más importante que el de que un texto escrito debe abordarse en función del tipo de escrito que es. ¿Verdad? Puede ser. Y seguramente tuviste toda una clase sobre predicación narrativa. ¿Verdad? No. O, probablemente no. Pues bien, en este capítulo no ofrecemos

---

2. «Aunque la historia de lo que Dios hace es la acción principal de la Biblia, no es la única, y no debemos menospreciar ni minimizar las demás historias» (Leland Ryken, *Literary Introductions to the Books of the Bible* [Wheaton, IL: Crossway, 2015], 15).

una clase magistral, pero sí un tutorial breve y, esperamos, inspirador. Queremos ayudarte a aprender más, a construir tu biblioteca y a leer realmente lo que hay en ella. Pero sabemos que los pastores están ocupados, ¡casi tanto como los eruditos literarios y los editores bíblicos! Así que nuestro *Manual conciso sobre la predicación narrativa (a la vez que vigoriza a los elegidos y cautiva a los conversos)* te está esperando. Comenzamos con los dos pasos fundamentales que debes dar cada vez que te acerques a una historia bíblica.

En primer lugar, saber que una historia es una historia. Sé capaz de identificar el género. Si el texto que tienes delante empieza así: «Hace mucho tiempo, en una galaxia muy, muy lejana», tienes que apagar el televisor, el ordenador o la aplicación. Pero si empieza así: «Aconteció en aquellos días, que se promulgó un edicto de parte de Augusto César, que todo el mundo fuese empadronado», debes saber que ha comenzado una historia inspirada por Dios y que tu congregación pronto se verá cautivada por tu hábil narración. Y, si lo necesitas, no dudes en preguntarle a tu robot casero, que está programado tanto para el protocolo como para la etiqueta: «¿De qué género es Lucas 2:1?». Tanto el androide C-3PO de *Star Wars* como Siri te darán la respuesta correcta. Pero seguro que no eres tan superficial. Es probable que escuches a Bach mientras adaptas el texto del domingo, y que bebas un sorbo de un café exquisito cuando te dispones a formar el esquema homilético. Está bien, quizá no es así. Pero lees libros como el que tienes entre manos porque quieres mejorar tu predicación. Y reconoces una historia cuando la ves.

Pero ¿te has comprometido a analizar una narrativa bíblica de acuerdo con los rasgos de ese género? Ese es el segundo paso. Los relatos constan de tres componentes: ambientación, personajes y trama. Cada uno de ellos debe ser reconocido y analizado al tratar una narración bíblica. Ese análisis me resulta sumamente placentero, y a menudo comparto aspectos de mi deleite en la historia con el pueblo de Dios desde el púlpito. Como me deleito no solo en *qué* nos dice Dios en su Palabra, sino en *cómo* lo ha dicho, tanto mis oyentes como yo crecemos en nuestro conocimiento de Dios y en la apreciación de cómo ha elegido comunicarse con nosotros. Parte de ese crecimiento consiste en que juntos utilicemos y entendamos términos como ambientación («Fíjate en que nuestro pasaje está ambientado en Jericó»), personajes («Fíjate en cómo se describe a Raquel») y trama («A medida que vemos cómo se desarrolla este drama, llegamos a su clímax: el punto sin retorno»). Los términos que todos aprendimos en clase de literatura en el instituto son los adecuados para leer y presentar los relatos de la Biblia. Cuando prediqué el Evangelio de Mateo en la New Covenant Church (en Naperville, Illinois) y el Evangelio de Marcos en la Westminster Presbyterian Church (en Elgin, Illinois), mi congregación conocía, entendía y utilizaba una multitud de términos literarios asociados al género narrativo. Ese conocimiento no es esotérico; es inmensamente práctico, tan práctico como aprender qué significa la palabra «gigabyte» cuando se está comprando un teléfono celular, «audible» cuando se es mariscal de campo de un equipo de fútbol americano, y «cinematografía» cuando se presentan los Premios Óscar.

Ambientación

La ambientación es uno de los aspectos más olvidados, pero esenciales, de una correcta exégesis de las narrativas bíblicas. Pero ¿qué importancia tiene que tomemos buena nota del contexto histórico («En el año que murió el rey Uzías», Is. 6:1), geográfico («Roboam fue a Siquem, porque en Siquem se había reunido todo Israel para hacerlo rey», 2 Cr. 10:1), topológicos («subió al monte», Mt. 5:1), físicos («era rubio, hermoso de ojos, y de buen parecer», 1 S. 16:12), culturales («estando él sentado a la mesa», Mt. 9:10), cronológicos («Pero cuando estaban para cumplirse los siete días», Hch. 21:27) o descriptivos («Y un día señalado, Herodes, vestido de ropas reales, se sentó en el tribunal y les arengó», Hch. 12:21)? En primer lugar, si les importaba a los autores bíblicos, debería importarnos a nosotros. Dicho de otro modo, si le importó al Espíritu Santo, debería importarle al predicador lleno del Espíritu. Si cada jota y cada tilde importan (Mt. 5:18), seguramente cada detalle que un narrador inspirado añade a su historia inspirada contribuye a la historia.

En segundo lugar, el escenario proporciona el contexto necesario para las acciones de los personajes dentro de la narrativa. Esto «habilita la acción que ocurre en su interior».[3] Cuanto más sepamos sobre *quién* está *dónde* y *cuándo*, y quizá *por qué*, mejor entenderemos *qué* está a

---

3. Leland Ryken, *How Bible Stories Work: A Guided Study of Biblical Narrative* (Bellingham, WA: Lexham, 2015), 29.

punto de suceder. Saber algo sobre el lugar, el clima, la nacionalidad de los personajes, la hora del día, la estación del año, etc., nos ayuda a entender mejor la historia.

En tercer lugar, la ambientación enciende y ejercita nuestra imaginación, haciendo que una historia, con sus vívidas descripciones, cobre vida. Cuando leemos: «y no vestía vestido, ni estaba en casa, sino por los sepulcros» (Lc. 8:27), *vemos* una escena terriblemente triste. Visualizamos al hombre frío y desnudo, y su oscuro e inquietante refugio. Queremos una solución a su problema. Queremos que Jesús intervenga para salvar, para limpiar esta escena impura.

En cuarto lugar, la ambientación adquiere a menudo connotaciones simbólicas y se convierte en una parte importante del mensaje o el tema de una historia. Por ejemplo, el exégeta bien informado capta las alusiones intrabíblicas de Jesús en «el desierto» al comienzo de su ministerio, y la cuádruple repetición de la palabra «Pascua» cuando sirvió a los doce en la Última Cena; e hilvana los temas de que Jesús, como verdadero Israel, triunfa donde el Israel de antaño fracasó, y de que, como Cordero pascual, es sacrificado para que Dios pase por encima de su pueblo y lo salve de su pecado.[4]

En quinto lugar, la ambientación a menudo crea el clima o construye una atmósfera. Cuando leemos: «Cuando vino la hora sexta, hubo tinieblas sobre toda la tierra» (Mr. 15:33), el autor ya ha atraído y preparado a sus lectores para el oscuro grito de abandono de Jesús («Dios mío, Dios mío, ¿por qué me has desamparado?», v. 34).

Personajes

Los personajes son el segundo componente de las historias. Un personaje es simplemente una persona de la historia. Hay personajes primarios y secundarios, así como el personaje principal: el protagonista. Toda la acción que se desarrolla en la historia gira en torno al eje de este «primer» o «principal» (*prōt-*) «luchador» o «competidor» (*agōnistēs*), y una de las estrategias más útiles para dominar una

---

4. «De nuevo, en medio de la alimentación de los cinco mil en el desierto, Marcos se detiene para señalar que la multitud se sentó sobre la "hierba verde". ¿Por qué describe el color de la hierba como verde, pero no el azul del cielo o el amarillo de la arena? ¿Se está haciendo realidad la visión de Isaías del desierto en flor?» (Long, *Preaching and the Literary Forms of the Bible*, 78-79).

historia es considerarse el compañero de viaje observador del protagonista.[5] Como Cristiano en *El progreso del peregrino* de Bunyan, lo seguimos en su viaje hasta el final.

Conocemos a los personajes de una historia por sus habilidades, rasgos, funciones y relaciones, actitudes y emociones declaradas o inferidas, diálogos, acciones, títulos y nombres, descripciones físicas, gestos, información privilegiada del autor, pistas y respuestas de otros personajes.

Una buena premisa general es que debemos conocer a todos los personajes de una historia tan a fondo como nos lo permitan los detalles del texto. Por ejemplo, en Mateo 15:21-28, el evangelista da a la mujer que se acerca a Jesús el título arcaico de «cananea» (v. 22). Esa etiqueta, junto con el escenario de «Tiro y de Sidón» (v. 21), la indignación impaciente de los apóstoles («Despídela, pues da voces tras nosotros», v. 23) y la vacilación de Cristo («No soy enviado sino a las ovejas perdidas de la casa de Israel», v. 24), revela al lector su estatus. Este personaje es un extraño para el pueblo de Israel y sus privilegios. Y, sin embargo, el narrador da tal forma a la historia que, a medida que esta alcanza su clímax, crece nuestra simpatía y admiración. Cuando Jesús pronuncia: «Oh mujer, grande es tu fe» (v. 28), nos unimos con gusto a su gran elogio. A pesar de su raza (gentil), su sexo (mujer) y su problema (una hija endemoniada), la admiramos y queremos imitarla. Y por sus movimientos, confesiones, tenacidad (¡!) y posturas captamos los puntos teológicos del pasaje. También nosotros debemos acercarnos a Jesús (ella «vino» a Él, vv. 22, 25), llamarlo «Señor» (vv. 22, 25, 27) e «Hijo de David» (v. 22), suplicarle misericordia («ten misericordia de mí», v. 22), persistir en la oración («vino» de nuevo a él, diciendo: «¡Señor, socórreme!», v. 25) y adorarlo («ella... se postró ante él», v. 25). También nosotros deberíamos sentir repulsión por su contraste: los discípulos. No queremos compartir su impaciencia religiosa, su falta de compasión, su estrecha visión del reino, su fanatismo y, probablemente, su chovinismo.

---

5. Las historias bíblicas «se centran en las luchas de un protagonista, normalmente obstaculizado u opuesto por un antagonista. También aparecen personajes secundarios, pero los exégetas se centrarán en el protagonista y el antagonista» (Jeffrey D. Arthurs, «Preaching the Old Testament Narratives», en *Preaching the Old Testament*, ed. Scott M. Gibson [Grand Rapids, MI: Baker, 2006], 79).

Trama

La trama es el tercer componente. Basta con la antigua, pero todavía acertada, afirmación de Aristóteles de que la trama es el «alma» de una historia, en el sentido de que la acción mueve la narración, y que cada historia tiene un principio (se introduce una acción), un intermedio (progresa hacia el objetivo fijado) y un final (llega a su conclusión cuando se resuelven las cuestiones que se han introducido).[6] Y cada trama se construye en torno a uno o más conflictos que alcanzan su resolución en la conclusión. *Conflicto y resolución* no es solo el nombre de mi nueva banda de música de los 80 (tocamos en bodas y bar mitzvás), sino el núcleo de la comprensión y explicación de este género. Y el predicador que piense que es opcional nombrar los conflictos y trazar su progreso es, parafraseando a un ícono de los 80 (Mr. T), digno de lástima por necio. El buen lector, siguiendo el consejo de Aristóteles, necesita ver cómo las partes individuales de la trama se relacionan con el todo. El buen predicador necesita dividir la historia, por breve que sea, en sus unidades sucesivas, y nombrar estas unidades con precisión. Debe comprender y aplicar en su estudio (y, de forma más sutil, en su sermón) el arco narrativo: ambientación, acción creciente (incluido el conflicto), clímax y resolución (ver el diagrama 1.1).

Diagrama 1.1: Arco narrativo

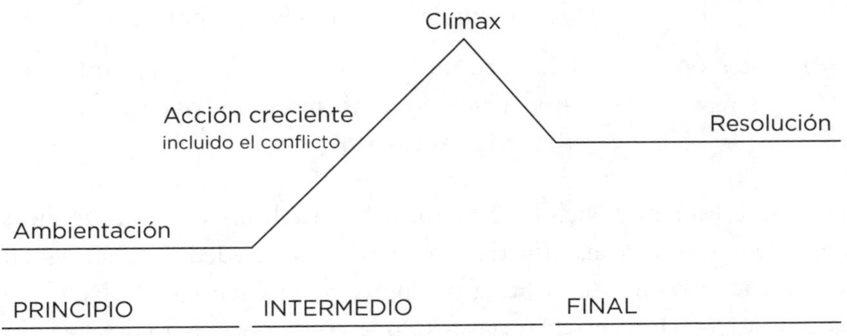

---

6. Aristóteles, *The Rhetoric and the Poetics of Aristotle*, trad. W. Rhys Roberts (Nueva York: Modern Library, 1984), 1450a.

La «exposición» podría llamarse «trasfondo», y suele implicar la *ambientación*: algún personaje (Jesús) en algún lugar (en Caná de Galilea) tal vez en un día determinado (el día de la boda de alguien) está a punto de actuar (convertir el agua en vino). Tomemos, por ejemplo, la historia del (casi) sacrificio del hijo de Abraham. El trasfondo es: «Aconteció después de estas cosas, que probó Dios a Abraham» (Gn. 22:1). «Estas cosas» presumiblemente se refiere al nacimiento de Isaac, la protección de Dios a Agar e Ismael, y el tratado de Abraham con Abimelec (Gn. 21). El hecho de que Dios *ponga a prueba* al hombre al que ha llamado y con el que ha hecho un pacto introduce un desequilibrio que necesita resolución. Este patrón es típico de todas las tramas de las narrativas bíblicas. También lo son las cuatro etapas siguientes:

Conflicto	Dios ordenó a Abraham que sacrificara a Isaac, una petición sorprendentemente fuera de lugar con la promesa de descendencia.
Acción creciente	Padre e hijo viajan a la montaña del sacrificio; Isaac lleva la leña para encender el fuego y pregunta por el animal para el sacrificio; Abraham construye un altar, ata a su hijo y levanta la espada para el sacrificio.
Clímax	El ángel del Señor detiene el sacrificio. ¡Abraham ha superado la prueba!
Resolución	Dios proporciona un sacrificio aceptable (un carnero) y reafirma sus promesas de alianza a Abraham.

Mediante esta disposición estructural habitual, las historias bíblicas, como la mayoría de las historias que se cuentan alrededor de la hoguera y que encontramos en la literatura universal, tienen voz. Volvemos al hecho de que Dios dio historias a su pueblo. Y, por medio de ellas, nos *muestra* la verdad. Por ejemplo, la precisa e importante proposición teológica de que Dios es soberano se esboza a lo largo de los catorce capítulos finales del primer libro de la Biblia. El predicador que ignora la trama cuando recorre la narrativa final de Génesis, y luego todas las de Números, Josué, Jueces, Rut, 1 y 2 Samuel, 1 y 2 Reyes, 1 y 2 Crónicas, Esdras, Nehemías, Ester y Jonás, es realmente un necio. Si quieres despertar el «interés y la implicación emocional de [tu] congregación, al tiempo que impregna[s] de significado los acontecimientos»,[7] tienes que saber y comprometerte a «desarrollar» la trama.[8]

CÓMO PREDICAR LA NARRATIVA BÍBLICA

El expositor cuidadoso entiende que «una buena narrativa es un complejo entretejido de personajes, trama y ambientación presentado por el narrador, que habla desde fuera de la trama, haciéndola avanzar mediante la presentación de actividades, descripciones y diálogos». También comprende que el narrador bíblico suele ser «*omnisciente*, conocedor de la vida interior de los personajes y representante selectivo de sus pensamientos, sentimientos e intenciones… *omnipresente*, que se desplaza fácilmente de un lugar a otro, [y] *omnipotente* en el dominio de la historia», en el sentido de que «transmite un tono moral y ético, emitiendo juicios sobre personajes y acontecimientos».[9] De hecho, ese *tono* es el que el expositor observa, captando «la actitud del autor hacia su tema». ¿Es su tono «sentimental, optimista, cínico, amargo, objetivo, compasivo, irreverente», o una mezcla de «dulce tristeza, realismo esperanzado o subestimada gratitud»?[10] Tú decides. Más que «tú decides», necesitas formar un sermón sensato. Sigue los consejos de dos doctores (Lee y yo), uno octogenario, que ha publicado casi tantos libros como rascacielos hay en Chicago.

---

7. Shimon Bar-Efrat, *El arte de la narrativa en la Biblia* (Madrid: Ediciones Cristiandad, 2003), 117.

8. Información adicional para los lectores de notas a pie de página: Los narradores cuentan sus historias con belleza y habilidad utilizando recursos argumentales, como la prefiguración (la muerte de Juan el Bautista en relación con la muerte de Jesús), el suspenso (¿qué pasará con los sueños de José?), la prueba (el sacrificio de Isaac por parte de Abraham), la justicia poética (el destino de Mardoqueo y Amán), la ironía (la burla: «si eres Hijo de Dios, desciende de la cruz», Mt. 27:40) y la sorpresa (el centurión romano que crucificó a Cristo lo confiesa «Hijo de Dios»), por nombrar algunos.

9. Elaine A. Phillips, «Novella, Story, Narrative», en *Dictionary of the Old Testament: Wisdom, Poetry, and Writings*, ed. Tremper Longman III y Peter Enns (Downers Grove, IL: InterVarsity Press, 2008), 492, énfasis añadido.

10. Andrew T. Le Peau, *Write Better: A Lifelong Editor on Craft, Art, and Spirituality* (Downers Grove, IL: InterVarsity Press, 2019), 138.

Pasamos del estudio al púlpito, tratando de responder a la pregunta: «¿Cómo expresamos en forma de sermón las características literarias y el mensaje de una narrativa bíblica?». Dicho de otro modo: «¿Cómo nos ayuda nuestra exégesis de los rasgos literarios del texto a prepararnos para reproducir el impacto retórico del texto en nuestros sermones?».[11] A continuación presentamos ocho sugerencias para predicar un sermón sobre una narrativa bíblica.

Elige la perícopa adecuada

Elige la perícopa adecuada.[12] Esta sugerencia es obvia y suele ser fácil de hacer, ya que la mayoría de las traducciones de la Biblia dividen correctamente las distintas narrativas. Por ejemplo, en la Nueva Versión International la historia de Sansón está dividida así:

Nacimiento de Sansón	Jueces 13
Matrimonio de Sansón	Jueces 14
Sansón se venga de los filisteos	Jueces 15
Sansón y Dalila	Jueces 16:1-22
Muerte de Sansón	Jueces 16:23-31

Por supuesto, con cualquier narrativa larga dentro de las Escrituras, es posible hacer un sermón y cubrir la trama. Sin embargo, es imposible hacer justicia a todos los detalles importantes. Por eso, para la historia de Sansón, sugiero que el expositor haga justicia de ella y que predique una serie de cinco sermones. Además, si uno va más allá de cinco sermones, estos no se ajustarían a las cinco tramas únicas de cada perícopa.

Dicho esto, hay ocasiones, sobre todo en los Evangelios, en las que dos o tres relatos deben contarse juntos en un solo sermón, ya que es lo que mejor se ajusta a la intención del autor. Por ejemplo, los tres breves relatos de milagros de Mateo 8:1-17 —la purificación de un leproso, la curación del siervo del centurión y el alivio de la fiebre de la suegra

---

11. Ver Arthurs, «Preaching the Old Testament Narratives», 73-74.

12. La palabra griega *perikopē* significa «sección», literalmente «corte transversal». Es una forma de hablar de una sección dentro de un texto bíblico que está separada de lo que viene antes y después porque forma una unidad literaria coherente nueva o diferente.

de Pedro, junto con el ministerio vespertino de Jesús, en el que «echó fuera a los demonios, y sanó a todos los enfermos» (Mt. 8:16)— tienen todos la misma finalidad: «para que se cumpliese lo dicho por el profeta Isaías, cuando dijo: Él mismo tomó nuestras enfermedades, y llevó nuestras dolencias» (v. 17, cita Is. 53:4). Jesús es el siervo profetizado cuyos sufrimientos vencen a la enfermedad, a la muerte y al diablo. Mateo 8:1-17 debe predicarse como un solo sermón.

También se debería predicar un «sándwich Marcano» (o interpolación) en un sermón. El sándwich Marcano es una técnica literaria que emplea el evangelista, en la que «intercala un pasaje en medio de otro con un propósito teológico intencionado y discernible», haciendo hincapié en «los motivos principales del Evangelio».[13] Lo hace, por ejemplo, en Marcos 5:21-43:

A Jairo suplica a Jesús que salve a su hija moribunda (vv. 21-24).

  B La mujer con flujo de sangre toca el manto de Jesús y se salva (vv. 25-34).

A Jesús sana a la hija de Jairo (vv. 35-43).

Vemos aquí el típico esquema A-B-A de tales interpolaciones. Los dos relatos (A-A y B) deben predicarse juntos en un sermón, y deben incluirse los temas clave del alcance del poder de Jesús, la salvación que se encuentra en Él y la naturaleza de la verdadera fe.

Revive la historia

Tras elegir la perícopa adecuada, nuestra siguiente tarea es revivir la historia. «Las historias de la Biblia —escribe Ryken— solo tendrán éxito en la medida en que ejercitemos nuestra imaginación y nos dejemos transportar de nuestro propio tiempo y lugar a otro tiempo y lugar».[14] La gran ventaja de la narrativa es su poder de transporte: su capacidad para sacarnos de nuestro propio tiempo y lugar, y situarnos en otro tiempo y lugar. Nos transportamos allí mediante la comprensión de

---

13. James R. Edwards, «Markan Sandwiches: The Significance of Interpolations in Markan Narratives», *Novum Testamentum* 31.3 (1989): 196.

14. Leland Ryken, *Words of Delight: A Literary Introduction to the Bible* (Grand Rapids, MI: Baker, 1992), 53.

la ambientación, los personajes y la trama. Hablaremos de ello más adelante. Por ahora, nos sumergimos en la historia de la manera más completa posible con un objetivo central en mente: comprender, y luego explicar, ilustrar y aplicar la experiencia humana expresada en la narrativa bíblica.

Las historias toman como objeto la experiencia humana. La veracidad con la vida y la realidad es el don particular de la literatura y el arte, y debemos respetarlo antes de implicarnos en el otro tipo de verdad, a saber, la verdad *ideacional*. Toda historia es una invitación a compartir una experiencia. Compartimos esa experiencia con los personajes de la historia en primer lugar, pero a otro nivel compartimos la experiencia con el autor o narrador. El narrador sigue siendo una presencia que preside la historia, y somos conscientes de esa presencia. Este guía utiliza recursos de divulgación para influir en cómo experimentamos e interpretamos los acontecimientos de la historia. Debemos seguir las indicaciones de la presencia del autor en la historia. El narrador lo determina todo, incluso lo que se nos permite ver y experimentar indirectamente.

Tomemos, por ejemplo, la breve pero significativa historia de la Torre de Babel (Gn. 11:1-9). La primera mitad narra el éxito de la concepción y construcción de una gran torre. Aunque no sabemos exactamente qué aspecto tenía, todos podemos imaginarnos un edificio impresionante, cuya construcción requirió un ingenio y un esfuerzo asombrosos. La segunda mitad detalla la rápida caída de esta avanzada civilización. El lenguaje humano es confundido; el proyecto, abandonado; el pueblo, dividido y dispersado. Su gesto de aspiración a la divinidad es un completo fracaso. Dios juzga su orgullo frustrando su proyecto.

«Las historias —como resume Ryken— funcionan primero sacándonos de nuestro propio tiempo y lugar, y luego (cuando reflexionamos y analizamos) nos devuelven a nuestro propio mundo con un sentido de comprensión más agudo».[15] ¡En efecto! Una vez que nos hemos sumergido en la narrativa, podemos viajar desde su mundo al nuestro. La Torre de Babel capta el espíritu de nuestra época tan bien como cualquier otro relato de las Escrituras. ¿Qué te parece esta lista de experiencias humanas relacionadas (y el montón de material homilético)?

---

15. Ryken, *How Bible Stories Work*, 22.

- aspiración individual y comunitaria
- el afán por la fama y los logros humanos
- celo y sueños utópicos
- independencia y autosuficiencia
- tecnología y fe en lo que puede conseguir
- el orgullo colectivo de la raza humana
- el afán de permanencia
- el ansia de poder material
- la ciudad como centro de la civilización humana
- la inventiva y la creatividad humanas
- la cooperación social, basada en sueños compartidos y una lengua única
- hazañas arquitectónicas
- idolatría comunitaria (búsqueda de seguridad en una deidad sustituta)
- la división lingüística de los pueblos
- el abandono de sueños y esperanzas[16]

Lo que el novelista John Steinbeck escribió sobre la popularidad de la historia de Caín (Gn. 4:1-16) podría aplicarse igualmente a la historia de la Torre de Babel: «es la historia más conocida del mundo porque es la historia de todos... la historia simbólica del alma humana».[17]

Tras interactuar con los temas en la historia que se corresponden con la experiencia humana universal (y, por tanto, reconocible), tratamos de compartir con nuestros fieles nuestra forma de revivir al narrador y su historia. «La clave para despertar la empatía en los oyentes —afirma Jeffrey Arthurs— es volver a imaginar el texto tanto en su estudio como en el púlpito, y luego expresar esos sentimientos con convicción».[18] Oramos para que Dios utilice nuestro relato de la narrativa bíblica para

---

16. Ryken, *How Bible Stories Work*, 21-22.

17. John Steinbeck, *East of Eden* [*Al este del Edén*] (Nueva York: Penguin, 1952), 268. Publicado en español por editorial Austral. «Ninguna historia tiene poder, ni perdurará, a menos que sintamos en nosotros mismos que es cierta y verdadera para nosotros». Tomado de Terry R. Wright, *The Genesis of Fiction: Modern Novelists as Biblical Interpreters* (Nueva York: Routledge, 2007), 62, que cita de *Journal of a Novel* de Steinbeck.

18. Jeffrey D. Arthurs, *Predicando con variedad: Cómo reproducir la dinámica de los géneros literarios usados en la Biblia* (Grand Rapids, MI: Editorial Portavoz, 2009), 102.

abrir las mentes, tocar los corazones y avivar las voluntades de quienes escuchan nuestras voces.

No omitas la ambientación

Bryan Chapell define la predicación expositiva de la siguiente manera: «La idea principal de un sermón expositivo (el tema), las divisiones de esa idea (los puntos principales) y el desarrollo de esas divisiones (los subpuntos) proceden todos de verdades que contiene el propio texto. No se ignora ninguna porción significativa del texto. En otras palabras, los expositores permanecen voluntariamente dentro de los límites de un texto (y su contexto relevante) y no lo abandonan hasta haber examinado su totalidad con sus oyentes».[19] En tu predicación de narrativas bíblicas, ¿puede decirse que «no se ignora ninguna parte significativa del texto»? ¿Diría tu congregación sobre ti que no terminas el sermón a menos que el texto haya sido «examinado [en] su totalidad», *incluyendo la ambientación*? Por muy mundano que parezca (p. ej.: una ambientación como «y al día siguiente»), un compromiso con la predicación expositiva considera significativo la ambientación de cada historia.

Para ilustrar la importancia de la ambientación, repasemos la historia de la conversión de Zaqueo. ¿Dónde se sitúa la historia? La primera línea presenta al héroe (Jesús), su primera acción («Habiendo entrado»), la ciudad en la que entró («Jericó») y la razón por la que entró en Jericó («iba pasando», Lc. 19:1). La frase «iba pasando» recuerda al lector la misión última de Jesús en Jerusalén (iba pasando porque su pasión es su misión) y añade un giro irónico. La misión de Jesús, como se expresa claramente en la última línea de este relato, es que «vino a buscar y a salvar lo que se había perdido» (v. 10). La salvación de Zaqueo por parte de Jesús encaja a la perfección con la metanarrativa de la cruz. Llegó allí en su misión divina preordenada para salvar a cierto recaudador de impuestos. Vino a derribar los muros del duro corazón de Zaqueo.[20]

---

19. Bryan Chapell, *Christ-Centered Preaching: Redeeming the Expository Sermon* [*La predicación cristocéntrica: Rescatando el sermón expositivo*] 2.ª ed. (Grand Rapids, MI: Baker Academic, 2005), 131. Publicado en español por Poiema Publicaciones.

20. A veces, la ambientación adquiere un valor simbólico, y tal vez sea este el caso. Además, algunos lugares de la ambientación, como Jericó, permiten al predicador dar cuerpo a algunos detalles del lugar, p. ej.: antecedentes del Antiguo Testamento, detalles arqueológicos y, posiblemente, perspectivas contemporáneas de la ciudad.

Hablando de ese hombre, fíjate en cómo Lucas, en la introducción, pasa rápidamente del héroe, Jesús, al personaje principal, Zaqueo. Lo hace de una manera frecuente en los Evangelios para introducir algo o a alguien importante: «Y he aquí» (RVA-2015). Las traducciones que no traducen el καὶ ἰδοὺ no entienden la intencionalidad. Se nombra al personaje (algo poco común en los Sinópticos) que debemos «contemplar» (detenernos y mirarlo bien), se indica su ocupación («jefe de los publicanos») y se señala su posición económica en la sociedad («rico», v. 2). En el versículo 3, también se menciona su estatura (una descripción de personaje poco frecuente en la Biblia: «era pequeño de estatura»).

Cada detalle nos prepara para las acciones que ocurren. Como era de baja estatura, Zaqueo tuvo que subirse a un árbol para ver a Jesús. Como era el principal recaudador de impuestos, fue despreciado por sus compañeros judíos como un traidor codicioso que habría defraudado a mucha gente («todos murmuraban, diciendo que [Jesús] había entrado a posar con un hombre pecador», v. 7). Como era rico, su declaración de arrepentimiento es notable («He aquí, Señor, la mitad de mis bienes doy a los pobres; y si en algo he defraudado a alguno, se lo devuelvo cuadruplicado», v. 8). El detalle sobre la riqueza de Zaqueo también sirve para poner en evidencia al joven rico, que se negó a obedecer el mandato de Jesús, quien había ordenado a *aquel* hombre que vendiera todo lo que poseía (18:22). Sin embargo, Zaqueo obedece sin darse cuenta. Quizá no lo dio todo, pero debió de acercarse: la mitad a los pobres; la otra mitad a los que había *hecho* pobres («si en algo he defraudado...»). Por último, su nombre no solo reaparece *sorprendentemente* cuando Jesús lo llama por su nombre («Zaqueo», 19:5; ¿cómo sabía Jesús su nombre?), sino que ofrece una ironía adicional. Su nombre, זכי (hebreo), significa «puro» o «inocente». Obviamente, ¡este hombre no era eso! Era un notorio «pecador» (v. 7). Pero, al final de la historia, obtuvo la pureza de corazón al ver a Jesús. Él lo llama «hijo de Abraham», no solo porque es judío, sino porque, como Abraham, ahora está justificado (declarado perfectamente inocente) por fe («Y creyó a Jehová, y le fue contado por justicia», Gn. 15:6; cf. Ro. 4:1-8). Sea o no intencionada esta alusión intratextual, el predicador tiene licencia para interpretar e ilustrar las Escrituras con las Escrituras.

Así que, con el ejemplo anterior, ¿ves lo importante que es o puede ser a menudo la ambientación? No la omitas. Empápate de ella. Exponla.

Identifica a los personajes; identifícate con los personajes

Nuestra siguiente tarea es centrarnos en los personajes de la narrativa, tanto para identificarlos como para identificarnos *con* ellos. Sugerimos cinco pasos.

En primer lugar, haz una lista de todos los personajes de la historia. Por ejemplo, tomemos la rebelión de Coré. Este es el comienzo de la historia:

> Coré hijo de Izhar, hijo de Coat, hijo de Leví, y Datán y Abiram hijos de Eliab, y On hijo de Pelet, de los hijos de Rubén, tomaron gente, y se levantaron contra Moisés con doscientos cincuenta varones de los hijos de Israel, príncipes de la congregación, de los del consejo, varones de renombre. Y se juntaron contra Moisés y Aarón y les dijeron: ¡Basta ya de vosotros! Porque toda la congregación, todos ellos son santos, y en medio de ellos está Jehová; ¿por qué, pues, os levantáis vosotros sobre la congregación de Jehová? (Nm. 16:1-3).

La lista de personajes incluye a Dios (el Señor), cinco personas (Coré, Datán, Abiram, Moisés y Aarón) y dos grandes grupos de personas (doscientos cincuenta jefes de la congregación, elegidos en la asamblea).

En segundo lugar, una vez reunido el reparto de personajes, divídelos en principales y secundarios, determinando la función de cada uno en la acción. Encuentra al personaje o personajes centrales y a los que están en su contra; es decir, etiqueta al protagonista o protagonistas y al antagonista o antagonistas. En la narrativa anterior, Coré, Datán y Abiram son los antagonistas (se «levantaron contra»), y Moisés y Aarón son los protagonistas. Otra división más avanzada sería entre lo que los estudiosos de la crítica literaria llaman un personaje «tipo» (alguien que muestra un solo rasgo), y un personaje «redondo» (alguien cuyas actitudes, acciones y diálogo se presentan como una persona real y plenamente desarrollada).[21]

---

21. Jack D. Kingsbury describe a los personajes «redondos» como «aquellos que poseen una variedad de rasgos, algunos de los cuales pueden incluso entrar en conflicto, de modo que su comportamiento no es necesariamente predecible. Los personajes redondos son como "personas reales". En el relato de Mateo, Jesús y los discípulos cuentan como personajes redondos» (*Matthew as Story*, 2.ª ed. [Filadelfia: Fortress, 1988], 10).

En tercer lugar, observa y analiza cada personaje clave. «El punto de partida de un buen análisis de los personajes es un buen ojo para lo obvio».[22] Los dos primeros pasos solo te llevarán unos minutos. Puedes hacerlo. ¡Tienes que hacerlo! El tercer paso lleva aproximadamente media hora. Una forma de recopilar los datos necesarios es utilizar el cuadro de descriptores de personajes de Cornelis Bennema (tabla 1.1, p. 38).[23]

En cuarto lugar, una vez identificados los personajes y sus rasgos, hay que tratar de identificarse con ellos. He aquí una lista de comprobación que Ryken ofrece para analizar a los personajes:

- Agencia: ¿Quién o qué realiza la caracterización en un caso determinado?
- Modo: ¿Un dato determinado constituye una caracterización directa o indirecta? En el primer caso, ¿es el comentario una descripción objetiva o una evaluación de un personaje?
- Dentro de un dato dado, ¿apruebas o desapruebas lo que hace un personaje? En general, ¿se presenta positiva o negativamente a un determinado personaje en esta historia?[24]

Este último punto es el que abordaremos a continuación. El objetivo de este análisis es «que conozcamos a los personajes lo mejor posible y, a partir de ellos, decidamos lo que el autor quiere que aprendamos sobre la vida y sobre Dios».[25] Para cada personaje debemos preguntarnos: «¿Soy como él/ella? ¿Debería ser como él/ella? ¿Qué parte de su historia es la mía?».

---

22. Ryken, *How Bible Stories Work*, 67.

23. Cornelis Bennema, *Encountering Jesus: Character Studies in the Gospel of John*, 2.ª ed. (Minneapolis: Fortress, 2014), 38.

24. Ryken, *How Bible Stories Work*, 50-51.

25. Ryken, *How Bible Stories Work*, 68. «Los narradores disponen de *mecanismos de divulgación* para orientar nuestra evaluación del experimento de vida de un personaje» (Ryken, *How Bible Stories Work*, 117). Por ejemplo, en Génesis 13, observa el resultado (¿le ocurre algo positivo o negativo al personaje?), el punto de vista (p. ej.: el narrador de la historia de la separación entre Abraham y Lot proporciona un comentario sutil sobre la tierra que hace que Lot parezca egoísta y Abraham, sacrificado) y el comentario del autor (p. ej.: los ciudadanos de Sodoma «eran malos y pecadores contra Jehová en gran manera», Gn. 13:13).

Tabla 1.1: Cuadro de descriptores de personaje de Cornelis Bennema

Nombre del personaje	
Apariciones en la narrativa	
Origen	Nacimiento, sexo, etnia, nación/ciudad
	Familia (antepasados, parientes)
Formación	Crianza, educación
Bienes exteriores	Epítetos,* reputación
	Edad, estado civil
	Estatus socioeconómico, riqueza
	Lugar de residencia/trabajo
	Profesión, cargos ocupados
	Afiliación a grupos, amigos
Discurso y acciones	En interacción con el protagonista
	En interacción con otros personajes
Muerte	Forma de muerte, acontecimientos posteriores a la muerte
Análisis del personaje	Complejidad [p. ej.: rasgos]
	Desarrollo
	Vida interior
Clasificación del personaje	Grado de caracterización**
Evaluación del personaje	Respuesta al protagonista
	Papel en la trama
Importancia del personaje	Valor representativo

* «Un título exaltado para una persona o cosa; un rasgo del estilo elevado. Ejemplos son "el Señor de los ejércitos" como título para Dios (Sal. 24:10) y "Darío de Media" como título del rey persa (Dn. 5:31)». (Leland Ryken, «Glossary of Literary Terms and Genres», en *The Literary Study Bible, English Standard Version* [Wheaton, IL: Crossway, 2019], 1979).

** «La caracterización —como la define Kingsbury— tiene que ver con la forma en que un autor da vida a los personajes en una narrativa» (*Matthew as Story*, 9).

Por ejemplo, la mayoría de los cristianos se identifican fácilmente con Pedro en su triple negación de Jesús. Pero ¿nos identificamos más con María o con Marta? ¿El sacerdote, el levita o el buen samaritano? ¿Nos identificamos más con los espectadores gruñones que se sintieron repelidos porque Jesús «había entrado a posar con un hombre pecador», o con Zaqueo, que recibió con alegría a Jesús y distribuyó generosamente sus riquezas mal habidas entre los necesitados? ¿Reconocemos algo de la intolerancia despiadada de Jonás en nuestros propios ministerios?

¿Podemos decir con los inconscientes apóstoles, después de que Jesús declaró que uno de ellos lo traicionaría: «¿Soy yo, Señor?»? He aquí un ejemplo de cómo prediqué sobre este punto en mi sermón de apertura sobre el Evangelio de Marcos:

Marcos no se limita a hablar de quién es Jesús y de lo que ha hecho. También destaca las diversas respuestas que se le dan. Hay respuestas equivocadas y respuestas correctas. Y por medio de los diversos personajes que se encuentran con Jesús, nosotros mismos entramos en el drama. Con cada uno de ellos, tenemos que preguntarnos: «¿Debemos imitar su respuesta a Jesús o no?».

Por ejemplo, no debemos decir de Jesús: «tenía a Beelzebú» (3:22), como hicieron los escribas; ni unirnos a Pedro en la transfiguración (9:5) e igualar a Jesús con Moisés y Elías (construir una tienda para cada uno); ni seguir al hombre rico en no responder al llamado de Jesús (10:17-22); o traicionar a Jesús como hizo Judas (14:43-46); negarlo repetidamente como hizo Pedro (14:66-72); ridiculizarlo como hizo Pilato (15:9, 26); o burlarnos de Él como hicieron los soldados romanos (15:16-20), los sumos sacerdotes y los escribas (vv. 31-32). Pero debemos seguir a Jesús como Simón, Andrés, Santiago y Juan (1:16-20); unirnos al leproso de rodillas ante Jesús, diciendo: «puedes limpiarme» (1:40); y reconocer humildemente, como hizo el padre del niño poseído por el demonio, nuestra necesidad de la ayuda de Jesús, no solo para librarnos del mal, sino para hacer crecer nuestra fe: «Creo; ayuda mi incredulidad» (ver 9:24). También deberíamos ver con el ciego Bartimeo que Jesús, como Hijo de David, es capaz de sanar tanto la ceguera física como la espiritual («¡Hijo de David, ten misericordia de mí!», 10:47), y gritar en voz alta con la multitud, «¡Hosanna! ¡Bendito el que viene en el nombre del Señor! ¡Bendito el reino de nuestro padre David que viene! ¡Hosanna en las alturas!» (11:9-10). Sí, en efecto. Señor, ¡sálvanos! Deberíamos, además, como la mujer que vino con un costoso frasco de perfume, derramar el salario de un año sobre Jesús (14:3-9), y unirnos al grito del centurión en la cruz: «Verdaderamente este hombre era Hijo de Dios» (15:39).

En 13:14, Marcos interpone «el que lee, entienda». Pero él no solo quiere que sus lectores entiendan el Discurso de los Olivos (donde encontramos esa interjección). Quiere que entendamos quién es Jesús, qué ha hecho por nosotros y cómo debemos responderle. Una forma en que Marcos enseña a sus lectores a responder a Jesús es por medio de personajes clave: responde como él, como ella y como ellos.[26]

En quinto lugar, como predicadores buscamos identificarnos con los personajes. «Sin una conexión solidaria —señala Arthurs—, el sermón carecerá de credibilidad».[27] Aquí sugiero un testimonio personal que conecte con los temas del texto; en tu transparencia y vulnerabilidad también conectarás con tu congregación.[28] Por ejemplo, en mi primer sermón en mi nueva vocación en Crossway, donde también ejerzo como capellán, prediqué sobre la mujer pecadora que ungió a Jesús (Lc. 7:36-50). Es así como concluí esa brillante y hermosa historia:

> Con esta historia presentada de nuevo ante nosotros, permítanme preguntarles: ¿Cómo responderás a la gracia de Dios ofrecida en Jesucristo? ¿Como Simón o como la mujer? ¿Como Simón? No. ¿Como la mujer? Sí. Ten fe en él. Ámalo. Sírvele. Y encuentra «paz» y «descanso para [tu] alma».
>
> Como algunos de ustedes saben, vine a Cristo como pecador sexual. Crecí en un hogar católico devoto donde se valoraba la virginidad, y donde me enseñaron a esperar al matrimonio. Lo creía firmemente. Quería vivir esa convicción. Y así lo hice durante toda la secundaria. Y como adolescente moralmente puro, es decir, según todas las apariencias externas, despreciaba a los que eran sexualmente activos. Sé que ya no es propio del protestantismo comparar a un devoto católico romano con un fariseo, pero yo me parecía a Simón en esta historia más de lo que puedes imaginar. Iba a la iglesia

---

26. Douglas Sean O'Donnell, *Mark: Arise and Follow the Son*, próximamente.

27. Arthurs, *Predicando con variedad*, 96.

28. El consejo que Le Peau da a los escritores vale también para los predicadores: «Sé vulnerable. Las historias personales que muestran tus propias debilidades o errores ayudarán a tu audiencia a identificarse contigo, a apreciarte y abrirse a lo que tienes que decir» (*Write Better*, 64).

todas las semanas y los días de precepto, oraba el rosario todos los días del mes de mayo, ayunaba durante toda la Cuaresma, servía como monaguillo y ministro de la Eucaristía, y estaba considerando seriamente la vida monástica o el sacerdocio. Pero entonces llegó una chica. Sorprendentemente, no hizo falta mucho para que renunciara a mi vida de monje. Perdí mi virginidad. Me creí la mentira de que el amor verdadero es lo que justifica la intimidad sexual, y si alguna vez hubo amor verdadero fue este. El sentimiento de amor justificaba todo lo que hacía.

Pues bien, unos meses después, ¡mi novia me dijo que estaba embarazada! A los dieciocho años, mi novia estaba embarazada, y a los diecinueve yo era padre de un niño. Y cuando la madre de mi hijo se alejó de mí —nuestro amor verdadero no duró para siempre, ni siquiera veinte meses—, la gracia salvadora de Dios me llevó hacia Cristo. Lloré como esta mujer. Incontrolablemente. Deberías haberlo visto. No habrías creído el desastre. Y oré: «Jesús, perdóname y límpiame por dentro, porque estoy lleno de lujuria y orgullo». ¿Y sabes qué? (La historia de la salvación no ha cambiado). Él me perdonó y me limpió.

Comparto eso, y termino con eso, porque quiero que sepan (como su nuevo capellán) que cuando digo: «Sean como esta mujer. Tengan fe en Cristo. Ámenlo. Sírvanle. Encuentren paz y descanso para sus almas», lo digo en serio porque lo he experimentado. Yo solía ser eso, y ahora soy esto. He sido «lavado, santificado y justificado en el nombre del Señor Jesucristo y por el Espíritu de nuestro Dios» de mi hipocresía religiosa (como Simón) y de mi pecado sexual (como la mujer). Escucha, Dios sabe que los seres humanos son santurrones y sexualmente pecaminosos. Pero Él no nos ha abandonado a nosotros mismos. Ha enviado a su Hijo para perdonar al deudor, por grande que sea su deuda. Así que, Crossway/Good News Publishers, reciban de nuevo las buenas nuevas de la cruz. Vengan a los pies (¡y a las manos extendidas!) de Jesucristo. Acérquense al único que puede decirte hoy y siempre: «Tus pecados te son perdonados… ve en paz».

Lector, ¡escucha! Una historia personal de tu vida, unida a una narrativa bíblica, siempre resulta una combinación poderosa que engancha a tus oyentes y a menudo los mueve a las actitudes, emociones y acciones deseadas. Claro que no puedes ni debes hacer esto en cada sermón, pero puedes y debes hacerlo, probablemente más de lo que ya lo haces.

Divide la secuencia de la trama

En su libro sobre cómo escribir ficción, Anne Lamott escribe:

> La trama surge del personaje… Deja que lo que digan o hagan revele quiénes son, involúcrate en sus vidas y sigue preguntándote: ¿Y ahora qué pasa? El desarrollo de las relaciones crea la trama. Flannery O'Connor, en *Misterio y maneras*, cuenta cómo le dio un montón de sus primeros cuentos a una señora del campo que vivía carretera abajo, y la mujer se los devolvió diciendo: «Bueno, pues, las historias van y te muestran cómo *actuarían* algunos tipos».[29]

Eso es precisamente la trama: detalla lo que los personajes van a hacer.

Por eso, como bien advierte Ryken, «es especialmente importante el proceso de identificar la acción: dividir la historia en unidades y nombrarlas con precisión. Hacer esto reporta grandes dividendos cuando pasamos [paso seis, a continuación] de la historia al tema».[30] Dividir una secuencia de la trama en sus partes constituyentes no es como redactar un informe para un seminario posdoctoral sobre astrofísica. «Cualquiera puede dividir una historia en sus unidades sucesivas e identificar los conflictos argumentales, y formular una declaración precisa de la acción unificadora de una historia. Todo lo que hace falta es estar convencido de que eso es lo que hay que hacer con una historia».[31] El objetivo de esa división es producir un esquema sencillo y comprensible del relato,[32] un esquema exegético que servirá de base para el esquema homilético. No te precipites en el proceso necesario:

---

29. Anne Lamott, *Bird by Bird: Some Instructions on Writing and Life* (Nueva York: Anchor, 1994), 52-53.

30. Ryken, *How Bible Stories Work*, 115.

31. Ryken, *How Bible Stories Work*, 79.

32. «Durante la fase preparatoria de este análisis, resulta muy útil trazar líneas horizontales para dividir la secuencia en unidades fácilmente visibles» (Ryken, *How Bible Stories Work*, 70).

> No debemos tener prisa por llegar a las ideas religiosas o morales de un relato bíblico... En gran parte de la erudición bíblica, la predicación y el estudio de la Biblia, hay demasiado tiempo o espacio dedicado a las ideas de las historias bíblicas y no se dedica suficiente tiempo o espacio a revivir la historia y absorber las experiencias humanas que se perfilan con mayor claridad en ella.[33]

Deja que la estructura y el movimiento del texto informen la estructura y el flujo del sermón. Y, cuando cuentes la historia en tu sermón, no saques la historia de la historia. Mantén la trama en movimiento. No interrumpas a menudo el relato con una ilustración perturbadora, una aplicación innecesaria o un comentario sin importancia.

Pasa de la historia al tema

Para cualquier texto bíblico, una de las principales tareas del predicador es captar y comunicar claramente la verdad *ideacional*. Esta tarea es fácil cuando se predica una epístola. La proposición de Pablo es tu punto. Si escribe: «No os conforméis a este siglo, sino transformaos por medio de la renovación de vuestro entendimiento», sus dos puntos de exégesis y aplicación son obvios. Pero ¿qué hay de una historia? Las historias bíblicas ofrecen una verdad figurativa, en la que un tema se revela por medio de una historia en la que los personajes encarnan realidades, y la trama ilustra la verdad. Por ejemplo, la historia de David y Goliat (1 S. 17) comunica que «Dios es más poderoso que el campeón más intimidante que puedan reunir sus enemigos y que bendice a quienes dan un paso al frente con fe intrépida».[34] O, en la amnistía de Barrabás y la condena de Jesús («Y Pilato... les soltó a Barrabás, y entregó a Jesús... para que fuese crucificado», Mr. 15:15), tenemos la gran doctrina del gran intercambio en forma de historia.

Así pues, toda narrativa bíblica, como cualquier buena historia, encarna la experiencia humana de tal manera que nos lleva a revivirla junto con los personajes del relato, pero cada relato transmite también un mensaje o tema. «¿Cuál es la gran idea?» es una pregunta que los

---

33. Ryken, *How Bible Stories Work*, 125.

34. Arthurs, «Preaching the Old Testament Narratives», 77.

predicadores formados con Haddon Robinson aprendieron a plantearse y a responder. No es la única pregunta que hay que hacerse, pero es importante, sobre todo en lo que se refiere a las narrativas. A veces, la gran idea no aparece en el texto y, por tanto, no es fácil deducirla, como en la historia de David y Goliat. (La clave, entonces, no es alegorizar ni moralizar, sino estudiar, preguntar a amigos eruditos y orar). Otras veces, el propio narrador o un personaje de su historia comparte la gran idea. ¡Esto es una gran ayuda! A continuación, cuatro ejemplos en los que Jesús comparte la verdad central del texto:

«Pues para que sepáis que el Hijo del Hombre tiene potestad en la tierra para perdonar pecados...» (Mr. 2:10).

«No hay profeta sin honra sino en su propia tierra...» (Mr. 6:4).

«...Ve, y haz tú lo mismo» (Lc. 10:37).

«Porque el Hijo del Hombre vino a buscar y a salvar lo que se había perdido» (Lc. 19:10).

Por tanto, si predicas la parábola del buen samaritano (Lc. 10) como una alegoría sobre cómo Jesús, como el buen samaritano por excelencia, pagó por todos nuestros pecados, no has entendido nada; o si al contar la historia de la conversión de Zaqueo (Lc. 19), piensas que su búsqueda de Jesús sustituye a la búsqueda de Jesús del recaudador de impuestos perdido, estás tratando los dos temas al revés. Es esta gran idea, claramente expuesta o cuidadosamente deducida, la que se convierte en el énfasis principal del sermón.

Enmarca el relato en su contexto

Para predicar con eficacia las narrativas bíblicas, es fundamental situar el relato en su contexto histórico, teológico y literario. La historia de Rut solo se entiende y se aplica adecuadamente cuando conocemos algo de la conexión entre el marco histórico («Aconteció en los días que gobernaban los jueces», Rt. 1:1), la amarga tragedia de Rut (la muerte de su marido, 1:5), su dulce matrimonio con su redentor Booz (4:13) y la promesa de la alianza davídica («Jehová le dio que concibiese y diese a luz un hijo… y lo llamaron Obed… Obed engendró a Isaí, e Isaí engendró a David», 4:13, 17, 22; cf. 2 S. 7).

Además, siguiendo el modelo de la predicación apostólica, debemos predicar cada narrativa particular en relación con la metanarrativa de la Biblia, la historia sobre Dios y la salvación de su pueblo, que abarca desde la creación hasta la nueva creación. Esta gran historia incluye «los pactos con Israel y las naciones que fueron dados a Abraham, Moisés y David… el envío de Jesús el Mesías y su vida, muerte y resurrección… un juicio venidero que todas las personas deben afrontar» y la «respuesta correcta», es decir, «creer en Jesús, lo que significa creer en todo lo que se ha dicho sobre Jesús». Cuando «predicamos mediante cualquier segmento narrativo de la Biblia —aconseja Paul House—, los predicadores deben tener en mente esta narrativa arrolladora».[35]

Elabora un esquema homilético

¿Cómo lo ponemos todo junto? Tanto si predicas sin notas, con unos cuantos pósits pegados al púlpito, a partir de un esquema bastante sólido o con un manuscrito completo (¡la posición plenamente santificada!), a continuación, te ofrezco cinco planes. Cada plan viene con un ejemplo de una serie reciente de sermones que prediqué sobre Marcos.

Primero, sigue la trama de la historia. Pasa del desequilibrio a la resolución, del problema a la solución. Cuando prediqué sobre Marcos 9:14-29, lo hice en dos puntos. (¡No es pecado dar un sermón de dos puntos!). Empecé, como hace la historia, con *el problema* (un hijo poseído y la incapacidad de los discípulos para ayudarlo, vv. 14-24), seguido de *la solución* (la increíble autoridad de Jesús sobre el mal, vv. 25-29). Bastante sencillo.

En segundo lugar, presenta un argumento basado en cada personaje clave. Por ejemplo, cuando prediqué sobre Marcos 10:46-52, en mi introducción hablé del clímax de esta historia milagrosa: la declaración de Jesús al ciego Bartimeo: «tu fe te ha sanado» (NBLA), o podría traducirse (ya que el verbo es *sōzō*): «tu fe te ha salvado». Continué

---

35. Paul House, «Written for Our Example: Preaching Old Testament Narratives», en *Preach the Word: Essays on Preaching: In Honor of R. Kent Hughes*, ed. Leland Ryken y Todd Wilson (Wheaton, IL: Crossway, 2007), 36.

diciendo: «La fe salvífica es un tema clave aquí. Pero hay otros temas y otras lecciones que aprender en este texto breve pero teológicamente cargado. Y una manera de aprender todas las lecciones es repasar los tres personajes de la historia: el "mendigo ciego" que clama pidiendo ayuda; los que, al principio, se oponen a él ("sus discípulos y una gran multitud", v. 46); y "Jesús nazareno" (v. 47), el Salvador que devuelve la vista al hombre». Empecé, pues, por los que se oponían a la súplica del pobre hombre, destacando las acciones y los comentarios de los discípulos y de la multitud.

En tercer lugar, usa tus aplicaciones principales como puntos. Esta estrategia me ha dado buenos resultados. Solo un pequeño porcentaje de la congregación se duerme o va al baño. Sigue contando la historia. Vuelve a contarla en todo momento. ¡Dios nos libre de no volver a contar la historia! Pero organiza el material de manera que atraiga la pregunta «¿Y qué?», que surge en la mente de todos en el momento en que empiezas el sermón. Cuando prediqué Marcos 1:21-39, ofrecí tres lecciones: debemos (1) creer que los demonios existen y causan estragos en este mundo; (2) saber que Jesús ha venido a destruir las obras del diablo; y (3) seguir las prioridades de Jesús: la oración y la predicación. Mi sermón sobre Marcos 7:24-37 también contenía tres lecciones: asombrémonos ante (1) la extraordinaria autoridad de Jesús; (2) la extensión de su reino; y (3) su salvación escatológica.

En cuarto lugar, usa temas clave para volver a contar la historia. De acuerdo con mi ejemplo para esta sugerencia, paso de Marcos a Lucas, pero solo porque acabo de predicar sobre Zaqueo. Y, además, la variedad en el escrito, así como en la predicación, es importante. He aquí mi esquema homilético, tal como lo vinculé al texto y al flujo de la historia:

Punto uno	Buscar	«[Zaqueo] *procuraba* ver quién era Jesús»
Punto dos	Recibir	«y le *recibió* [a Jesús] gozoso»
Punto tres	Pasar[36]	«el Hijo del Hombre vino a *buscar* y a *salvar* lo que se había perdido»

---

36. La palabra «pasar» no aparece en el texto. Utilizo la imagen basándome en el contexto: un hombre rico que pasa por el ojo de la aguja (Lc. 18:25).

En quinto lugar, sé encantador como el jazz. Es decir, ofrece un arreglo atrayente. «No enseñes los huesos», como digo a veces. La imagen del músico de jazz me viene del excelente libro que ha editado mi nuevo amigo Eric Redmond. En el perspicaz prefacio de Charlie Dates, escribe:

> Un don de la predicación afroamericana al campo de la homilética es su intersección de la predicación como ciencia y arte. Por un lado, la predicación tiene elementos técnicos para la exégesis, la estructura y la proclamación teológica y doctrinal. Por otro, la predicación, como el jazz, puede moverse dentro de una estructura, un esquema invisible, una narración que hace el punto sin necesariamente anunciar el punto. Puede invitar a los oyentes a entrar en la narrativa bíblica, convertir sus oídos en ojos y despertar su imaginación.[37]

¡Un esquema invisible de verdad! No muestres los huesos. Los músicos de jazz conocen sus estructuras de acordes, pero no las tocan delante de ti. Las usan con habilidad. Con belleza. Haz lo mismo. Cuando cuentes la historia, añade algunos fraseos musicales. Es decir, cita el texto, recuéntalo con tus propias palabras, añade una ilustración o una aplicación, y luego vuelve a la línea melódica. Puedes afirmar la aplicación (no estoy en contra de ello; ver mi sugerencia de aplicaciones como puntos más arriba), pero a veces la sugerencia, no la afirmación, es de mayor utilidad para tu congregación.[38] Como afirma Robinson: «Las narrativas son más eficaces cuando la audiencia escucha la historia y llega a las ideas del orador sin que estas se expongan directamente».[39]

En la tabla 1.2, encontrarás más ideas para organizar sermones basados en narrativas.

---

37. Charlie E. Dates, «Preface: The Treasure and Potential of African American Preaching», en *Say It! Celebrating Expository Preaching in the African American Tradition*, ed. Eric C. Redmond (Chicago: Moody, 2020), 18.

38. Ver Sidney Greidanus, *The Modern Preacher and the Ancient Text: Interpreting and Preaching Biblical Literature* (Grand Rapids, MI: Eerdmans, 1988), 225.

39. Haddon W. Robinson, *Biblical Preaching: The Development and Delivery of Expository Messages*, 2.ª ed. (Grand Rapids, MI: Baker, 1989), 130.

Tabla 1.2: Otras cinco formas posibles de organizar los esquemas homiléticos sobre narrativas

Desplazamientos geográficos	Tu esquema podría seguir el movimiento de Jesús: «se acercaban a Jerusalén» (Mr. 11:1), «por el camino» a Jerusalén (v. 8) y entrando en Jerusalén: «Y entró Jesús en Jerusalén» (v. 11).
Ubicaciones	En la decapitación de Juan el Bautista (Mr. 6:14-29), podrías hacer de guía turístico, llevando a tu congregación desde (1) el cuartel general del rey (2) a la prisión, (3) a la sala del banquete, (4) a la tumba.
Escenas y temas	Mateo 26:57-75 registra dos pruebas. Así ofrece un doble esquema. Mientras Jesús es juzgado ante el Sanedrín por su condición de mesías («que nos digas si eres tú el Cristo», v. 63), Pedro es juzgado ante unos siervos por su condición de discípulo. (El «Mientras tanto» del versículo 69 (NVI) significa que los acontecimientos posteriores ocurren «al mismo tiempo» que el juicio de Jesús [v. 59]). El arte literario de Mateo es asombroso. Mientras Jesús es juzgado dentro de la casa del sumo sacerdote ante las altas autoridades religiosas de Jerusalén y dice la verdad, Pedro se sienta fuera y miente repetidamente cuando unas humildes sirvientas lo interrogan. Niega tres veces a Jesús.

Tabla 1.2 (*continúa*)

Relación de las palabras clave con las escenas y los temas	Marcos 10:13-31 puede predicarse como una unidad, en lugar de predicar un sermón sobre la interacción de Jesús con los niños (vv. 13-16) y otro sobre el encuentro del hombre rico con Jesús (vv. 17-31). Estos textos van juntos porque Marcos utiliza tres palabras clave para conectar los dos relatos: la palabra «niño/niños» (vv. 13, 14, 15, 24, 29, 30), «entrar» (vv. 15, 23, 24, 25) y «reino de Dios» (vv. 14, 15, 23, 24, 25, cf. «evangelio» del reino [v. 29 con Mt. 4:23]). Sin embargo, más importantes que esas tres palabras clave son los temas compartidos que se encuentran en estas dos historias, narradas en tres escenas. En la primera escena, los niños se acercan a Jesús. Él los recibe. Los bendice. Les da una lección: «De cierto os digo, que el que no reciba el reino de Dios como un niño, no entrará en él» (10:15). Esta lección se desarrolla en las dos escenas siguientes. En la segunda escena, un hombre rico se acerca a Jesús. ¿Recibirá el reino como un niño? Dicho de otro modo, ¿está dispuesto a depender totalmente de Jesús, una dependencia que, en su caso, se manifestaría en una abnegación absoluta respecto a sus grandes posesiones? No, no está dispuesto. Luego, en la tercera escena, Jesús instruye a sus discípulos sobre los peligros de la riqueza: «¡Cuán difícilmente entrarán en el reino de Dios los que tienen riquezas!» (v. 23). Luego reitera su argumento: «*Hijos* [(o niños) llama a sus discípulos], ¡cuán difícil les es entrar en el reino de Dios, a los que confían en las riquezas!» (v. 24). A continuación, utiliza una metáfora exagerada para explicar lo difícil que es: «Más fácil es pasar un camello por el ojo de una aguja, que entrar un rico en el reino de Dios» (v. 25). Los discípulos se

Tabla 1.2 (*continúa*)

	quedan atónitos. Se preguntan si alguien puede entrar en el reino y experimentar la vida eterna, la salvación definitiva. Seguido, Jesús habla de la posibilidad de una imposibilidad. Solo Dios puede salvar a las personas. Entonces, Pedro le hace una interesante declaración a Jesús: «He aquí, nosotros lo hemos dejado todo» (v. 28). ¿Es esa declaración (que representa una realidad) una expresión de fe infantil?
Preguntas	Un esquema de Marcos 9:2-13 podría consistir en estas cuatro preguntas. En primer lugar, ¿qué dice Dios aquí sobre Jesús? En segundo lugar, ¿cuál es la respuesta adecuada a esa revelación? En tercer lugar, ¿qué dice Jesús sobre su misión? En cuarto lugar, ¿cuál es la respuesta adecuada a esa revelación?

CONCLUSIÓN

Nuestro objetivo con este capítulo, al igual que con los siguientes, es dotarte de herramientas útiles y fiables para que puedas comprender y enseñar la Biblia con mayor eficacia. Y como mi coautor sabiamente dice sobre cada género: «Si el mensaje está plasmado en una forma, primero tenemos que dominar la forma. El "cómo" es la puerta que abre el "qué" de lo que se está afirmando».[40] La forma de este capítulo central es la narrativa. ¿No te alegras de que Dios nos diera historias? Me encantan las historias. A Lee también le encantan. A ti te encantan. A tu congregación le encantan las historias. Al mundo incrédulo le encantan las historias. Dios nos las ha dado, por medio de sus escribas inspirados, para que nos formen. Nos inspiren a la acción. Nos inspiren a evangelizar a los perdidos, mediante el único que vino a buscar y salvar a los perdidos.

---

40. Ryken, *Literary Introductions to the Books of the Bible*, 10.

2
EL QUE TIENE OÍDOS PARA OÍR, OIGA
Cómo predicar parábolas

La frase «Y sin parábolas no les hablaba» (Mr. 4:34) se ha utilizado como texto de prueba de la centralidad de las parábolas en el ministerio terrenal de Jesús. El problema es que el pronombre «les» (4:2, 33, 34) alude claramente a la «mucha gente» (v. 1) a la que Jesús enseñó algunas parábolas en un día concreto. Además, Marcos solo recoge dos parábolas narrativas completas en todo su Evangelio; el resto de las enseñanzas de Jesús pueden clasificarse como apelaciones (p. ej.: «El tiempo se ha cumplido, y el reino de Dios se ha acercado; arrepentíos, y creed en el evangelio», 1:15); llamados («Venid en pos de mí, y haré que seáis pescadores de hombres», 1:17); pronunciamientos («Hijo, tus pecados te son perdonados», 2:5); instrucciones breves (8:34-38) y discursos más extensos (13:5-37), que incluyen profecías apocalípticas (vv. 24-27). Jesús se dirigió a las multitudes y a sus discípulos en muchos géneros literarios. Además, el Sermón del Monte (Mt. 5–7) y el Discurso del Aposento Alto (Jn. 15–17) no contienen parábolas, y no se mencionan parábolas cuando Jesús enseñaba en las sinagogas de Nazaret y Cafarnaúm (Lc. 4:14-17, 31-37).

Eso no significa que las parábolas no fueran centrales en el ministerio de enseñanza de Jesús. Jeffrey Arthurs dice: «Cuando llegamos a las parábolas, llegamos al corazón del ministerio de Jesús. De hecho, llegamos al corazón del mismo Jesús: sus valores y su misión».[1] Como

---

1. Jeffrey D. Arthurs, *Predicando con variedad: Cómo reproducir la dinámica de los géneros literarios usados en la Biblia* (Grand Rapids, MI: Editorial Portavoz, 2009), 108.

añade G. P. Anderson, «ningún aspecto de su enseñanza es más memorable e influyente que estos símiles sin pretensiones y relatos vívidos».[2] Estas estimaciones no son exageradas porque, dependiendo de cómo se defina el término *parabolē*,[3] que aparece cincuenta y dos veces en el Nuevo Testamento (¡cincuenta de ellas en los Sinópticos!), los Evangelios registran hasta setenta parábolas.[4] Arthurs calcula que «aproximadamente el 43% de sus palabras [de Jesús] en Mateo, el 16% de sus palabras en Marcos y el 52% de sus palabras en Lucas son parábolas».[5] Anderson enumera once «Parábolas en Marcos y/o la Triple Tradición [los Sinópticos]», nueve «Parábolas comunes a Mateo y Lucas (¿Q?)», diez «Parábolas exclusivas de Mateo» y dieciséis «Parábolas exclusivas de Lucas».[6]

Si limitamos el uso del término a las narrativas simbólicas que Jesús enseña en los Sinópticos, el porcentaje disminuye. Jesús no habla un alto porcentaje del tiempo en parábolas, ni siquiera a las multitudes. Pero su discurso parabólico registrado es un porcentaje lo suficientemente alto y, lo que es más importante, lo suficientemente alto en su ubicación narrativa y valor literario como para que dediquemos tanto un capítulo a discutirlo como toda una vida a tratar de dominarlo. Así pues, los datos anteriores y el punto que acabamos de exponer nos instruyen sobre la importancia de saber leer y predicar parábolas. Pasemos ahora a esa tarea.

Este capítulo se divide en tres secciones. En primer lugar, analizamos rasgos o características literarias de las parábolas. En segundo lugar, ofrecemos diez pasos que te ayudarán a interpretar las parábolas. En tercer lugar, añadimos sugerencias adicionales para predicar las parábolas.

---

2. G. P. Anderson, «Parables», en *Dictionary of Jesus and the Gospels*, ed. N. Perrin, Joel B. Green y J. K. Brown (Downers Grove, IL: IVP Academic, 2013), 651.

3. En las Escrituras, el término «parábola» (*māšāl* en hebreo [«ser como»]; *parabolē* en griego [«lanzar al lado»]) abarca una amplia «sección transversal del discurso metafórico o analógico» (Craig L. Blomberg, *Preaching the Parables: From Responsible Interpretation to Powerful Proclamation* [Grand Rapids, MI: Baker Academic, 2004], 23).

4. Jesús predicó unas cuarenta parábolas narrativas. Solo hay unas pocas parábolas narrativas, o parcialmente narrativas, en el Antiguo Testamento. Ver Jue. 9:7-15; 2 S. 12:1-4; 2 R. 14:9-10; Ez. 17:2-10; Is. 5:1-7.

5. Arthurs, *Predicando con variedad*, 108; cf. Klyne R. Snodgrass, *Stories with Intent: A Comprehensive Guide to the Parables of Jesus* (Grand Rapids, MI: Eerdmans, 2008), 22.

6. Anderson, «Parables», 654-55. «El Evangelio de Juan queda excluido del inventario, no porque carezca por completo de metáforas extensas (p. ej.: Jn. 10:1-18; 15:1-8), sino porque podría decirse que estas son de un tipo diferente a las parábolas de los Evangelios sinópticos» (656).

Puede que no dominemos las parábolas, pero al menos asombrémonos de la sabiduría de nuestro Maestro, *el* maestro narrador.

CARACTERÍSTICAS LITERARIAS DE LAS PARÁBOLAS

«Las parábolas de Jesús son completamente literarias».[7] La obvia intuición de Ryken se pasa por alto con demasiada frecuencia. Al igual que las epístolas, los predicadores pueden tratar las parábolas como si fueran fuentes de datos sin género, en las que el propósito del predicador es encontrar rápidamente el núcleo de la verdad didáctica, arrancarlo del tallo de tres metros y de la tierra en la que ha crecido, y servir el maíz dulce a la congregación. Así, vemos la necesidad de empezar con algunas de las características literarias clave de las parábolas bíblicas.[8]

Definición

Cuando Pedro le pide a Jesús que le explique una «parábola» que enseñó («No lo que entra en la boca contamina al hombre; mas lo que sale de la boca, esto contamina al hombre», Mt. 15:11), probablemente clasificaríamos la proposición de Jesús más como un proverbio que como una parábola, en el sentido de que no hay una historia con doble significado (p. ej.: la boca de un hombre simboliza alguna verdad espiritual). Sin embargo, el uso que Pedro hace de «parábola» refleja una comprensión de la palabra hebrea *māšāl*, que puede referirse a «un dicho profético, a un proverbio, a una adivinanza, a un discurso, a un poema, a un cuento corto, a una similitud o a casi cualquier tipo de máxima concisa o anécdota».[9] Para Pedro, cualquier enunciado aforístico constituye una «parábola».

La palabra en sí es una combinación de la preposición *para* («junto a») y el verbo *ballō* («lanzar»), lo que significa literalmente «lanzar junto a» o «colocar junto a». Esta etimología, y la imagen que proporciona, son un

---

7. Leland Ryken, *Words of Delight: A Literary Introduction to the Bible* (Grand Rapids, MI: Baker, 1992), 403.

8. Para más información sobre las características literarias de las parábolas, ver Leland Ryken, *How to Read the Bible as Literature* (Grand Rapids, MI: Zondervan, 1984), 138-53.

9. John MacArthur, *Parábolas: Los misterios del reino de Dios revelados a través de las historias que Jesús contó* (Nashville: Grupo Nelson, 2015), 20. En la Septuaginta, *parabolē* se utiliza para traducir la palabra hebrea *māšāl* en treinta de sus treinta y cuatro apariciones. *Māšāl* «abarca una amplia gama de referencias, describiendo una variedad de expresiones aforísticas», incluyendo oráculos, refranes, proverbios y burlas (Anderson, «Parables», 651).

buen punto de partida para una definición útil. Una parábola establece una comparación: Dios es como el padre anhelante y amoroso que perdona y abraza al hijo pródigo que ha vuelto a casa; el crecimiento del reino de Dios es como el de un grano de mostaza. Esas dos realidades se parecen en algo, y juntas enseñan verdades teológicas y lecciones espirituales. Mi amigo Robert Kinney, cuando instruye sobre este género para el Charles Simeon Trust, ofrece esta definición: «Una parábola es una historia sencilla y generalmente narrativa, basada en el mundo real, y utilizada para suscitar a la audiencia sobre un asunto espiritual (o moral) o incluso para plantear una cuestión espiritual (o moral)».

La definición anterior puede desglosarse en tres puntos. En primer lugar, las parábolas de Jesús pueden ser cualquier enunciado aforístico (como lo que oyeron Pedro y los discípulos arriba) y símiles sencillos y breves («el reino es como»). Sin embargo, la mayoría de las parábolas de Jesús son historias de ficción.[10] Esto significa que debemos acercarnos a ellas como lo haríamos a cualquier narrativa, tratando de comprender la ambientación, la caracterización y la trama.[11] En segundo lugar, están basadas en el mundo real. «Se ocupan —como dice Ryken— de las situaciones más realistas imaginables: un agricultor siembra semillas, un pastor cuida ovejas, una mujer hace pan» (ver «Realismo cotidiano», más adelante).[12] En tercer lugar, se les dice para suscitar (¡o desafiar!) a los oyentes de Jesús sobre un asunto espiritual (o moral) o incluso para plantear una cuestión espiritual (o moral). Dicho de otro modo, su objetivo era provocar a la gente a pensar de nuevo sobre Dios y sus caminos (p. ej.: ¿puede un samaritano ser un buen prójimo?) y desafiarlos a actuar de acuerdo con ese nuevo conocimiento («Ve, y haz tú lo mismo»). Son imágenes seculares o historias de la vida cotidiana basadas en experiencias compartidas o vistas —los pescadores echan las redes, una madre amasa el pan para la cena, un agricultor siembra semillas, un hombre viaja de un pueblo a otro, un pastor cuida sus ovejas— que hacen comparaciones para comunicar las prioridades y

---

10. Las parábolas son «el ejemplo indiscutible de ficción en la Biblia» (Leland Ryken, *Words of Life: A Literary Introduction to the New Testament* [Grand Rapids, MI: Baker, 1987], 61).

11. Algunas de las parábolas son historias complejas «con una trama hábilmente diseñada, elaboración de ambientación y diálogo, y una caracterización sutil» (Ryken, *Words of Life*, 61).

12. Ryken, *Words of Life*, 61.

realidades del reino.[13] Podríamos añadir a la definición anterior que las parábolas solo pueden entenderse por medio de la gracia de Dios que abre los oídos (ver «El propósito de las parábolas», más adelante), seguida de un esfuerzo mental prolongado y una lucha en oración.

Tres tipos de parábolas

Hay tres tipos de parábolas que Jesús predica. En primer lugar, y continuando con el uso de *māšāl* de las Escrituras hebreas, están los aforismos de Jesús («¿Acaso puede un ciego guiar a otro ciego? ¿No caerán ambos en el hoyo?», Lc. 6:39). En segundo lugar, están los símiles («el reino de los cielos es semejante a un tesoro escondido en un campo», Mt. 13:44). En tercer lugar, están los relatos simbólicos (la parábola del sembrador). Nos centraremos sobre todo en las parábolas narrativas de Jesús.

Relatos breves y sencillos con profundas verdades atemporales

Las parábolas tienen «la doble cualidad» de «simplicidad superficial y complejidad oculta».[14] Las parábolas existen, como señala Ryken, «en un continuo que va de lo simple a lo complejo. En un extremo del espectro, está la metáfora o el símil en el que Jesús compara el reino de los cielos con un grano de mostaza, una moneda perdida o un tesoro escondido. En el otro extremo, hay una historia relativamente compleja con una trama hábilmente diseñada, elaboración de ambientación y diálogos, y una caracterización sutil».[15] Esto es cierto. Pero también es cierto que incluso las parábolas más complejas cuentan historias que, a primera vista, parecen tan sencillas que aun los niños pequeños pueden entender a los personajes principales y la trama básica.[16] Y si no pueden entender las lecciones espirituales, pueden dibujar literalmente algunas de las palabras de Jesús. De

---

13. Son «relatos realistas, sencillos en su construcción y didácticos… en su finalidad, que transmiten una verdad religiosa y en los que los detalles tienen a menudo un significado que va más allá de su sentido narrativo literal» (Ryken, *How to Read the Bible as Literature*, 202).

14. Leland Ryken, *Jesus the Hero: A Guided Literary Study of the Gospels* (Wooster, OH: Weaver, 2016), 97.

15. Ryken, *Words of Delight*, 403.

16. «Todas las parábolas se construyen en torno a imágenes sumamente sencillas y vívidas: un joven rico que come comida de cerdos, un ama de casa que busca incansablemente una moneda perdida, un pastor que se echa sobre los hombros una de sus queridas ovejas, un teólogo hipócrita en la oración, la humillación de un invitado que se ha equivocado de

este modo, todas sus parábolas son ingeniosamente sencillas. Pero incluso las parábolas más simples y breves sobre un hecho cotidiano y común —una mujer que esconde levadura en tres medidas de harina hasta que la hornada está completamente leudada (Mt. 13:33; cf. Lc. 13:20-21)— comunican verdades de peso. El Reino de Dios es como esa levadura que fermenta lentamente. El gobierno de Dios por medio de Cristo parecía casi invisible en el momento en que Jesús proclamó esta parábola. Sin embargo, para cuando regrese, el crecimiento lento pero seguro habrá producido un resultado exponencialmente enorme. Así como la levadura mezclada en más de veinte kilos de pan crecerá lo suficiente como para alimentar a cien personas, o a unas cuantas familias durante unos meses, un número demasiado grande para contarlo formará parte del glorioso y eterno reinado de Jesús. Esta historia, que parece ser simplemente una captura de un acontecimiento ordinario de la vida cotidiana, es una imagen de una de las mayores verdades de la gran historia de la salvación de Dios.

Realismo cotidiano

Las parábolas de Jesús son historias de *ficción* contadas por un maestro narrador que era un agudo observador de la vida en la Palestina del siglo I. Pero las *verdades* que contienen poseen un realismo cotidiano que, sin duda, atrajo a sus lectores originales y atrae a un público universal, porque son un espejo de la vida real. La gente de la Palestina del siglo I a la que Jesús predicó comprendía fácilmente a los personajes comunes (propietarios de tierras, labradores, padres e hijos, malversadores, viudas pensionistas, novios, reyes guerreros, ladrones, recaudadores de impuestos, ladrones violentos, mercaderes, posaderos, sacerdotes, etc.); los acontecimientos (cosechas, bodas, banquetes, etc.); los objetos (granos de mostaza, telas deshilachadas, perlas, redes de pescar, ovejas, tesoros escondidos, higueras, etc.); y las acciones (sembrar semillas, represalias de un amo enfadado, malas hierbas que crece entre el trigo, echar vino en odres, cocer pan, viajar a un pueblo vecino, extender invitaciones de boda, encontrar una moneda perdida, etc.). Así pues, las parábolas son obras de ficción, pero su «realismo minucioso» (como se ha visto antes) las hace

---

ropa en una fiesta elegante» (Richard Lischer, *Reading the Parables*, Interpretation [Louisville: Westminster/John Knox, 2014], 11).

muy diferentes de las obras de ficción fantástica que presentan «animales que hablan o bosques encantados».[17] Este realismo es «algo que puede ayudar a que las parábolas cobren vida en nuestra imaginación»,[18] y los arquetipos (imágenes maestras recurrentes de la vida y la literatura) —por ejemplo, perdido y encontrado, amo y criado, el viaje peligroso, el pródigo, la cosecha abundante— despiertan sentimientos muy profundos en la psique humana. Los arquetipos nos llegan allí donde vivimos.

Relatos orales populares

Las parábolas bíblicas son relatos orales populares. Su realismo así lo indica, al igual que su composición. «Se adhieren —como señala Ryken— a las reglas... de los relatos populares a lo largo de los siglos».[19] Estas reglas incluyen (1) conflicto en la trama, (2) suspenso, (3) contraste o desenlace, (4) simplicidad o trama única, (5) repetición, especialmente triple, (6) énfasis final (el elemento crucial llega al final, a menudo como desenlace de lo que ha precedido) y (7) universalidad, especialmente tipos de personajes universales. A este respecto, Arthurs añade lo siguiente:

> Estas sencillas historias populares [engendran] memoria. Igual que los proverbios, las parábolas se transmitían de persona a persona por la comunicación oral. Para que fueran permanentes, tenían que ser simples, breves, y la forma de la expresión debía contribuir a la transmisión. Por tanto, la forma de parábola no permite digresiones, abstracciones ni explicaciones largas. La comparación... de las parábolas con los chistes se aplica aquí también. Recordamos los chistes, a pesar de que no los escribimos, gracias a su brevedad y forma sencilla: personajes muy identificables, un solo conflicto, un ascenso tipo fórmula en la acción y un giro repentino o un remate.[20]

Apelación universal

Estas historias populares de inspiración divina ambientadas en la Palestina del siglo I han atraído a miles de millones de personas durante más

---

17. Ryken, *Words of Delight*, 404.
18. Ryken, *Jesus the Hero*, 99.
19. Ryken, *Words of Delight*, 405. La lista de reglas es de Ryken.
20. Arthurs, *Predicando con variedad*, 117.

de dos milenios. Parte de su atractivo radica en que una buena historia es una buena historia, independientemente de la ambientación, los personajes y las acciones desconocidos. Otra característica atractiva es el anonimato. Aparte de Lázaro, no se nombra a ningún otro personaje. Esta cualidad, que se encuentra a menudo en los relatos de milagros de los Evangelios y en otras partes de las Escrituras (p. ej.: la pareja del Cantar de los Cantares), extiende una invitación al hombre y la mujer corrientes y a sus experiencias y emociones cotidianas.

Perspectiva de acción retardada

«La propia teoría de comunicación de Jesús se basaba en —lo que Ryken llama— perspectiva de acción retardada». Sabiendo que los oyentes no pueden absorber todo lo que oyen, Jesús contó parábolas breves y fáciles de recordar, que no llevan todo su significado en la superficie. Su intención era que se las llevaran y reflexionaran sobre su significado. Como las adivinanzas, «solo dan su significado a quienes... se toman el tiempo de meditarlas».[21]

De la superficie al símbolo

Cuando reflexionamos sobre el significado de una parábola concreta, nos damos cuenta de que los llamados dichos sencillos de Jesús tienen algo de enigma y de que, sin la ayuda de Dios para escuchar, no importa cuánto tiempo reflexionemos sobre el acertijo, las piezas no encajarán en su sitio (ver «El propósito de las parábolas», más adelante). Dicho esto, aunque Dios nos conceda el don de la fe, tenemos que esforzarnos mucho para percibir las realidades espirituales y los segundos significados de estas sencillas historias breves. Debemos redoblar nuestros esfuerzos en los dobles significados. ¿Tienen prácticamente todos los detalles de la parábola un significado simbólico, como en la parábola del sembrador, o solo los personajes principales y las acciones clave, como en la parábola del hijo pródigo? (Más adelante veremos cómo responder a esta pregunta).

---

21. Leland Ryken, *Choosing a Bible: Understanding Bible Translation Differences* (Wheaton, IL: Crossway, 2005), 25; cf. Ryken, *Words of Delight*, 406.

Simbolismo de protección

El doble significado está en el corazón de las parábolas de Jesús. Ciertamente, hay significados alegóricos o, más bien, «simbólicos». Pero según las preguntas anteriores, ¿cómo discernimos lo que tiene un segundo significado y lo que no?

Cuando trabajaba como profesor en el Queensland Theological College de Brisbane (Australia), impartía una clase sobre los Evangelios Sinópticos. Para mis clases sobre las parábolas, comenzaba con un testimonio personal de mi amor por la historia de la Iglesia, que incluye la redacción de una tesis de maestría sobre la interpretación de John Donne del Cantar de los Cantares. Siento una gran admiración por los cristianos que nos han precedido y traté de reforzar en mis alumnos la importancia de «caminar sobre las cenizas de los santos de Dios» (término de Donne para seguir las huellas exegéticas de los sabios cristianos que nos han precedido).

Dicho esto, después de hablarles de mi aprecio por la historia de la Iglesia en general y por la historia de la interpretación bíblica en particular, les entregué el comentario de Agustín sobre el Buen Samaritano (en su *Quaestiones Evangeliorum* 2.19). Y sin ningún juicio verbal ni expresión facial por mi parte, juntos leímos cada línea en voz alta:

Un hombre descendió de Jerusalén a Jericó; se refiere al mismo Adán; *Jerusalén* es la ciudad celestial de paz, de cuya bienaventuranza cayó Adán; *Jericó* significa la luna, y representa nuestra mortalidad, porque nace, crece, mengua y muere. Los *ladrones* son el diablo y sus ángeles. *Que lo despojaron*, a saber, de su inmortalidad; *y lo golpearon*, persuadiéndolo a pecar; *y lo dejaron medio muerto*, porque en la medida en que el hombre puede comprender y conocer a Dios, vive, pero en la medida en que está consumido y oprimido por el pecado, está muerto; por eso se lo llama *medio muerto*. El *sacerdote* y el *levita* que lo vieron y pasaron de largo significan el sacerdocio y el ministerio del Antiguo Testamento, que nada podían aprovechar para la salvación. *Samaritano* significa guardián, y por lo tanto el Señor mismo es significado por este nombre. La *venda de las heridas* es la restricción del pecado. El *aceite* es el consuelo de la buena esperanza; el *vino*, la exhortación a trabajar con espíritu ferviente. La *bestia* es la carne en la que Él se dignó venir a nosotros. El ser *puesto sobre la bestia* es la creencia en la encarnación de Cristo. La *posada* es la Iglesia, donde los viajeros que regresan a la patria celestial se refrescan después de la peregrinación. El *día siguiente* es después de la resurrección del Señor. Los *dos denarios* son los dos preceptos del amor, o la promesa de esta vida y de la venidera. El *posadero* es el Apóstol (Pablo). El pago supererogatorio es o bien su consejo de celibato, o bien el hecho de que trabajaba con sus propias manos para no ser una carga para ninguno de los hermanos más débiles cuando el evangelio era nuevo, aunque le era lícito «vivir del evangelio».[22]

Después de cada línea, aumentaban las risas.[23] Cuando terminé, les hice dos preguntas. En primer lugar, ¿por qué se reían? O, ¿qué tiene de malo la interpretación alegórica de Agustín para que les haya parecido divertida? La clase ofreció rápidamente respuestas correctas, como:

- Agustín está alegorizando de formas arbitrarias, formas que ciertamente no pretendía Jesús ni entendía su audiencia original.
- Agustín encuentra un simbolismo secreto para casi todos los detalles, pero sus determinaciones no parecen estar hechas con un criterio objetivo en mente. ¿Cómo sabe que los «dos denarios» equivalen al doble mandato de amor de Jesús o a su promesa de vida en el presente y en el futuro? ¿Por qué limitarlo a esos dos temas? ¿Por qué no otra docena de posibles interpretaciones?

En segundo lugar, pregunté: Como los cristianos a lo largo de los siglos siguieron este método (dominó la historia de la interpretación hasta finales del siglo xix), ¿cuál creen que fue el resultado? A menudo, tenía que dar la respuesta: ¡Cada uno hacía lo que le parecía correcto! Había interpretaciones muy diferentes. Mostré ejemplos y luego pasé a una diapositiva de PowerPoint titulada «Correcciones contemporáneas». Hice un breve repaso (resumido a continuación),

---

22. Anderson («Parables», 657) señala que, en *Sobre la doctrina cristiana* (1.31, 33), Agustín da una aplicación directa de esta parábola «a la obligación moral cristiana de amar al prójimo».

23. Ryken califica de risibles las alegorías de Agustín a las parábolas, y su «alegorización de la parábola del Buen Samaritano representa esta tradición en su peor versión frívola» (*Jesus the Hero*, 101-2).

recorriendo desde el trabajo pionero de Adolf Jülicher hasta el de Craig Blomberg.

En su libro *Die Gleichnisreden Jesu* (1888), Adolf Jülicher (1857-1938) rechazó las formas de interpretación grecorromanas aplicadas a las parábolas de Jesús, a saber, que debían «tratarse como elaboradas alegorías, con casi todos los detalles de cada una expuestos como si tuvieran un segundo nivel de significado espiritual o simbólico».[24] Argumentó que las parábolas de Jesús reflejaban las condiciones de la vida real en la Palestina del siglo i y que los detalles se incluyen para establecer el realismo, no para que se pueda extraer una analogía de cada aspecto. En lugar de tratar las parábolas como metáforas, sostenía que eran símiles, es decir, que establecían una comparación entre dos cosas para poder establecer una analogía. Para Jülicher, cada parábola plantea un punto simple, que normalmente da lugar a una máxima moralista.[25] Según Richard Lischer, Jülicher sostenía «que cada parábola es una historia simple y directa con un solo punto, que él llamaba *tertium comparationis*, el punto de comparación. El *tertium* es la "tercera cosa" que une la idea religiosa abstracta y la imagen vívida contenida en la parábola».[26]

Casi cien años después (con otros estudios importantes en medio), Craig Blomberg publicó su disertación sobre las parábolas distintivamente lucanas.[27] Consideró que el enfoque de Jülicher era artificialmente limitador y argumentó que las parábolas son inherentemente alegóricas

---

24. Ver Blomberg, *Preaching the Parables*, 13, 24.

25. Del mismo modo, Joachim Jeremias (1900-1979) insistía en que cada parábola solo tiene un punto principal, y que cualquier otro aspecto de la historia eran meros adornos destinados a que la recuerden.

26. Lischer, *Reading the Parables*, 7. «El problema de [la visión de] Jülicher… es que los "puntos" que sustituyó por las floridas alegorías de la Iglesia solían ser máximas universales u obviedades del mínimo común denominador. Por ejemplo, la parábola de los talentos nos recuerda que la recompensa debe ganarse mediante el rendimiento. La parábola del siervo infiel exhorta a utilizar sabiamente el presente como condición para un futuro feliz. La parábola de Lázaro y el rico enseña el gozo en una vida de sufrimiento y el miedo en una vida de placer. El buen samaritano representa el ideal del prójimo… que es ante todo un semejante… En su lectura, las lecciones de Jesús tendían a confirmar lo que los modernos ilustrados ya creían. El enfoque genérico dio lugar a la famosa frase del erudito británico C. W. F. Smith: "Nadie crucificaría a un maestro que contara historias agradables para imponer una moral prudente" (*Jesus of the Parables*, 17)» (7). (Lischer se refiere a la obra de Smith *The Jesus of the Parables*, cuya edición revisada fue publicada por HarperCollins en 1975).

27. Craig Blomberg, «The Tradition History of the Parables Peculiar to Luke's Central Section» (Tesis doctoral, Universidad de Aberdeen, 1982).

en un sentido limitado y restringido.[28] Blomberg explica su sencilla pero significativa tesis de la siguiente manera: «Siguiendo el modelo de muchas de las parábolas rabínicas y de la gran literatura narrativa en general, argumenté que las parábolas de Jesús tenían un punto principal por personaje principal… Los personajes principales (y a menudo solo los personajes principales) de las parábolas de Jesús "representan algo"».[29] Sostiene que las parábolas de Jesús establecen comparaciones entre los personajes de sus historias y Dios o las personas que escuchan. Así, clasifica las parábolas según el número de personajes que incluyen: triádicas (tres personajes), diádicas (dos personajes) o monádicas (un personaje). Considera que la mayoría son triádicas, pero encuentra diversas estructuras: por ejemplo, la descripción de una relación entre un amo y criados buenos y malos, o la colocación de un personaje unificador entre un ejemplo bueno y otro malo. En sus propias palabras: «Curiosamente, las cerca de cuarenta parábolas de Jesús exhiben solo seis estructuras diferentes cuando se examina el número de personajes principales en cada una y las relaciones entre esos personajes. Un aproximado de dos tercios de las parábolas narrativas de Jesús presentaban tres personajes principales o grupos de personajes en una estructura triangular (o lo que algunos han llamado «monárquica»), con una figura maestra (incluidos reyes, padres, propietarios de tierras, pastores, agricultores, etc.) que interactuaba con uno o más pares contrastantes de subordinados (siervos buenos y malos, hijos, arrendatarios, ovejas, plantas, etc.)».[30]

Como alguien que ha predicado casi doscientos sermones sobre pasajes de los Sinópticos, y sobre la mayoría de las parábolas, encuentro la teoría homilética de Blomberg convincente y extremadamente útil. No la encuentro limitadora, como hacen algunos,[31] pues no creo que las parábolas sean «susceptibles de múltiples interpretaciones igualmente válidas».[32] Hay una intención autorial, una intención expresada a veces

---

28. Ver el resumen de Anderson sobre Blomberg («Parables», 660).

29. Blomberg, *Preaching the Parables*, 13.

30. Blomberg, *Preaching the Parables*, 15-16.

31. «Aunque es una mejora ampliar la interpretación para asignar un "punto" a cada personaje (Blomberg), tal enfoque, a pesar de toda su disciplina esquemática, sigue siendo demasiado deudor de una visión estática de las parábolas que exige que estas produzcan "puntos", ya sean uno o varios» (Anderson, «Parables», 661).

32. Anderson, «Parables», 662.

claramente por Jesús con una máxima resumida (ver la tabla 2.1). El principio del «énfasis final» es importante porque, cuando se emplea, Jesús informa directamente a sus oyentes de lo que considera el punto principal. También proporciona una lente adecuada para volver a ver los detalles de la parábola. Por ejemplo, los acentos finales de la trilogía de las parábolas de las «cosas perdidas» (Lc. 15:7, 10, 32) nos dicen que debe haber alegría festiva cuando alguien se arrepiente.[33]

Tabla 2.1: Ejemplos de máximas de resumen de énfasis final

Mateo 18:35	Así también mi Padre celestial hará con vosotros si no perdonáis de todo corazón cada uno a su hermano sus ofensas.
Mateo 20:16	Así, los primeros serán postreros, y los postreros, primeros.
Mateo 21:43	Por tanto os digo, que el reino de Dios será quitado de vosotros, y será dado a gente que produzca los frutos de él.
Mateo 22:14	Porque muchos son llamados, y pocos escogidos.
Mateo 25:13	Velad, pues, porque no sabéis el día ni la hora.
Mateo 25:46	E irán estos al castigo eterno, y los justos a la vida eterna.
Lucas 10:37	Ve, y haz tú lo mismo.
Lucas 12:21	Así es el que hace para sí tesoro, y no es rico para con Dios.
Lucas 14:11	Porque cualquiera que se enaltece, será humillado; y el que se humilla, será enaltecido.
Lucas 15:7	Os digo que así habrá más gozo en el cielo por un pecador que se arrepiente, que por noventa y nueve justos que no necesitan de arrepentimiento.
Lucas 15:10	Así os digo que hay gozo delante de los ángeles de Dios por un pecador que se arrepiente.
Lucas 15:32	Mas era necesario hacer fiesta y regocijarnos, porque este tu hermano era muerto, y ha revivido; se había perdido, y es hallado.

33. Para ver un ejemplo más detallado del énfasis final, consulta: «Paso diez (Aplicación)».

Además, Blomberg permite esa predicación de la «gran idea»[34] y promueve el valor de armonizar los puntos de cada personaje en un punto principal. Habla de la idea de Barbara Reid, afirmando que «la mejor manera de armonizar este enfoque [de predicar la gran idea] con los múltiples puntos de muchas parábolas es "discernir cuál de los muchos puntos es el principal que la asamblea necesita oír en este lugar y momento"».[35] Blomberg también ofrece esta sugerencia y admisión:

> También podríamos sugerir otras armonizaciones, sobre todo buscando una «gran idea» [¡o tomando la que da Jesús!] que incorpore elementos de todos los puntos del pasaje… Quizá se deba simplemente a mi falta de creatividad o de imaginación, pero no siempre se me ocurre cómo resumir concisamente en una proposición sencilla las tres lecciones principales de un pasaje tripartito… Pero si no se me ocurre nada al cabo de un tiempo razonable, mejor predicar el mensaje completo del texto que abreviar la mitad o dos tercios de este.[36]

Enfrentamientos subversivos de un Salvador por lo demás compasivo

No se puede negar que las parábolas de Jesús contienen «un fuerte elemento satírico», y que las sátiras de nuestro Salvador son a menudo ataques subversivos contra sus oponentes terrenales y, en el fondo, demoníacos. Sus tretas santificadas suelen llegar al final de las parábolas, cuando presenta impactantes inversiones de las expectativas. Por ejemplo, la parábola del buen samaritano habría sacudido las filacterias de los fariseos cuando Jesús presentó el estamento religioso como contrario a Levítico 19:18, y a su enemigo el samaritano en representación del hombre justo de Ezequiel 18. Y en la parábola de las diez vírgenes, el marido que llega tarde y rechaza a las amigas más íntimas de la novia habría hecho saltar por los aires los velos de todo el antiguo Oriente Medio.

---

34. Como se señaló en el capítulo 1, la búsqueda de la «gran idea» (un pensamiento o punto de predicación que resuma cada sermón) fue popularizada por Haddon W. Robinson, *Biblical Preaching* (Grand Rapids, MI: Baker, 1980).

35. Barbara Reid, *Parables for Preachers* (Collegeville, MN: Liturgical, 1999), 18, resumido por Blomberg, *Preaching the Parables*, 22.

36. Blomberg, *Preaching the Parables*, 22.

El propósito de las parábolas

Hay al menos tres razones por las que Jesús enseñó en parábolas.

Para empezar, lo hizo para comunicarse eficazmente. Como afirma David Wenham, «Jesús enseñó una teología profunda, pero no lo hizo con discursos largos y complejos, sino mediante relatos de la vida cotidiana y realistas... Las parábolas de Jesús lo revelan como un maestro de la comunicación».[37] Como una historia ilustrativa en nuestros sermones, las memorables historias cortas de Jesús, con personajes cercanos, giros impactantes y finales extraños, habrían, como cualquier buena ilustración, estimulado el pensamiento y aumentado la atención. «Las parábolas eran sesiones de enseñanza en las que Jesús impartía información, así como sesiones de relatos que nos cautivan y entretienen».[38]

En segundo lugar, Jesús enseñó en parábolas para ocultar y revelar. Entre el relato y la interpretación que hace Jesús de la parábola del sembrador, responde a la pregunta de los discípulos: «¿Por qué les hablas por parábolas?» (Mt. 13:10):

Porque a vosotros os es dado saber los misterios del reino de los cielos; mas a ellos no les es dado. Porque a cualquiera que tiene, se le dará, y tendrá más; pero al que no tiene, aun lo que tiene le será quitado. Por eso les hablo por parábolas: porque viendo no ven, y oyendo no oyen, ni entienden (13:11-13).

Él apoya esa afirmación con una profecía de Isaías, que afirma que se está cumpliendo (ver 13:14-15; Is. 6:9-10).[39] Así como el ministerio de Isaías se encontró con una incredulidad obstinada y mesurada, Jesús se encontró, especialmente en el contexto cercano de lo que se registra en Mateo 13, con la indiferencia (11:20), la incomprensión (12:46), la incredulidad (13:58) y la oposición hostil (12:10, 14, 24).

---

37. David Wenham, *The Parables of Jesus* (Downers Grove, IL: IVP Academic, 1989), 13.

38. Ryken, *Jesus the Hero*, 97.

39. Más adelante, Mateo interpretará el método de enseñanza de Jesús, diciendo que «Todo esto habló Jesús por parábolas a la gente, y sin parábolas no les hablaba» (Mt. 13:34) como cumplimiento del Salmo 78:2: «para que se cumpliese lo dicho por el profeta, cuando dijo: Abriré en parábolas mi boca; declararé cosas escondidas desde la fundación del mundo» (Mt. 13:35).

Podría parecernos extraño decir que el «juicio inmediato de Jesús contra la incredulidad de ellos lo hizo en la forma de discurso que Él usó cuando les enseñaba públicamente»,[40] pero eso es claramente lo que Jesús dijo sobre las parábolas. De hecho, las autoridades judías incluso lo entendieron, después que Jesús contó las parábolas de los dos hijos y los labradores malvados («Y oyendo sus parábolas los principales sacerdotes y los fariseos, entendieron que hablaba de ellos», Mt. 21:45). Para los santurrones, los misterios del reino permanecen ocultos (Mt. 11:25);[41] ¡las parábolas de Jesús sirven como juicios divinos!

Sin embargo, para los discípulos, las parábolas tienen una finalidad distinta. No ocultan la verdad, sino que la revelan. Son expresiones de la misericordia de Dios. Como ya he dicho en otras ocasiones:

Para los que persisten en la incredulidad, el misterio del evangelio del reino no se ve, pero para los receptivos a lo que Dios está haciendo en Jesús, las parábolas son como mirar las vidrieras del interior de una iglesia mientras el sol las atraviesa. Para los doce, Jesús afirma su privilegio espiritual único: «Pero bienaventurados vuestros ojos, porque ven; y vuestros oídos, porque oyen. Porque de cierto os digo, que muchos profetas y justos desearon ver lo que veis, y no lo vieron; y oír lo que oís, y no lo oyeron» (13:16-17). «Oíd, pues» (13:18), dice Jesús a aquellos discípulos que por la gracia soberana de Dios pueden ver «con los ojos, y [oír] con los oídos, y con el corazón [entender]» (13:15). De hecho, cuando Jesús termina su enseñanza desde la barca, se vuelve a los doce y les pregunta: «¿Habéis entendido todas estas cosas?» y ellos responden:

---

40. MacArthur, *Parábolas*, 17.

41. «Te alabo, Padre, Señor del cielo y de la tierra, porque escondiste estas cosas de los sabios y de los entendidos, y las revelaste a los niños» (Mt. 11:25). Como afirma John Nolland, Jesús enseña que «al lado y más allá de la elección activa y la responsabilidad personal de quienes han desdeñado el mensaje (vv. 20-25) está la decisión de Dios sobre las personas a las que se revelará lo que realmente sucede y a las que se ocultará, y la elección del Hijo de aquellos a los que revelará al Padre». Dicho de otro modo, «el hecho de que las personas sabias y comprensivas no entiendan necesariamente lo que ocurre indica que, en este contexto, la perspicacia es algo que *debe otorgarse divinamente* y que no puede lograrse a nivel meramente humano» (*Matthew*, New International Greek Testament Commentary [Grand Rapids, MI: Eerdmans, 2005], 469, 471, énfasis mío).

«Sí» (13:51). Han sido elegidos para ser escribas que están siendo «entrenados» por Jesús para captar y dar a los demás el «tesoro» del «reino de los cielos» (13:52).[42]

En tercer lugar, Jesús enseñó en parábolas para ofrecer resúmenes de palabras e imágenes de su ministerio en el reino. Como explica Wenham:

Jesús no pintó cuadros vívidos y visuales del amor de Dios solo con sus palabras, sino también con sus acciones. La entrega del pan y el vino a sus discípulos en la última cena fue una parábola actuada, al igual que su entrada en Jerusalén, cuidadosamente planeada, montado en un pollino antes de la crucifixión. Su comida con recaudadores de impuestos y pecadores fue una representación del mensaje de la parábola del hijo pródigo. Sus milagros, por ejemplo sus curaciones, su milagrosa alimentación de los hambrientos y su transformación del agua en vino, eran imágenes del reino de Dios… Por lo tanto, las parábolas de Jesús no eran solo un método didáctico que se le ocurrió por casualidad. Eran parte integrante de todo su ministerio; eran una demostración contundente y visual de lo que había venido a hacer.[43]

DIEZ PASOS: DEL ESTUDIO AL SERMÓN

Como ya he mencionado, trabajé como orador (profesor) en el extranjero, en Australia. Cuando impartí una clase sobre los Evangelios sinópticos, como parte de la clase se me ocurrió una conferencia titulada humorísticamente «Los asombrosos diez pasos de Doug O para dominar la interpretación de parábolas y encontrarle sentido a la vida».[44] Utilizando la parábola de los labradores malvados de Marcos 12:1-9 como texto base, recorramos esos diez pasos:

---

42. Douglas Sean O'Donnell, *Matthew*, The Gospel Coalition Bible Commentary (Austin, TX: The Gospel Coalition, 2021), disponible en línea, https://www.thegospelcoalition.org/commentary/matthew.

43. Wenham, *Parables of Jesus*, 14.

44. Estos pasos suponen que las parábolas de Jesús son, como resume Snodgrass, «historias con intención».

Entonces comenzó Jesús a decirles por parábolas: Un hombre plantó una viña, la cercó de vallado, cavó un lagar, edificó una torre, y la arrendó a unos labradores, y se fue lejos. Y a su tiempo envió un siervo a los labradores, para que recibiese de estos del fruto de la viña. Mas ellos, tomándole, le golpearon, y le enviaron con las manos vacías. Volvió a enviarles otro siervo; pero apedreándole, le hirieron en la cabeza, y también le enviaron afrentado. Volvió a enviar otro, y a este mataron; y a otros muchos, golpeando a unos y matando a otros. Por último, teniendo aún un hijo suyo, amado, lo envió también a ellos, diciendo: Tendrán respeto a mi hijo. Mas aquellos labradores dijeron entre sí: Este es el heredero; venid, matémosle, y la heredad será nuestra. Y tomándole, le mataron, y le echaron fuera de la viña. ¿Qué, pues, hará el señor de la viña? Vendrá, y destruirá a los labradores, y dará su viña a otros.

Cada paso para interpretar esta parábola implica responder a una pregunta, y las diez preguntas se dividen en cuatro categorías: contexto, observación, significado y aplicación. Los tres primeros pasos tienen que ver con el contexto.

Paso uno (contexto)

En primer lugar, en el contexto de toda la narrativa del Evangelio de Marcos, ¿dónde se encuentra esta parábola?[45] La parábola se encuentra en la última sección del libro (ver la tabla 2.2), ambientada en Jerusalén, que describe la última semana de la vida de Jesús. Es la segunda de las dos parábolas narrativas de Marcos, y su ubicación es intencionada. Jesús cuenta esta parábola para presagiar su destino.

---

45. Nota también la importancia del contexto veterotestamentario, ya que aquí Marcos toma prestado lenguaje e ideas de Isaías 5:1-7.

Tabla 2.2: Un esbozo de Marcos

1:1-15	Introducción al Evangelio: Juan el Bautista y Jesús
1:16–3:6	Jesús en Galilea: Ministerio y controversia
3:7–6:6	Jesús en Galilea: Jesús enseña y muestra su poder
6:7–8:26	Jesús en Galilea: Los actos de Jesús dan lugar a una confesión
8:27–10:52	Tras una confesión clave, Jesús se dirige a Jerusalén y prepara a sus discípulos para el sufrimiento que se avecina
11:1–16:8	En Jerusalén, Jesús se enfrenta a la controversia y al rechazo, lo que lo lleva a la muerte y a la resurrección, mientras enseña también sobre el sufrimiento, el juicio y la vindicación*

* Darrell Bock, *Mark*, New Cambridge Bible Commentary (Cambridge: Cambridge University Press, 2015), 36.

Paso dos (contexto)

En segundo lugar, ¿cuál es el contexto precedente? Y ¿arroja alguna luz sobre el motivo o el contenido de la parábola? Dicho de otro modo, ¿hubo algún tema, enseñanza o acción que motivara esta parábola? Por ejemplo,[46] la parábola del buen samaritano está motivada por la interacción de Jesús con un intérprete de la ley, que trata de «probarle» (Lc. 10:25); por el deseo de «justificarse a sí mismo» del intérprete de la ley; y por su segunda pregunta: «¿Y quién es mi prójimo?» (v. 29). ¡Ese contexto está cargado de información importante!

Lo mismo ocurre con los detalles que preceden a la parábola de los labradores malvados (Mr. 12:1-9; Mt. 21:33-46). En Marcos 11:12-25, en un gesto simbólico relativo a la esterilidad espiritual del templo, Jesús marchita de raíz una higuera. También entra en el lugar santo del pueblo santo de Dios, en la ciudad santa, y provoca una conmoción total, alterando por completo el intercambio de dinero y la compra de los animales necesarios para realizar los sacrificios de la Pascua. En

---

46. Otros dos ejemplos son Lucas 14:7 («Observando cómo escogían los primeros asientos a la mesa, refirió a los convidados una parábola, diciéndoles...») y Lucas 18:9 («A unos que confiaban en sí mismos como justos, y menospreciaban a los otros, dijo también esta parábola»).

Marcos 11:27-28, las autoridades del templo («los principales sacerdotes, los escribas y los ancianos») cuestionan su autoridad preguntando: «¿Con qué autoridad haces estas cosas, y quién te dio autoridad para hacer estas cosas?». Esta es la primera de cuatro preguntas de oposición (11:28; 12:14, 19-23, 28). Jesús responde a su oposición defendiendo la autoridad que Dios le ha dado. También desafía su autoridad y ofrece un juicio sobre ellos hablando en parábolas («Entonces comenzó Jesús a decirles por parábolas», 12:1). Marcos recoge una de esas parábolas.[47]

¡No pases por alto la ubicación de una parábola! A menudo, el contexto precedente ofrece una visión de su significado. Algunas de las parábolas de Jesús son respuestas a preguntas concretas: la parábola del siervo malvado (Mt. 18:23-35) responde a la pregunta de Pedro: «¿cuántas veces perdonaré…?». Otras parábolas forman parte de un argumento o una explicación de Jesús (ver Mt. 21:28-32), o una respuesta a algo que ocurrió (ver Lc. 7:36-40).

Paso tres (contexto)

En tercer lugar, fíjate en lo que ocurre después de contar la parábola. ¿Hay alguna reacción a ella? Por ejemplo: «Entonces acercándose sus discípulos, le dijeron: ¿Sabes que los fariseos se ofendieron cuando oyeron esta palabra?» (Mt. 15:12).

Tras la parábola de los labradores malvados, se produce una reacción hostil. Las autoridades «procuraban prenderle, porque entendían que decía contra ellos aquella parábola» (Mr. 12:12). No lo detuvieron *inmediatamente* porque, una vez más, «temían a la multitud» (v. 12). (La multitud todavía estaba a favor de Jesús en ese momento). «Y dejándole, se fueron [por el momento]» (v. 12). Los líderes religiosos necesitaban reagruparse e idear un plan mejor para acabar con Jesús.

En Marcos 4:10-12, Jesús explicó que a algunas personas las parábolas les revelan el misterio del reino y a otras se lo ocultan. Antes he sugerido que, para quienes son receptivos al evangelio, las parábolas son como las formas y los colores de las vidrieras vistas desde el interior de una iglesia. Ahora sugeriré que, para los que se resisten al evangelio, esas mismas parábolas son como esas mismas vidrieras vistas desde afuera:

---

47. Para otra parábola que Jesús contó en este contexto, ver Mateo 21:28-32.

grises, sin vida y sin sentido. Con su reacción, está claro que los sumos sacerdotes, los escribas y los ancianos se quedan afuera. Perciben de manera correcta que la parábola trata de ellos (12:12), pero probablemente no entiendan el alcance del juicio que Jesús dirige contra ellos. «Mas a los que están fuera —enseñó Jesús— por parábolas todas las cosas; para que viendo, vean y no perciban; y oyendo, oigan y no entiendan; para que no se conviertan, y les sean perdonados los pecados» (4:11-12; cf. Dt. 29:4; Jer. 5:21; Ez. 12:2). Las autoridades religiosas ven y oyen que la parábola trata de ellos, pero no perciben ni comprenden que debe llevarlos al arrepentimiento de su hostil rechazo de Jesús y a la fe en Él como su Mesías y Salvador.

Así pues, el contexto de la parábola de los labradores malvados nos dice que es una parábola de juicio,[48] un pronunciamiento en forma de historia del juicio de Jesús contra los que lo rechazan. Estas reacciones son útiles no solo para entender cómo respondió la audiencia original, sino también para comprender cómo podrían responder las personas que están a nuestro cuidado. Algunos incrédulos pueden reaccionar con hostilidad a tu sermón sobre una de las parábolas de Jesús; otros pueden sentirse humillados, más curiosos, fortalecidos en la fe o incluso arrepentidos.

Paso cuatro (observación)

A partir de esas tres preguntas sobre el contexto de las parábolas, pasamos a otras instrucciones basadas en observaciones. El cuarto paso es ver si hay un contraste importante en la parábola. Si es así, anota cuál es. Observa también si hay algún discurso directo. Si es así, fíjate en quién habla, en qué parte del relato y qué se dice. Estos dos detalles suelen proporcionar pistas para desentrañar el significado de la parábola. Empieza a pensar en cómo esos contrastes y el discurso pueden ayudar a comprenderla.

En la parábola de los labradores malvados, hay un gran contraste entre el propietario de la viña y los labradores malvados. No hay

---

48. «Robert Capon… clasifica las parábolas según coincidan con los períodos consecutivos del ministerio de Jesús, creyendo que corresponden a los temas básicos de "reino", "gracia" y "juicio", respectivamente» (Blomberg, *Preaching the Parables*, 17). Sin duda, esto encaja con la ubicación de la parábola de Marcos sobre los labradores malvados.

diálogo entre estos dos personajes principales, pero sí una elaboración autorreflexiva. El propietario piensa para sí: «Tendrán respeto a mi hijo» (Mr. 12:6); los labradores piensan para sí: «Este es el heredero; venid, matémosle, y la heredad será nuestra» (v. 7). Son dos líneas clave, líneas sobre las que volveremos más adelante.

Paso cinco (observación)

Quinto, ¿qué habría sorprendido o escandalizado a los oyentes y lectores originales? Las dos acciones expresadas en los versículos 6 y 7, que acabamos de señalar. Resulta impactante que el propietario, después de lo que les había sucedido a sus tres siervos y más («y a otros muchos», Mr. 12:5), se arriesgara a enviar a su propio «hijo… amado» (v. 6).[49] Además, el razonamiento de los labradores para matar al hijo —que, de alguna manera, heredarían los viñedos si el hijo quedaba fuera de la ecuación— no tiene sentido.[50] Se trata de un asesinato sin sentido.

El objetivo de responder a esta pregunta es conocer suficientemente el contexto histórico, literario, cultural, religioso, social y lingüístico de la Palestina del siglo 1. Cuando enseño parábolas, a menudo pido a la clase que lea la parábola de los dos deudores de Lucas 7:41-42:

> Un acreedor tenía dos deudores: el uno le debía quinientos denarios, y el otro cincuenta; y no teniendo ellos con qué pagar, perdonó a ambos. Di, pues, ¿cuál de ellos le amará más?

Pregunto: «¿Cuánto es un denario?». El término se utiliza ocho veces en el Nuevo Testamento (y el plural «denarii», siete veces), pero nunca se explica. Los alumnos tendrán que consultar un comentario o una Biblia de estudio, o recordar si alguien les explicó el término. Aprenderán

---

49. «El comportamiento "poco realista" del propietario y los labradores de la parábola se corresponde exactamente con el comportamiento "poco realista", pero verdadero, del Dios de Israel [p. ej.: He. 11:35-37]… Lo que algunos eruditos critican como absurdo y poco realista ¡es en realidad la inconcebible "asombrosa gracia" de Dios!» (Robert H. Stein, *Mark*, Baker Exegetical Commentary on the New Testament [Grand Rapids, MI: Baker Academic, 2008], 531-32).

50. Para responder a la pregunta «¿Cómo podían esperar los labradores heredar la viña?», ver Mark L. Strauss, *Mark*, Zondervan Exegetical Commentary on the New Testament (Grand Rapids, MI: Zondervan, 2014), 516.

que un denario era el jornal típico de un trabajador común. Entonces pregunto: «¿Cómo nos ayuda ese dato a entender mejor la parábola?».

A continuación, les pido que lean la parábola del siervo que no perdona, de Mateo 18:21-35. Empiezo recordándoles la importancia del segundo paso: La parábola de Jesús es una respuesta a su enseñanza sobre la disciplina eclesiástica (la esperanza de que un hermano confiese sus pecados y encuentre perdón y restauración) y su respuesta a la pregunta de Pedro: «Señor, ¿cuántas veces perdonaré a mi hermano que peque contra mí? ¿Hasta siete?». Jesús enseña que el perdón que sus discípulos deben ofrecer a otros discípulos debe ser ilimitado («setenta veces siete», vv. 21-22). Ese punto se refuerza y se fundamenta en la gracia de Dios. En la parábola, Jesús enseña que los que son perdonados por Dios deben perdonar a los demás.

Cuando llegamos a la parábola, les pregunto por las cifras y les recuerdo que busquen lo sorprendente. El rey perdona a su siervo endeudado con diez mil talentos. ¿Cuánto es un talento? Un talento, aprendemos, es el salario de veinte años. ¿Cuánto son, entonces, diez mil talentos? Esa suma representa la mayor cantidad imaginable, ya que un talento era la unidad monetaria más alta y diez mil, el número griego más alto. A modo de comparación, ¡equivale a 60.000.000 de denarios! ¿Podría el siervo, o cualquier otra persona, pagar esa cantidad astronómica? Por supuesto que no. Así, una vez que conocemos las cifras, comprendemos mejor la generosidad del rey. Cuando leemos que el rey «le perdonó la deuda» (18:27), estamos leyendo sobre una gracia asombrosa. Comprendemos la conmoción de su salvación. También comprendemos, a medida que avanza la historia y leemos que el hombre perdonado no perdona una deuda mucho menor, la conmoción por la dureza del corazón humano.

El quinto paso puede resumirse de dos maneras. En primer lugar, «ninguna parábola puede ser… ajena al medio en el que se ha originado o a la situación de quienes la leen».[51] En segundo lugar, tenemos que explicar el mundo de Jesús a nuestra audiencia para que puedan entender, por ejemplo, la dificultad de encontrar una moneda de plata perdida en una oscura casa palestina del siglo I con rendijas por ventanas y piedras irregulares por pavimento (Lc. 15:8-10), y la conmoción de la alabanza de Jesús a la oración de un recaudador de impuestos (18:9-14).

---

51. Lischer, *Reading the Parables*, 2.

Paso seis (observación)

Sexto, enumera cada persona, lugar, cosa y acción de la parábola.

Las *personas* mencionadas en la parábola de los labradores malvados son el dueño de la viña, sus siervos (más los «otros muchos», Mr. 12:5), su hijo y los labradores. Observemos también los «otros» en el versículo 9. El único *lugar* es la viña, mencionada cinco veces. La mayoría de las *cosas* detalladas giran en torno a la viña: un vallado, un pozo, un lagar, una torre y frutos (vv. 1-2). Otras dos cosas son el «otro país» al que se fue el dueño (v. 1, NTV) y «el tiempo», que indica la época de la cosecha o el momento señalado para cobrar la renta (v. 2).

Las *acciones* incluyen al propietario que planta, asegura y arrenda su viña («un hombre… plantó… cercó… cavó… edificó… arrendó… se fue», v. 1). El propietario envía luego a sus criados y a su hijo a cobrar el pago o el producto de los arrendatarios («envió un siervo», v. 2; «Volvió a enviarles otro siervo», v. 4; «Volvió a enviar otro» siervo, v. 5; «envió también» a su hijo, v. 6). A continuación, los labradores actúan violentamente con los enviados («tomándole, le golpearon, y le enviaron con las manos vacías», v. 3; «apedreándole, le hirieron en la cabeza, y también le enviaron afrentado», v. 4; «a este mataron», v. 5; «tomándole, le mataron, y le echaron fuera de la viña», v. 8). La acción final es la triple promesa del propietario sobre el castigo venidero: «*Vendrá*, y *destruirá* a los labradores, y *dará* su viña a otros» (v. 9).

Pasos siete y ocho (significado)

Después de esos seis pasos, vienen el séptimo y el octavo. Aquí empieza la diversión. Pasamos del contexto a las observaciones y al significado. Séptimo paso: de la lista que recopilamos en el sexto paso, ¿quién o qué tiene probablemente un segundo nivel de significado? En otras palabras, el «hijo amado» sin duda simboliza a alguien, mientras que el «vallado» probablemente no. El hijo es más que un hijo, pero el vallado es solo un vallado.[52]

---

52. Por ejemplo, en mi sermón sobre la parábola de las diez vírgenes, dije: «La diferencia entre los dos grupos [las insensatas y las prudentes] aparece en los versículos 3 y 4 [de Mateo 25]. La diferencia es la preparación y la falta de preparación; más específicamente, es la preparación y la falta de preparación para lo inesperado. Se nos dice que "las prudentes tomaron aceite en sus vasijas, juntamente con sus lámparas" (v. 4), mientras que las insensatas

Sigue el octavo paso: elabora el significado. Sobre la parábola del hijo pródigo, Sallie McFague TeSelle escribe: «Se podría parafrasear esta parábola con la afirmación teológica: "El amor de Dios no conoce límites", pero hacer eso sería perderse lo que la parábola puede hacer para nuestra comprensión de ese amor. Porque lo que *cuenta* aquí no es extraer un concepto abstracto, sino precisamente lo contrario, ahondar en los detalles de la propia historia, dejando que la metáfora haga su trabajo de revelar el nuevo escenario de la vida cotidiana. Es el juego de las imágenes radicales lo que hace el trabajo».[53] Estoy de acuerdo, en parte. Estoy de acuerdo en que debemos profundizar en los detalles literarios —metáforas, símiles y similares— y trasladar esos detalles del texto antiguo a la vida cotidiana de nuestro pueblo en nuestro entorno específico. Pero eso no significa que no podamos ni debamos extraer afirmaciones teológicas y éticas. Además, el hecho de que Jesús ofrezca una explicación o interpretación explícita de solo dos parábolas —la del sembrador y la del trigo y la cizaña— no significa que tanto Él como los evangelistas (ver Lc. 18:1, 9) no tengan objetivos autorales específicos.

Así que, en relación con la parábola de los labradores malvados, aquí está mi puñalada en el simbolismo: El propietario es Dios Padre.

"tomando sus lámparas, no tomaron consigo aceite [extra]" (v. 3). La diferencia es el aceite extra, no simplemente el aceite. Las diez tienen aceite. Por lo tanto, el aceite original que se acaba no puede representar, como argumentan algunos, la fe salvadora, las buenas obras o el Espíritu Santo, a menos que creamos que los verdaderos cristianos pueden perder su salvación, lo cual no encaja bien con las palabras finales del novio: «no os conozco» (v. 12); es decir, «nunca te conocí», no «una vez te conocí, pero ahora ya no te conozco». Creo que el aceite es aceite, y simplemente simboliza la preparación (cf. Lucas 12:35, donde "Estén ceñidos vuestros lomos" [p. ej.: estén preparados] es paralelo a "y vuestras lámparas encendidas» [p. ej.: estén preparados]). Sé que eso le quita belleza espiritual. Sé que una alegoría sobre el aceite extra que representa la segunda bendición del Espíritu Santo te pondría la piel de gallina. Siento ser tan pesimista. De hecho, creo que el aceite es secundario para el guardián del aceite. La atención no se centra en el aceite, sino en la persona que tiene reservas de aceite. Así que, aunque simpatizo con quienes ven el aceite como "buenas obras" (esa lectura encaja con Mateo, sin duda, especialmente la lámpara encendida que son buenas obras en 5:15, 16 y el énfasis en las obras en el resto del capítulo 25) o entusiasmo a corto plazo (como la semilla sembrada en pedregales en la parábola del sembrador, 13:20, 21) o incluso "cualquier cosa que te plazca" (la interpretación "abierta": rellena lo que pueda faltar en tu vida), al final digo que el aceite es aceite y la persona preparada, no la lámpara y el aceite que lleva dentro, es el énfasis» (Douglas Sean O'Donnell, *Matthew: All Authority in Heaven and on Earth*, Preaching the Word [Wheaton, IL: Crossway, 2013], 730).

53. Citado en Kenneth E. Bailey, *Finding the Lost* (St. Louis: Concordia, 1992), 18.

Sus siervos son los profetas.[54] El primer siervo que es asesinado es, posiblemente, Juan el Bautista (Mr. 6:14-29). El hijo es Jesús (ver 1:11; 9:7; 14:61; cf. Gn. 22:2), la última súplica del Padre o el «emisario final» de Dios al rebelde Israel, y aquel «a quien pertenecía la viña».[55] La viña es Israel («la viña… es la casa de Israel», Is. 5:7).[56] Los labradores, como se revela al final de la perícopa, son las autoridades del templo: los sumos sacerdotes, los escribas y los ancianos. El fruto simboliza el fruto del arrepentimiento del que predicaba Juan, los frutos que brotan de la fe, es decir, una vida de oración a Dios y de perdón hacia los demás (Mr. 11:22-25). Los numerosos actos de violencia representan las persecuciones por la justicia, por obedecer las órdenes de Dios. El asesinato del hijo es la cruz de Cristo. El lanzamiento de su cuerpo «fuera de la viña» (12:8) es, probablemente, una referencia al entierro de Jesús. (De no ser por José de Arimatea, el cuerpo de Jesús se habría dejado fuera para que se pudriera). Los «otros» mencionados en el versículo 9 —la viña se dará «a otros»— podrían limitarse a los nuevos líderes piadosos de la iglesia primitiva, que han sustituido a los malos pastores de Israel; o podría tener un alcance más amplio, representando a los elegidos de entre las naciones, judíos y gentiles, aquellos que escuchan la Palabra de Dios, responden al evangelio con fe y dan fruto para el reino. Como sugiere Snodgrass, este grupo es «el verdadero Israel y sustituirá a los que están atados a la hipócrita religión establecida y son Israel solo de nombre».[57]

Toda la parábola, pues, es un breve resumen de la gran historia de la Biblia. Dios escogió a Israel del mundo para que fuera su pueblo. Lo cuidó y lo protegió. Envió a sus profetas para proclamar su palabra,

---

54. Sobre los profetas como «siervos», ver Jer. 7:25-26; 25:4; Am. 3:7; Zac. 1:6; y sobre su rechazo, ver 2 S. 10:2-5; 2 R. 17:7-20; 2 Cr. 24:20-22; 36:15-16; Is. 3:14; Jer. 12:10; 25:3-7; 26:20-23. Ver R. T. France, *The Gospel of Mark*, New International Greek Testament Commentary (Grand Rapids, MI: Eerdmans, 2002), 460; cf. Klyne Snodgrass, *The Parable of the Wicked Tenants: An Inquiry into Parable Interpretation*, Wissenschaftliche Untersuchungen zum Neuen Testament 27 (1983; reimpr., Eugene, OR: Wipf & Stock, 2011), 78n25.

55. Snodgrass, *Parable of the Wicked Tenants*, 87.

56. «La viña metafórica del Antiguo Testamento no designa tanto a la nación como a los elegidos de Dios y todos los privilegios que acompañan a esta elección… Lógicamente hay que entender la viña como los privilegios confiados al pueblo, es decir, la ley, las promesas y la actuación de Dios en el pasado y en el presente, o como se interpreta la viña en Mateo 21:43, el reino de Dios» (Snodgrass, *Parable of the Wicked Tenants*, 75, 76).

57. Snodgrass, *Parable of the Wicked Tenants*, 93.

ofrecer sus promesas, pronunciar sus juicios y predecir el futuro. Pero, a lo largo de la historia, los dirigentes del pueblo de Dios rechazaron, persiguieron e incluso mataron a los profetas. Finalmente, Dios amó tanto a su pueblo, a pesar de que se había rebelado contra Él, que envió a su propio Hijo amado. Pero entonces ocurrió lo impensable. Lo irracional. Lo inexplicable. El pueblo de Dios mató al propio Hijo de Dios. «Y tomándole, le mataron, y le echaron fuera de la viña» (v. 8). Lo enterraron en una tumba prestada a las afueras de Jerusalén. ¿Cómo termina la historia? Reivindicación del Hijo rechazado, pero ya resucitado. Juicio y salvación. Los que rechazan a Jesús serán destruidos (en el año 70 d.C. y para siempre),[58] mientras que los que lo aceptan participarán de su herencia (ahora y para siempre).

Ese es el sentido de la parábola, y he aquí el resumen metafórico final de Jesús a los expertos bíblicos de su tiempo:

¿Ni aun esta escritura habéis leído:

> La piedra que desecharon los edificadores
> Ha venido a ser cabeza del ángulo;
> El Señor ha hecho esto,
> Y es cosa maravillosa a nuestros ojos? (Mr. 12:10-11).

Aquí Jesús cita el Salmo 118:22-23, el mismo poema que estaba en boca de la gente cuando Él subía a Jerusalén en el pollino. En el contexto original, el poema se refiere a Israel. Pero aquí, en Marcos, Jesús se lo aplica a sí mismo, como cumplimiento último de todas las promesas hechas a Israel y sobre Israel. Él es la piedra que los constructores (o «labradores» malvados) rechazaron. Para ellos era una piedra inútil que no encajaba bien en su diseño. Pero esa piedra, después de su muerte, y luego formalmente cuando cada piedra del templo de Herodes fue derribada y destruida, se convirtió en la piedra angular —la parte que mantiene todo unido— de una estructura nueva y eterna. Esta es la piedra fundamental permanente (1 Co. 3:11; Ef. 2:20). Pero si bien es

---

58. Nota que los inquilinos «matan» (Mr. 12:5, 7, 8) al siervo y al hijo de Dios, pero Dios los «destruye» (v. 9), lo que probablemente indica «un juicio más amplio y devastador» (Strauss, *Mark*, 516).

un fundamento inamovible, también es una piedra viva, una roca que hace tropezar y aplasta a los que se le oponen, pero que salva a todos los que están dispuestos a edificar sobre ella (ver 1 P. 2:6-8). «Como está escrito [en Is. 8:14]: He aquí pongo en Sion [Jerusalén] piedra de tropiezo y roca de caída; y el que creyere en él, no será avergonzado» (Ro. 9:33; 1 P. 2:7).

Existe, pues, una conexión importante entre las dos mitades de nuestro texto. Jesús no responde a la pregunta de los líderes religiosos al final del capítulo 11 («¿Con qué autoridad haces estas cosas?», Mr. 11:28), pero, en cierto sentido, la responde con su parábola al comienzo del capítulo 12. Su autoridad viene de Dios, su Padre. Él es su Hijo amado. Él es el Hijo amado al que quieren matar, la piedra prometida de la que quieren deshacerse. Él es el Hijo y la piedra enviados del cielo.[59]

Paso nueve (aplicación)

Del significado pasamos a las aplicaciones, los dos últimos pasos: C (contexto), O (observación), M (significado [«M» por su palabra en inglés *meaning*]) y A (aplicación). ¡Espero que a estas alturas no estés en coma!

El noveno paso responde a la pregunta: «¿Quiénes son los personajes principales y cuál es el punto de aplicación que Jesús está tratando de transmitir para cada uno?». Podemos discernir quiénes son los personajes principales a partir de las acciones. ¿Quién actúa en esta parábola? Los criados y el hijo hacen lo que se les dice. Son enviados por el dueño y van. Obedecen. Pero son el dueño y los labradores los que tienen todos los verbos unidos a ellos. El verbo importante y repetido para el dueño es la palabra «envió» (4 veces). El verbo importante y repetido para los labradores es «mataron» (3 veces). ¿Cuáles son entonces los dos puntos de aplicación? Serán tres, dos relacionados con el dueño de la viña (Dios), y uno con los que rechazan a los que él envió.

Primero, conoce y aprecia que Dios es paciente. Piensa de nuevo en lo que Jesús enseña sobre su Padre en esta parábola. Dios cultiva cuidadosamente esta viña. Luego, su pueblo elegido la cuida. Cuando envía a sus

---

59. «La parábola puede… verse como una respuesta implícita a la pregunta sobre la fuente de su autoridad en el episodio anterior, que Jesús se negó a responder (11:33). Su autoridad procede de su Padre, que es el dueño de la viña, y Él ha sido enviado para reclamar lo que le pertenece por derecho» (Strauss, *Mark*, 509).

siervos selectos, los santos profetas, para ver cómo va el trabajo, los primeros que envía son brutalmente golpeados. En este punto, si yo fuera Dios, me detendría allí. Mi paciencia se agotaría. El día del castigo ha llegado. Pero esto no es lo que hace Dios. Aquí «[el Señor] es paciente para con [ellos]»; no desea «que ninguno perezca, sino que todos procedan al arrepentimiento» (2 P. 3:9). El Dios del universo es amorosamente paciente. Envía más siervos. ¡Qué demostración de paciencia! Las frases: «volvió a enviar otro siervo» (Mr. 12:4) y «volvió a enviar otro» (v. 5), y luego, el pequeño detalle de que envió «a otros muchos» (v. 5) escribe en letras grandes —como una pancarta que sigue al dirigible de Goodyear—: «Dios es paciente». Y justo cuando crees que su pueblo ha agotado su paciencia, envía y sacrifica a su propio Hijo amado. ¡Oh, la amorosa paciencia de Dios! Conócela. Apréciala. ¡Alabado sea Dios por ser un Dios paciente!

En segundo lugar, comprende y entristécete por la depravación humana. Debido al pecado de Adán, todos nacemos espiritualmente ciegos, ignorantes y malvados. Totalmente depravados. No somos tan malos como podríamos ser, pero estamos manchados en cada parte de nuestro ser: nuestras mentes (no pensamos correctamente), nuestros corazones (no sentimos correctamente) y nuestras voluntades (no hacemos lo que es correcto).[60] No somos muy diferentes de los líderes religiosos de nuestro pasaje. «Sin la gracia de Dios, no soy nada». Para algunos, ese dicho popular puede resultar trillado, pero para nosotros no debería serlo. Debemos regocijarnos en la gracia de Dios, sabiendo y apreciando de qué hemos sido salvados: de pensar, sentir y actuar en contra de Dios de la manera en que el Sanedrín pensaba, sentía y actuaba.

Tercero, alégrate de que Dios es justo. Normalmente, esta parábola se conoce como la parábola de los labradores malvados. Pero podría llamarse la parábola del amo paciente pero justo, porque el centro de la

---

60. Como lo plantea Michael Horton, *For Calvinism* (Grand Rapids, MI: Zondervan, 2011), 41, «El "total" en depravación total se refiere a su extensión, no a su intensidad: es decir, al alcance que todo lo abarca de nuestra caída. No significa que seamos todo lo malos que podamos ser, sino que todos somos culpables y corruptos hasta tal punto que no hay esperanza de restaurarnos, limpiarnos y esforzarnos (con la ayuda de la gracia) por superar el juicio de Dios y nuestra propia rebelión». Para profundizar sobre este tema, consulta Douglas Sean O'Donnell, «"If You, Then, Who Are Evil": Sin in the Synoptic Gospels and Acts», en *Ruined Sinners to Reclaim*, ed. David Gibson y Jonathan Gibson (Wheaton, IL: Crossway, próximamente).

enseñanza de Jesús no son los rebeldes, sino su Padre justo. Dios juzga a los que no reciben a su Hijo. Dios juzga a los que rechazan a su Hijo.[61] Como la higuera infructuosa y el templo espiritualmente estéril,[62] en Jesús el antiguo régimen ha terminado. Dios ha llegado. En su justicia, ha destruido el templo y a sus malvados dirigentes. Y ha dado su viña a otros, creyentes de entre las naciones.

Paso diez (aplicación)

Finalmente llegamos al décimo paso, en el que tratamos de explicar cómo las ideas contenidas en la historia se aplican tanto *entonces* (en tiempos de Jesús) como *ahora* (a nosotros hoy); y la pregunta que tratamos de responder es: Si tuvieras que resumir la aplicación central o el tema clave de esta parábola, ¿cuál sería? Recuerda que debe estar relacionada de algún modo con Jesús y su reino: su venida, su proclamación, la participación en él, cómo entrar, el tipo de cosas que te impiden entrar, el estímulo para perseverar en él, etc. Las parábolas no pueden separarse de Cristo y su reino.[63] Así que fíjate si Jesús es uno de los personajes. Fíjate también en el final para ver si Jesús te da la respuesta, ya que nuestro Señor suele dar el remate de la parábola al final.

En la parábola de los labradores malvados, Jesús es uno de los personajes. Es el «hijo» que obedeció fielmente la voluntad de su Padre y fue asesinado. ¿Y qué? La aplicación final y principal, que se encuentra en el propio resumen que Jesús hace de la parábola (Mr. 12:10-11), es

---

61. Se trata de una «parábola de juicio» que «afirma que, en contra de las apariencias, Dios juzgará y logrará sus propósitos, y la gente tendrá que rendir cuentas» (Snodgrass, *Stories with Intent*, 297-98).

62. «La parábola de la viña era, de hecho, la forma hablada de la parábola de la higuera que Jesús había "contado" en el capítulo anterior» (Sinclair B. Ferguson, *Let's Study Mark* [1999; reimpr., Carlisle, PA: Banner of Truth Trust, 2016], 188).

63. Para C. H. Dodd, «el reino de Dios está en el centro del anuncio de Jesús» (citado en Anderson, «Parables», 658). Blomberg y Lischer están de acuerdo. Blomberg escribe (*Preaching the Parables*, 23): «Todas las parábolas inciden en la idea que Jesús tenía del "reino de Dios", tanto si esa expresión aparece explícitamente en el contexto de un pasaje determinado como si no. Para Jesús, el "reino" se refería más a un poder que a un lugar, más a un gobierno o reinado que a un reino. En resumen, se refería a la "realeza" de Dios, que adquiere nuevas y mayores dimensiones en la tierra, inaugurada con la primera venida de Cristo, pero que solo se consumará en su segunda venida» (cf. Blomberg, *Interpreting the Parables* [Downers Grove, IL: InterVarsity Press, 1990], 296-313). Lischer añade (*Reading the Parables*, 20): «Incluso las parábolas que no hacen referencia explícita al Reino, como la del fariseo y el recaudador de impuestos o la del buen samaritano, se consideran ilustraciones narrativas de la vida en el reino de Dios».

doble. En primer lugar, no debemos rechazar al Hijo enviado («hijo suyo, amado», v. 6) y piedra angular («la piedra», v. 10), sino recibirlo. Debemos recibirlo, construir sobre Él, darle los frutos de nuestro trabajo. En segundo lugar, no solo debemos recibirlo, sino maravillarnos de todo el gran plan de salvación. Con humildad y alegría, debemos decir y cantar: «El Señor ha hecho esto [todo este plan que se desarrolla aquí], y es cosa maravillosa a nuestros ojos» (v. 11).

El objetivo de este último paso, por si no ha quedado claro en la explicación y la ilustración anteriores, es que cada parábola tiene una conexión con el evangelio. Así que, cuando prediques, no moralices (p. ej.: el objetivo de la parábola de los talentos es que Dios recompensa el trabajo duro; así que, ¡trabaja duro!).[64] Además, como las parábolas describen varias partes del evangelio del reino —el gobierno de Cristo inaugurado en la encarnación y consumado en la segunda venida—, sitúa tus sermones en el contexto de toda la historia del evangelio (muerte y resurrección de Cristo) y la respuesta (arrepentimiento, fe y obediencia). Las parábolas presentan lo que abarca todo el Nuevo Testamento: la necesidad del evangelio, la proclamación del evangelio, la respuesta del evangelio y la ética del evangelio. En tu predicación, sigue el modelo de Jesús.

SUGERENCIAS ADICIONALES PARA PREDICAR PARÁBOLAS

Si sigues estos diez pasos, tu sermón se asentará sobre un terreno hermenéutico seguro. A continuación, ocho sugerencias para que tu homilética remonte el vuelo. O, al menos, para que despegue.

En primer lugar, comparte lo que es verdaderamente importante. Si el punto principal de una parábola aparece con claridad en el texto, o lo has discernido cuidadosamente en tu estudio, compártelo con el pueblo de Dios desde el principio y a lo largo de toda la parábola. Por ejemplo, Lucas nos dice en Lucas 18:1 que Jesús enseñó la parábola de la viuda insistente para que sus discípulos tengan «la necesidad de orar siempre, y no desmayar». Hay que desentrañar la relación simbólica entre el juez

---

64. Esto no significa que debamos rehuir predicar «la doctrina y la *moral* cristianas básicas» a partir de las parábolas. Ver Ryken, *Words of Delight*, 403, énfasis mío.

injusto y Dios, y la viuda y los elegidos de Dios, pero no a expensas de compartir el sentido de las acciones de esos dos personajes. El sermón debe estar dominado por lo verdaderamente importante, no por todas las interpretaciones posibles ni por veinte minutos de desentrañar los detalles simbólicos.

En segundo lugar, tómate el tiempo para explicar. Hay que ir al grano (ver más arriba), pero sin dejar de explicar todos los detalles importantes de la parábola. En la mayoría de los casos, nos enfrentamos a dos obstáculos: (1) personas que no usan o escuchan parábolas de forma habitual, o no las escuchan en absoluto, y (2) la mayoría de las parábolas bíblicas son «notoriamente desconcertantes» y su «significado rara vez es transparente».[65] Sé paciente. Explica despacio y con claridad. Ilustra.

En tercer lugar, contemporiza. Una forma de explicar e ilustrar es volver a contar una parábola, o parte de ella, como paráfrasis o con una historia actual relevante y accesible. Como defiende Blomberg, «será fácil y útil incluir algún equivalente moderno de la historia bíblica en una introducción, en una o más ilustraciones intercaladas en el cuerpo, o en una conclusión del mensaje. Estas contemporizaciones deben obrar para recrear la dinámica original, la fuerza o el efecto de la historia original de Jesús. No es cierto que las narrativas no puedan (o no deban) parafrasearse proposicionalmente; es cierto que una buena exposición no debe hacer *precisamente* eso».[66]

En cuarto lugar, no dudes en agrupar las parábolas por temas. Por ejemplo, cuando prediqué sobre Mateo 13, dividí el material en tres sermones. Traté el propósito de las parábolas (13:10-17, con los vv. 34-35, 51-52), la parábola del sembrador (13:1-9, 18-23, con los vv. 57-58) y las otras siete parábolas cortas (13:24-33, 36-50). Justifiqué la agrupación de las siete parábolas porque todas compartían tres temas (crecimiento, juicio y ganancia).

Quinto, no armonices. «Ocasionalmente aparecen variantes de la misma historia para exponer puntos diferentes, por ejemplo, la parábola de la oveja perdida (Mt. 18:10-14 y Lc. 15:3-10) o la parábola de

---

65. Lischer, *Reading the Parables*, 4.
66. Blomberg, *Preaching the Parables*, 24-25.

la gran fiesta (Mt. 22:1-14 y Lc. 14:16-24)».[67] Dejemos que expongan esos puntos diferentes. Blomberg propone la sugerencia de esta manera: «Especialmente en una serie de sermones que se abren camino a través de grandes porciones de un Evangelio específico, los mensajes sobre parábolas que son paralelas en otros Evangelios deberían enfatizar algo de lo que es único de la versión específica de la parábola en cuestión».[68]

Sexto, ¡no le tengas miedo a la terapia de choque! Arthurs lo expresa así: «No desarme las minas de Jesús»,[69] que son «explosivas, pero están ocultas».[70] Me gusta la analogía de la terapia de choque porque, aunque hay un elemento oculto pero explosivo en los golpes parabólicos proféticos de Jesús, la terapia de choque, tal como la utilizan los profesionales de la psiquiatría, puede tener resultados positivos. ¡No queremos que nuestra predicación haga volar en pedazos a nuestra gente! Pero sí queremos que la provocadora Palabra de Dios sacuda su sensibilidad espiritual. En este sentido, y siguiendo con la analogía médica, hay que tratar de dar descargas tanto en la cabeza como en el corazón. La terapia de choque apunta a la cabeza; un desfibrilador apunta al corazón. Por ejemplo, cuando Natán le contó a David la parábola del rico y el cordero, este se indignó. Pero cuando el profeta proclamó: «Tú eres aquel hombre», la cabeza y el corazón de David recuperaron la salud espiritual. No tengas miedo de dar el choque salvador que se encuentra en muchas de las parábolas de la Biblia.

En séptimo lugar, ¡aprovecha los llamados de Jesús a escuchar! En Marcos, Jesús comienza la parábola del sembrador con esta exhortación: «Oíd: He aquí, el sembrador salió a sembrar» (Mr. 4:3). Una docena de veces, Jesús llama a sus oyentes a «oír» (p. ej.: «Oíd otra parábola», Mt. 21:33),[71] y dos veces a «Oíd, y entended» (15:10; Mr. 7:14). En repetidas ocasiones a lo largo de mis sermones, especialmente los que tratan de parábolas, utilizo la misma terminología o una parecida. Puedo decir: «¡Escuchen esto!» o «¿Entienden lo que dice Jesús?» o «Vean u observen [¡he aquí!] cómo Jesús contrasta esto con aquello».

---

67. Lischer, *Reading the Parables*, 11.
68. Blomberg, *Preaching the Parables*, 25.
69. Arthurs, *Predicando con variedad*, 132.
70. Arthurs, *Predicando con variedad*, 114.
71. Ver Mt. 11:15; 13:18, 19, 43; 15:10; 21:33; Mr. 4:9; 7:14; Lc. 8:8, 18; 14:35; 18:6.

En octavo lugar, ¡diviértete! Como sugiere Ryken: «Si podemos usar la etiqueta "género divertido" sin irreverencia, las parábolas de Jesús merecen sin duda ese epíteto. Son una delicia para leer, estudiar y enseñar».[72]

CONCLUSIÓN

Warren Wiersbe definió una parábola como «una fotografía que se convierte en espejo y luego en ventana», en el sentido de que «cuando miramos la escena [o vemos la historia] en la parábola, nos vemos a nosotros mismos; luego vemos la verdad».[73] ¡También vemos a Jesús! Como afirma Lischer, «a diferencia de otros relatos de la Antigüedad, las parábolas de Jesús están íntegramente relacionadas con el carácter y la misión de su narrador. Uno puede disfrutar de una fábula esópica o de un relato rabínico sin muchos antecedentes biográficos o contextuales. Las parábolas de Jesús, en cambio, no se sostienen por sí solas como historias individuales, sino que están entretejidas en una narrativa más amplia».[74] Cometamos los errores que cometamos al leer y predicar las parábolas, no cometamos el error de no hablar mucho de Jesús. Él es el sembrador de la buena semilla del evangelio, el Hijo enviado del cielo, el esposo de su Iglesia, el rey en su trono glorioso, el juez final de todos los hombres en todas partes, ¡y mucho más!

---

72. Ryken, *Jesus the Hero*, 97.

73. Citado en Arthurs, *Predicando con variedad*, 109. De Warren Wiersbe, *Teaching and Preaching with Imagination: The Quest for Biblical Ministry* (Wheaton, IL: Victor, 1994), 164.

74. Lischer, *Reading the Parables*, 5.

3
CARTAS DE AMOR
Cómo predicar epístolas

Cuando estaba en la universidad y cortejaba a mi futura esposa, ella se fue de viaje de estudios a Tierra Santa. Durante casi cinco semanas nos escribimos muchas cartas. Cada carta llegaba una semana después de haber sido enviada. ¡Qué alegría abrirlas y leerlas! Cada palabra era la única conexión que teníamos entre nosotros. Las llamadas telefónicas eran demasiado costosas en aquel tiempo, y el correo electrónico era una tecnología nueva e inasequible. Aunque las parejas jóvenes enamoradas de hoy no se escriben ni se envían cartas escritas a mano, la mayoría de nosotros entendemos cómo funciona el género epistolar. ¡Sobre todo los pastores! Todos los pastores, jóvenes y viejos, han escrito alguna vez una carta por algún motivo: a la congregación, a alguien en confinamiento, a unos padres primerizos o a un alma en duelo.

Y todo pastor ha predicado a partir de las epístolas del Nuevo Testamento; y, «en algunos círculos evangélicos, a los predicadores les resulta difícil concebir la predicación a partir de otra cosa que no sean las epístolas». La razón de esta fijación es que «las epístolas son ostensiblemente la sección más cargada de ideas de la Biblia».[1] Pero, por importante que sea la expresión de ideas en este género, las epístolas del Nuevo Testamento son algo más que prosa expositiva directa o breves tratados de teología sistemática. En realidad, las epístolas son

---

1. Leland Ryken, «The Bible as Literature and Expository Preaching», en *Preach the Word: Essays on Preaching: In Honor of R. Kent Hughes*, ed. Leland Ryken y Todd Wilson (Wheaton, IL: Crossway, 2007), 51.

documentos muy literarios, y el análisis literario es una clave importante para desentrañar su significado y belleza. En pocas palabras, los predicadores predican a partir de las epístolas, pero no suelen predicarlas como epístolas. Como afirma Ryken, «las epístolas suelen abordarse de un modo que no se corresponde con el tipo de escrito que son… Aunque la exposición de la teología y la exhortación a una vida piadosa son los propósitos que movieron a los escritores de las epístolas, escribieron con un dominio tan asombroso de la técnica literaria que ignorar este aspecto de las epístolas es distorsionarlas. De hecho, cualquier análisis en profundidad de *qué* comunican las epístolas conduce naturalmente a tomar conciencia de *cómo* comunican ese contenido».[2] Este capítulo aborda el *cómo* las epístolas comunican y el modo en que nosotros, como predicadores, debemos comunicar su contenido teológica y literariamente rico a nuestras congregaciones.

CÓMO LEER LAS EPÍSTOLAS BÍBLICAS

Antes de definir el género epistolar, empecemos por precisar lo que *no* son las epístolas del Nuevo Testamento. En primer lugar, no son sermones. Aunque cada epístola fue escrita por un evangelista a una congregación o a un cristiano individual y contiene contenido teológico y exhortaciones morales, una epístola tiene una forma distinta y contiene elementos diferentes. Basta leer una epístola en voz alta para notar la diferencia.

En segundo lugar, las epístolas no son tratados ni ensayos. Aunque a veces y en ciertas epístolas, los autores del Nuevo Testamento ofrecen un argumento teológico condensado y complejo (sobre todo Romanos y Hebreos), están muy lejos del ensayo de David Hume contra los milagros o del tratado de Jonathan Edwards que explica el libre albedrío. Los tratados y ensayos teológicos tienen una sola tesis, y cada parte apoya esa tesis. Hay una unidad en las epístolas, pero no ese tipo de unidad. Por ejemplo, en Romanos, Pablo trata varios temas, como la justicia de Dios, la justificación por la fe, la elección divina, el amor fraternal y la sumisión al gobierno. Todos estos temas

---

2. Leland Ryken, *Letters of Grace and Beauty: A Guided Literary Study of the New Testament Epistles* (Wooster, OH: Weaver, 2016), 17.

están relacionados entre sí, pero no existe la coherencia perfecta entre párrafo y párrafo ni entre pensamiento y pensamiento que se encontraría en un ensayo o tratado.

Características clave

¿Qué *son*, pues, las epístolas del Nuevo Testamento? ¿Qué las caracteriza? Ofrecemos seis características clave.

En primer lugar, son cartas, tanto en términos generales como en términos más específicos de las convenciones epistolares del mundo clásico en el que se escribieron las cartas del Nuevo Testamento. Así pues, como la mayoría de las cartas que escribimos, contienen un autor, un destinatario, un motivo para escribir y, a menudo, un saludo personal. Además, como cartas, son una forma de comunicación entre dos partes. El escritor romano Séneca, que vivió aproximadamente en la misma época que los autores del Nuevo Testamento, escribió a su amigo Lucilio que sus cartas deberían ser exactamente «Como mi conversación, si juntos estuviéramos sentados o caminando».[3] Las cartas eran (¡y son!) quizá el sustituto más cercano de la presencia de un amigo.[4] «Yo tenía muchas cosas que escribirte —escribe el apóstol Juan («el anciano») a su querido amigo Gayo («el amado, a quien amo en la verdad»)—, pero no quiero escribírtelas con tinta y pluma, porque espero verte en breve, y hablaremos cara a cara» (3 Jn. 1, 13-14). Las epístolas del Nuevo Testamento también son a menudo autobiográficas. Por ejemplo, fíjate en la palabra «yo» más arriba. ¡Abundan los pronombres personales y los verbos en primera persona del singular! Lo que las diferencia de nuestra correspondencia personal habitual es que las epístolas son (a) documentos públicos, (b) más formales en cuanto a vocabulario,

---

3. Séneca, *Epístolas morales a Lucilio*, Libro IX, Epístola 75.

4. Heikki Koskenniemi (*Studien zur Idee Phraseologie des griechischen Briefes*) resume esa presencia «como *philphronēsis* ("relación amistosa"), la extensión de uno mismo que se produce cuando hablamos; *Parousia* ("presencia"), el revivir de la relación entre amigos separados; y *homilia* ("diálogo"), la continuación de una conversación». El estilo epistolar «es lo que más se parece a una conversación, y el resultado es vitalidad» (Jeffrey D. Arthurs, *Predicando con variedad: Cómo reproducir la dinámica de los géneros literarios usados en la Biblia* [Grand Rapids, MI: Editorial Portavoz, 2009], 175 [citando Koskenniemi], 164).

estructura literaria y estilo (tema tratado en el siguiente apartado)[5] y (c) didácticas.[6]

En segundo lugar, las epístolas del Nuevo Testamento son obras *ocasionales* y *ad hoc*: surgieron de circunstancias concretas y se escribieron con fines particulares.[7] Por ejemplo, 1 Corintios se escribió debido a la desunión existente en la iglesia corintia, y Pablo trata diversos temas porque está respondiendo a necesidades y cuestiones concretas planteadas en la comunidad creyente en un momento determinado. De este modo, las epístolas no distan mucho del correo electrónico que un pastor puede recibir de un feligrés preocupado, que le pide aclaraciones sobre un punto del sermón reciente, la situación de la búsqueda de un pastor de jóvenes o por qué se recortó la partida presupuestaria. De hecho, las epístolas inspiradas de la Biblia no son tratamientos eruditos de un tema teológico, sino respuestas pastorales a situaciones específicas dentro de comunidades cristianas concretas. Ciertamente, algunas cartas —como la correspondencia de Pablo a la iglesia de Corinto— podrían describirse como «comunicación en medio relacional».[8]

Dicho esto, aunque las epístolas se escribieron como respuestas a circunstancias particulares de cristianos concretos en una ciudad o región antigua particular, son documentos inspirados que poseen implicaciones y aplicaciones duraderas para la Iglesia universal y a lo largo de los tiempos. Como señala Thomas Long:

> Aunque las cartas de Pablo contienen muchas referencias personales, específicas e incluso fugaces, está claro que la mayoría se compusieron para ser leídas a toda la congregación que celebraba el culto, quizá una y otra vez (ver 1 Ts. 5:27). En resumen, las cartas del

---

5. «Las epístolas del Nuevo Testamento se adornan retóricamente y tienen una técnica sofisticada» (Ryken, *Letters of Grace and Beauty*, 14).

6. «El contenido [de una epístola] se asemeja más al de un documento de enseñanza ("didáctico") que al de una carta que solo transmite noticias y sentimientos personales» (Ryken, *Letters of Grace and Beauty*, 14).

7. El carácter ocasional de las epístolas explica que encontremos diversidad de temas dentro de una misma carta, así como un flujo de pensamiento a menudo informal, y tanto notas personales como noticias públicas.

8. Jeannine K. Brown, *Scripture as Communication: Introducing Biblical Hermeneutics* (Grand Rapids, MI: Baker Academic, 2007), 151. Brown dice esto de las epístolas del Nuevo Testamento en su conjunto.

Nuevo Testamento son como casi todas las demás cartas: conectadas con un conjunto específico de circunstancias, pero inherentemente capaces de hablar más allá de esas condiciones inmediatas.[9]

Al igual que los Evangelios, las epístolas fueron concebidas para una amplia circulación y «destinadas en gran parte a audiencias públicas (incluso cuando el destinatario original era una sola persona, como Timoteo)».[10] Además, «los autores demuestran ser conscientes de que escribían para la posteridad, y no solo para los destinatarios inmediatos de sus cartas».[11]

Ya se trate de una carta personal,[12] familiar,[13] de enseñanza,[14] misionera[15] o administrativa,[16] todas las cartas del Nuevo Testamento son circulares, es decir, epístolas escritas para ser leídas en voz alta en la reunión de la iglesia y luego distribuidas a otras iglesias del mundo mediterráneo. Como bien escribe Ryken: «Estas cartas... son documentos eclesiásticos dirigidos a congregaciones enteras y, en última instancia, a la iglesia de todo el mundo».[17] Por ejemplo, la carta a Filemón se dirige a un individuo, pero el saludo inicial reconoce a otros («a la iglesia que está en tu casa», Flm. 2); y 1 Corintios fue escrita «a la iglesia de Dios que está en Corinto», pero también para todos los cristianos del mundo: junto «con todos los que en cualquier lugar invocan el nombre de nuestro Señor Jesucristo» (1 Co. 1:2).

---

9. Thomas G. Long, *Preaching and the Literary Forms of the Bible* (Filadelfia: Fortress, 1989), 110.

10. Ryken, *Letters of Grace and Beauty*, 14.

11. Ryken, *Letters of Grace and Beauty*, 14.

12. Por ejemplo: «a Timoteo, verdadero hijo en la fe» (1 Ti. 1:2). «Ninguna de las epístolas del Nuevo Testamento es solo una carta personal, pero en algunas de ellas el escritor comparte una gran cantidad de información y sentimientos personales» (Ryken, *Letters of Grace and Beauty*, 26).

13. Las epístolas del Nuevo Testamento utilizan el lenguaje y el tono emocional de una carta familiar: p. ej.: «a la amada hermana Apia» (Flm. 2).

14. Una carta de enseñanza o didáctica, como Romanos, contiene «una preponderancia de exposición teológica» (Ryken, *Letters of Grace and Beauty*, 27).

15. Romanos también se clasificaría como carta misionera en el sentido de que está escrita por un misionero sobre su misión, e incluye sus futuros planes de viaje.

16. Por ejemplo, las epístolas pastorales pueden funcionar como un manual de instrucciones de un evangelista y plantador de iglesias experimentado a sus subordinados.

17. Ryken, *Letters of Grace and Beauty*, 24.

En tercer lugar, las epístolas del Nuevo Testamento cristianizaron la forma epistolar grecorromana. La forma epistolar estándar de tres partes que prevalecía en el mundo clásico antiguo incluía una *introducción* formal (un saludo en el que se mencionaba al remitente y al destinatario, se ofrecía una felicitación y a menudo se abordaba un asunto o asuntos específicos); seguía el *cuerpo* de la carta, que transmitía información especial relevante y deseada, manteniendo al mismo tiempo una correspondencia personal-relacional; y terminaba con una *conclusión* prescrita (que a menudo incluía notas personales, un deseo final, una oración o bendición, y quizá planes de viaje).[18]

Más allá de estas convenciones familiares, si se comparan con las cartas griegas y romanas de la época, las epístolas del Nuevo Testamento se distinguen por añadir dos elementos únicos a la estructura epistolar estándar de tres partes: una acción de gracias teológica y una lista de exhortaciones éticas. Por ejemplo, Efesios contiene una larga acción de gracias al Dios de Jesucristo por las riquezas espirituales que poseen los creyentes de Éfeso, seguida de una oración por su bienestar espiritual (1:3-23) y una parénesis más larga (4:17–6:20; ver el análisis más adelante).

Son también, y obviamente (como se ha visto antes), cartas cristianas de un líder cristiano a una comunidad cristiana y, por tanto, más cristianas, teológicamente matizadas y religiosas que cualquier carta helenística existente. Efesios no se abre con los habituales «saludos» (*chairein*), sino con el habitual *charis kai eirēnē* de Pablo: «*Gracia* y *paz* a vosotros, de Dios nuestro Padre y del Señor Jesucristo» (1:2),[19] y termina con una *bendición* centrada en Dios y en Cristo («*Paz* sea a los hermanos, y amor con fe, de Dios Padre y del Señor Jesucristo. La *gracia* sea con todos los que aman a nuestro Señor Jesucristo con amor inalterable», Ef. 6:23-24). Otras formas en que se modificaron y cristianizaron las convenciones epistolares grecorromanas son:

---

18. Ver P. T. O'Brien, «Letters, Letter Forms», en *Dictionary of Paul and His Letters*, ed. Gerald F. Hawthorne, Ralph P. Martin y Daniel Reid (Downers Grove, IL: InterVarsity Press, 1993), 550-53.

19. «Las aperturas de las cartas clásicas de la época son *superficiales*, pero las aperturas de las epístolas del Nuevo Testamento son *profundas*» (Ryken, *Letters of Grace and Beauty*, 48, énfasis mío).

- Epítetos iniciales (títulos) y menciones de coautores. Por ejemplo, en Gálatas 1:1-2, Pablo se califica a sí mismo de «apóstol», con una aclaración de ese apostolado («no de hombres ni por hombre, sino por Jesucristo y por Dios el Padre que lo resucitó de los muertos») y de que ha escrito la carta con la ayuda de otros («y todos los hermanos que están conmigo»).[20] En 1 Tesalonicenses 1:1, Pablo aclara dos de los otros (de «Pablo, Silvano y Timoteo»).

- Oraciones de acción de gracias.[21] Por ejemplo, los autores de 1 Tesalonicenses continúan con una oración de acción de gracias de nueve versículos, que comienza: «Damos siempre gracias a Dios por todos vosotros, haciendo memoria de vosotros en nuestras oraciones» (v. 2) y está llena de profundas verdades teológicas, que incluyen la elección de Dios («hermanos amados de Dios, vuestra elección», v. 4), la regeneración («pues nuestro evangelio no llegó a vosotros en palabras solamente, sino también en poder, en el Espíritu Santo y en plena certidumbre», v. 5), el arrepentimiento y la fe («os convertisteis de los ídolos a Dios, para servir al Dios vivo y verdadero», v. 9; «vuestra fe en Dios», v. 8), y un excelente resumen de la vida cristiana («de la obra de vuestra fe, del trabajo de vuestro amor y de vuestra constancia en la esperanza en nuestro Señor Jesucristo», v. 3) y del evangelio («su Hijo, al cual resucitó de los muertos, a Jesús, quien nos libra de la ira venidera», v. 10).

- Conclusiones que incluyen advertencias («De aquí en adelante nadie me cause molestias») y bendiciones («Hermanos,

---

20. A lo largo de las epístolas del Nuevo Testamento, las expresiones de relaciones familiares se convierten en declaraciones de «asociación en el evangelio» (Fil. 1:5) con otros creyentes de todo el mundo.

21. «Las cartas clásicas incluían a veces una breve declaración de agradecimiento a los dioses por la liberación de la calamidad, pero era tan superficial que no puede considerarse el modelo sobre el que los escritores del Nuevo Testamento construyeron sus magníficas acciones de gracias. En efecto, produjeron algo nuevo, surgido de su revolucionaria nueva vida en Cristo… En contraste con las cartas clásicas de la misma época, las epístolas no alaban a Dios por la salud física, sino que suenan triunfalmente con una nota espiritual… El enfoque espiritual se expresa en vocabulario teológico y litúrgico: Dios, Cristo, esperanza, misericordia, fe, redención, etc.» (Ryken, *Letters of Grace and Beauty*, 55, 57).

> la gracia de nuestro Señor Jesucristo sea con vuestro espíritu.
> Amén», Gá. 6:17, 18).

- Extensión. Las cartas de Pablo tienen una media de 2500 palabras; las de Cicerón, 295, y las de Séneca, 955.[22]

En cuarto lugar, las epístolas neotestamentarias incorporan muchos otros géneros o subgéneros, como la instrucción o exposición, el encomio,[23] la autobiografía y las noticias personales, la alabanza, la represión, las peticiones, las breves afirmaciones litúrgicas o de creencias,[24] los poemas líricos o fragmentos de himnos,[25] la diatriba, los manuales eclesiásticos, los proverbios, los relatos de viajes, las visiones apocalípticas, las listas de virtudes y vicios, las oraciones, las doxologías, las bendiciones y las parénesis. La parénesis, de la que se hablará en la segunda parte de este capítulo, es una lista de instrucciones o exhortaciones éticas que suelen encontrarse al final de una epístola. Por ejemplo, 2 Corintios concluye con cinco mandamientos: «Por lo demás, hermanos, tened gozo, perfeccionaos, consolaos, sed de un mismo sentir, y vivid en paz [seguido de una promesa] y el Dios de paz y de amor estará con vosotros» (2 Co. 13:11).

Las epístolas también emplean muchas figuras retóricas, como hipérboles (1 Co. 15:31); construcciones de pregunta y respuesta (Ro. 6:15); preguntas retóricas (Ro. 8:31-35); aforismos (1 Co. 13:8);[26] apóstrofes dramáticos (1 Co. 15:55); personificaciones memorables (Stg. 1:15);

---

22. Arthurs, *Predicando con variedad*, 168.

23. Un encomio es «un poema o pieza en prosa que elogia una cualidad abstracta o un tipo de carácter general… Hay dos encomios en las epístolas: 1 Corintios 13, en alabanza del amor, y Hebreos 11, en alabanza de la fe» (Ryken, *Letters of Grace and Beauty*, 93).

24. «Basándose en fórmulas de credo del Antiguo Testamento como el *Shema*, el apóstol Pablo… formuló una serie de minicredos (algunos basados en el propio *Shema*, p. ej.: Ro. 3:29-30; 1 Co. 8:4-6) para preservar y proteger la ortodoxia y promover la "única fe" (Ef. 4:5) en Jesús como "Señor de todos" (Hch. 10:36)» (R. Kent Hughes y Douglas Sean O'Donnell, *The Pastor's Book: A Comprehensive and Practical Guide to Pastoral Ministry* [Wheaton, IL: Crossway, 2015], 320). Los «credos» apostólicos de Pablo incluirían Ro. 1:1-5; 10:9; 1 Co. 15:3-7; Fil. 2:6-11; Col. 1:15-20.

25. Fil. 2:5-11; Col. 1:15-20; 1 Ti. 3:16; quizás Jn. 1:1-5, 9-11; Ro. 10:9ss; 1 Co. 12:3; Ef. 5:14; 1 Ti. 2:5-6; He. 1:3; 1 P. 3:18c-19, 22.

26. Ryken define los aforismos como dichos fáciles de recordar que captan nuestra atención y perduran en nuestra memoria. Algunas frases que se pueder memorizar de Filipenses son las siguientes 1:21; 2:12; 3:13-14; 4:7; 4:11.

afirmaciones concisas y notables (Ro. 8:37); y paradojas (2 Co. 6:8-10, ver más abajo). Los creyentes son tratados

> como engañadores, pero veraces;
> como desconocidos, pero bien conocidos;
> como moribundos, mas he aquí vivimos;
> como castigados, mas no muertos;
> como entristecidos, mas siempre gozosos;
> como pobres, mas enriqueciendo a muchos;
> como no teniendo nada, mas poseyéndolo todo (2 Co. 6:8-10).

Además, las epístolas abundan en imágenes metafóricas que ayudan a explicar e ilustrar su mensaje y a persuadir a sus lectores. Por ejemplo, Pedro apela a la imaginación de su audiencia cuando advierte a la Iglesia que se mantenga alejada de los falsos maestros, porque «son fuentes sin agua, y nubes empujadas por la tormenta» y su juicio venidero es como «la más densa oscuridad» (2 P. 2:17). Ellos «prometen libertad», aunque son «esclavos de la corrupción» (v. 19). Su apostasía de la ortodoxia se asemeja a un cerdo lavado que vuelve «a revolcarse en el cieno» (v. 22).

En quinto lugar, las epístolas del Nuevo Testamento emplean tanto el estilo llano como el elevado, y esta mezcla hace que sean únicas. Los aspectos del estilo llano incluyen frases y cláusulas cortas, vocabulario común, uso frecuente del efecto *staccato* en lugar de un ritmo suave, y ausencia de lenguaje figurado y formas retóricas.[27] El estilo llano de las epístolas, con su claridad y sencillez, ayuda a los lectores a entender lo que se dice. El estilo elevado (o exaltado) de las epístolas nos obliga a «tomarlas y leerlas» una y otra vez, impregnándonos de la belleza de su arte literario. Como comenta Ryken:

La elocuencia forma parte del arte que podemos admirar en las epístolas… El estilo elevado de las epístolas enciende nuestras emociones y hace volar nuestra imaginación. Nos sentimos elevados y arrastrados. El estilo elocuente es una de las razones por las que las epístolas nos resultan tan fáciles de recordar y por las que las frases se nos

---

27. Ver Ryken, *Letters of Grace and Beauty*, 103.

quedan grabadas en la mente de tal manera que es casi imposible olvidarlas.

Más adelante aconseja: «Son composiciones altamente literarias y deben abordarse como tales».[28] En la segunda mitad de este capítulo, hablaremos sobre la elocuencia en la predicación. Por ahora, es importante señalar aspectos del estilo elevado, como:

- frases largas
- paralelismo y equilibrio de cláusulas o frases
- repetición (en varias formas)
- tendencia a la exaltación del vocabulario
- regularidad del ritmo (oímos el ascenso y descenso del lenguaje en la cadencia)
- formas retóricas como la antítesis, la paradoja y el epíteto (título exaltado de una persona o cosa)
- el lenguaje figurado (sobre todo la metáfora y la alusión)[29]

En *Letters of Grace and Beauty*, Ryken pone 2 Corintios 6:4-10 y 1 Timoteo 6:13-16 como dos ejemplos de estilo elevado:

antes bien, nos recomendamos en todo como ministros de Dios, en mucha paciencia, en tribulaciones, en necesidades, en angustias; en azotes, en cárceles, en tumultos, en trabajos, en desvelos, en ayunos; en pureza, en ciencia, en longanimidad, en bondad, en el Espíritu Santo, en amor sincero, en palabra de verdad, en poder de Dios, con armas de justicia a diestra y a siniestra; por honra y por deshonra, por mala fama y por buena fama; como engañadores, pero veraces; como desconocidos, pero bien conocidos; como moribundos, mas he aquí vivimos; como castigados, mas no muertos; como entristecidos, mas siempre gozosos; como pobres, mas enriqueciendo a muchos; como no teniendo nada, mas poseyéndolo todo (2 Co. 6:4-10).

---

28. Ryken, *Letters of Grace and Beauty*, 102, 110.
29. Ryken, *Letters of Grace and Beauty*, 100-101.

Ryken comenta: «Se trata de un pasaje "pirotécnico" que incorpora todos los rasgos enumerados anteriormente. En primer lugar, todo el pasaje… consta de solo dos oraciones, ya que las frases se van acumulando. El efecto es de exaltación. La repetición y el paralelismo o los equilibrios de frases impregnan todo el pasaje. La antítesis y la paradoja están presentes. El ritmo de palabras y frases produce una cadencia de lenguaje ascendente y descendente. El vocabulario tiende a lo formal y exaltado. La metáfora hace su aparición con "armas de justicia"».[30]

Y luego, de 1 Timoteo:

Te mando delante de Dios, que da vida a todas las cosas, y de Jesucristo, que dio testimonio de la buena profesión delante de Poncio Pilato, que guardes el mandamiento sin mácula ni reprensión, hasta la aparición de nuestro Señor Jesucristo, la cual a su tiempo mostrará el bienaventurado y solo Soberano, Rey de reyes, y Señor de señores, el único que tiene inmortalidad, que habita en luz inaccesible; a quien ninguno de los hombres ha visto ni puede ver, al cual sea la honra y el imperio sempiterno. Amén (1 Ti. 6:13-16).

Ryken comenta: «Todos los rasgos del estilo elevado están presentes aquí: estructura de la frase larga y fluida; paralelismo de las cláusulas; lenguaje exaltado; epítetos imponentes (títulos); alusión (referencia a la historia pasada); regularidad del ritmo (técnicamente llamado cadencia); y metáfora (guardar un mandamiento sin mancha)».[31]

En *Words of Delight*,[32] Ryken pone de relieve, con su disposición estructural, la retórica paulina de Romanos 8:38-39, 1 Corintios 15:42-44 y Filipenses 4:8. ¡Observa y saborea estas frases tan marcadas!

Por lo cual estoy seguro de que ni la muerte,
    ni la vida,
    ni ángeles,
    ni principados,

---

30. Ryken, *Letters of Grace and Beauty*, 101.
31. Ryken, *Letters of Grace and Beauty*, 102.
32. Leland Ryken, *Words of Delight: A Literary Introduction to the Bible* (Grand Rapids, MI: Baker, 1992), 437-38.

ni potestades,
ni lo presente,
ni lo por venir,
ni lo alto,
ni lo profundo,
ni ninguna otra cosa creada
nos podrá separar
del amor de Dios,
que es en Cristo Jesús Señor nuestro (Ro. 8:38-39).

Se siembra en corrupción,
resucitará en incorrupción.
Se siembra en deshonra,
resucitará en gloria;
se siembra en debilidad,
resucitará en poder.
Se siembra cuerpo animal,
resucitará cuerpo espiritual.
Hay cuerpo animal,
y hay cuerpo espiritual (1 Co. 15:42-44).

Por lo demás, hermanos,
todo lo que es verdadero,
todo lo honesto,
todo lo justo,
todo lo puro,
todo lo amable,
todo lo que es de buen nombre;
si hay virtud alguna,
si algo digno de alabanza,
en esto pensad[33] (Fil. 4:8).

---

33. «Las *formas* mismas de la escritura bíblica son inspiradas y, en la medida de lo posible, las formas del original deben trasladarse a la sintaxis y la estructura de la lengua receptora» (Leland Ryken, *The Word of God in English: Criteria for Excellence in Bible Translation* [Wheaton, IL: Crossway, 2002], 130).

Con los ejemplos anteriores, ¿quién puede dudar de que el apóstol Pablo, bajo la inspiración de Dios, escribió con elocuencia? Además, como comenta Ryken, «el estilo exaltado y altamente modelado» de los pasajes anteriores no son simples adornos retóricos, sino que son «parte del significado. Las epístolas son tanto afectivas como intelectuales. Su estilo transmite un éxtasis y una convicción emocional que son una parte importante de su significado».[34] Por ejemplo, observa cómo la estructura y el estilo de las afirmaciones de creencias de 1 Timoteo 3:16 hacen que el mensaje sea dinámico y fácil de recordar:

> E indiscutiblemente, grande es el misterio de la piedad:
> Dios fue manifestado en carne [encarnación],
>> Justificado en el Espíritu [muerte],
>> Visto de los ángeles [resurrección],
>> Predicado a los gentiles,
>> Creído en el mundo [Pentecostés y sus repercusiones],
>> Recibido arriba en gloria [ascensión].

Sexto, las epístolas del Nuevo Testamento se escribieron para persuadir. Por ejemplo, no me cabe duda de que Pablo escribió Romanos para convencer a su audiencia de que había que abrazar «la obediencia de la fe» (Ro. 1:5; 16:26) en Jesús, y que Pedro escribió 2 Pedro para persuadir a los cristianos a crecer «en la gracia y el conocimiento de nuestro Señor y Salvador Jesucristo» (3:18; cf. 1:2). Y aunque a veces las epístolas son «inconexas en su estructura y amplias en sus temas»,[35] hay una intención discernible y una lógica inherente a cada carta. El ejemplo más evidente se encuentra en 1 Juan. El anciano apóstol, que a menudo es circular en sus pensamientos y temas, hace explícitas sus intenciones al escribir: «lo que hemos visto y oído, eso os anunciamos, *para que* **también vosotros tengáis comunión con nosotros;** y nuestra comunión verdaderamente es con el Padre, y con su Hijo Jesucristo. Estas cosas os escribimos, *para que* **vuestro gozo sea cumplido»** (1 Jn. 1:3-4). Aquí, Juan, que no es tan lineal ni lógico en su razonamiento como Pablo, es

---

34. Ryken, *Words of Delight*, 438.
35. Ryken, *Letters of Grace and Beauty*, 18.

bastante explícito. (Y nota que tiene unas cuantas grandes ideas que expresar, no solo una).

CÓMO PREDICAR EPÍSTOLAS BÍBLICAS

De todos los géneros de la Biblia, la epístola es el más parecido en forma y fondo a un sermón.[36] Además, si te formaste en un seminario evangélico en los últimos cincuenta años, encontrar la «gran idea», comprender el argumento lógico y el flujo estructural, y ofrecer ilustraciones relevantes y personales forman parte de la médula que recorre sus huesos homiléticos. Te sientes seguro al predicar este género. Probablemente, predicaste sobre Pablo en tu primer sermón y en el setenta por ciento de los que has predicado desde entonces. Por tanto, no hay razón para nuestro consejo, ¿verdad? Imaginamos, o al menos esperamos, que ahora estés diciendo: «¡Incorrecto!». Por algo has comprado este libro, y antes de que nos des dos estrellas y una mala crítica con un encabezado que diga: «Dime lo que no sé», permítenos instruirte. O, al menos, sigue algunos consejos sobre cómo explicar, ilustrar y aplicar las epístolas.

Lee constantemente en voz alta

Aléjate de la predicación por un momento y piensa en el servicio dominical y en cómo se pueden utilizar las epístolas cada Día del Señor para exaltar a Dios y edificar y animar a los santos. Una manera obvia de usar las epístolas cada domingo es al final del servicio. Da una buena palabra (una bendición) a tu gente buena (¡en Cristo!).[37] Bendícelos con la Palabra de Dios, mientras salen del santuario para vivir como el pueblo santo de Dios en su pecaminoso mundo, sea la ciudad, el campo o cualquier región intermedia.[38] Otra forma de utilizar las epístolas es durante la oración congregacional, si se dispone de ella. (¡Es

---

36. La epístola es «un modo de comunicación [que] se parece a un discurso. Como tal, es sumamente flexible, pues incorpora otros géneros dentro de su marco de trabajo y combina apelaciones de *logos*, *pathos* y *ethos*. Las epístolas son como los discursos en cuatro formas: emplean varias formas pequeñas, argumentan con lógica lineal, citan o aluden a menudo y están compuestas para el oído» (Arthurs, *Predicando con variedad*, 169).

37. Para ejemplos, ver Hughes y O'Donnell, *Pastor's Book*, 310-13.

38. Para dos ejemplos de esto, ver Hughes y O'Donnell, *Pastor's Book*, 306-9.

buena idea tener una!).[39] Una tercera, pero ciertamente no última, manera de emplear las epístolas es leerlas antes del sermón y también tanto como puedas.

Pablo suponía que sus cartas se leerían en voz alta en la iglesia y en todas las iglesias. En 1 Timoteo 4:13 (NBLA) exhorta a Timoteo: «ocúpate en la lectura de las Escrituras». En 1 Tesalonicenses 5:27 su lenguaje es más fuerte: «Os conjuro por el Señor, que esta carta se lea a todos los santos hermanos». Y en Colosenses 4:16 instruye: «Cuando esta carta haya sido leída entre vosotros, haced que también se lea en la iglesia de los laodicenses, y que la de Laodicea la leáis también vosotros».[40] ¿Lee tu iglesia en voz alta las cartas inspiradas por Dios? ¿Leen la Palabra perfecta de Dios antes de predicar tus palabras imperfectas? ¿Has pensado alguna vez en dedicar todo un culto a la lectura? Un sábado por la mañana me dio fiebre alta. También se me ocurrió un plan. Llamé al pastor Andrew Fulton, mi mano derecha, y le dije por teléfono: «Limítate a leer 2 Pedro, haz tres exhortaciones y deja que los demás compartan sus ideas». Andrew me dijo que había sido un gran éxito y que no era necesario que yo regresara a trabajar, o algo así.[41]

Mi exhortación por teléfono no tiene nada que envidiar a los servicios de lectura de la Grace Evangelical Free Church de La Mirada, donde mi mentor universitario aún me instruye en la Escuela de Cristo. Esta congregación del sur de California, donde ahora florece mi hija mayor, dedica tiempo a leer los libros de la Biblia en los servicios públicos. De hecho, un sábado de descanso leyeron los Hechos en cuatro horas. Pregunta: ¿En tu iglesia se leen en voz alta las cartas de Dios? Si

---

39. En un servicio presbiteriano tradicional, a menudo empleamos las epístolas para la confesión de pecado y la seguridad del perdón. Por ejemplo, recientemente visité la Covenant Presbyterian Church de Chicago, que, para su confesión, utilizaron Ro. 8:5-8; seguridad, Ro. 8:34-35, 37; y bendición, Ro. 15:5-7.

40. Observemos que el libro de Apocalipsis, incluidas las siete cartas a siete iglesias diferentes (Ap. 2–3), debía leerse en voz alta (ver Ap. 1:3).

41. Esto no está muy lejos de la descripción de Lucas en Hch. 13:15 («Y después de la lectura de la ley y de los profetas, los principales de la sinagoga mandaron a decirles: Varones hermanos, si tenéis alguna palabra de exhortación para el pueblo, hablad») y el primer aspecto de la descripción que hace Justino Mártir de las primeras reuniones cristianas (*Primera apología*, 67): «El día que se llama del sol se celebra una reunión de todos los que moran en las ciudades o en los campos; y allí se leen, en cuanto el tiempo lo permite, las Memorias de los Apóstoles o los escritos de los profetas. Luego, cuando el lector termina, el que preside toma la palabra para hacernos una exhortación e invitación para que imitemos esas hermosas enseñanzas».

no es así, un buen lugar para empezar es Nehemías 8 o Lucas 4:16-21.[42] Reproduce con tu gente lo que el pueblo de Dios, bajo el antiguo y el nuevo pacto, hizo y ha hecho a lo largo de la historia cristiana.[43]

Hay lugar para sermones atomísticos sobre textos profundamente teológicos (como los 366 sermones de Martyn Lloyd-Jones sobre Romanos, predicados a lo largo de doce años). Pero, en general, la mejor manera de hacer justicia al género epistolar es ¡leerlo y predicarlo como una carta! Por muy buenos que sean los sermones de cincuenta minutos de Lloyd-Jones, dudo que muchos de sus fieles recordaran en el sermón dieciséis que, en realidad, estaba predicando sobre una carta relativamente corta, cuya lectura en voz alta lleva, por término medio, una hora.

Tómate en serio la exposición en serie

Durante muchos años, Lee y yo tuvimos el privilegio de cobijarnos bajo el ministerio de predicación de Kent Hughes. En sus veintisiete años en College Church en Wheaton, Illinois, Kent modeló la exposición en serie de los libros de la Biblia. Lo que eso hace por la congregación es reforzar una visión elevada de las Escrituras. Solo alguien que realmente cree que «toda la Escritura —incluso las secciones aparentemente insignificantes— es inspirada por Dios» y es el medio ordenado por Él para la santificación de su pueblo («útil para enseñar, para redargüir, para corregir, para instruir en justicia», 2 Ti. 3:16) predicará *toda* la Palabra de Dios. Además, solo alguien que valore una epístola como tal predicará cada saludo y acción de gracias, asuntos personales, códigos familiares y larga lista de nombres que se encuentran en los saludos finales. En mis casi tres décadas de predicación, dos de mis sermones más significativos (en el sentido de edificar y equipar a mi congregación) vinieron de mis cuidadosas exposiciones de los finales de Colosenses y 2 Timoteo, donde Pablo enumera a casi treinta personas. Esas largas

---

42. Ver Hughes y O'Donnell, *Pastor's Book*, 38-4; O'Donnell, «The Scripture-Saturated Worship Service», 9 de marzo de 2021, disponible en línea https://www.pastortheologians. com/sermons; y O'Donnell, «The Bible's Use in Preaching and Public Worship», en *The Pastor's Bible* (Wheaton, IL: Crossway, 2016), x-xii.

43. Ver «Table 1. The Basic Liturgies of the Western Church», en Hughes y O'Donnell, *Pastor's Book*, 49.

listas son teológicamente significativas e increíblemente aplicables. ¿Lo sabe tu congregación?

Elige y predica la epístola más relevante

Antes de decidir el texto bíblico para tu próxima serie de sermones, pregúntate, y haz que tus líderes también se lo pregunten: «¿Qué necesita oír nuestra iglesia?». En lo que se refiere a las epístolas, si tu congregación proviene de un trasfondo legalista y sigue luchando con la relación entre su salvación y las buenas obras, predica Romanos o Gálatas. Si muchos de tus feligreses ven la gracia como algo barato y las buenas obras como una parte innecesaria de la vida cristiana, predica Tito o Santiago. Si no sabes qué predicar, predica las cartas a las siete iglesias. Cuando prediqué Apocalipsis 2–3, comencé con Apocalipsis 1 (el Cristo glorioso) y terminé con Apocalipsis 4–5 (el valor del Padre y del Hijo). Las cartas intermedias cubren casi todo lo positivo y negativo que encontrarás en tu iglesia, ayudan a hacer un diagnóstico de los problemas que tienes (o que encontrarás) y ofrecen soluciones inspiradas.

Encuentra y sigue el flujo

Aproximadamente una vez al año, dirijo un taller sobre exposición bíblica para la Charles Simeon Trust. En la lección sobre Estructura, instruimos que cada texto tiene una estructura, la estructura revelará un énfasis, y el énfasis debe dar forma a nuestro mensaje. Este principio es válido para todos los géneros. Lo que es especialmente importante en lo que se refiere a predicar epístolas con eficacia, es otro principio relacionado: cada párrafo tiene un flujo de pensamiento, así que encuentra ese flujo y síguelo en tu sermón.

Jeannine Brown ofrece tres pasos para encontrar el flujo del argumento del autor: (1) aislar las ideas individuales del pasaje, (2) identificar las palabras de conexión entre las cláusulas (las conjunciones y preposiciones) y (3) identificar explícitamente las relaciones entre las ideas que has encontrado.[44] Por ejemplo, con Hebreos 4:12 (ver el diagrama 3.1), observa cómo he empezado, arriba a la izquierda, con la conjunción

---

44. Brown, *Scripture as Communication*, 155. Esto se denomina de varias formas: arqueamiento, fraseo, diagrama de bloques y trazado de la lógica.

explicativa («porque»). Debajo de esa conjunción está la declaración del tema/cláusula principal («la palabra de Dios es»). La Palabra de Dios se describe de cinco maneras, con dos palabras («viva», «eficaz») y tres frases («más cortante que toda espada de dos filos», «penetra hasta partir» y «discierne» o «es capaz de discernir»), cada una conectada por la conjunción «y». Luego, las dos frases finales se dividen aún más: la palabra penetra hasta partir el alma y el espíritu, las coyunturas y los tuétanos, y discierne los pensamientos y las intenciones del corazón.

Diagrama 3.1: Diagrama de Hebreos 4:12

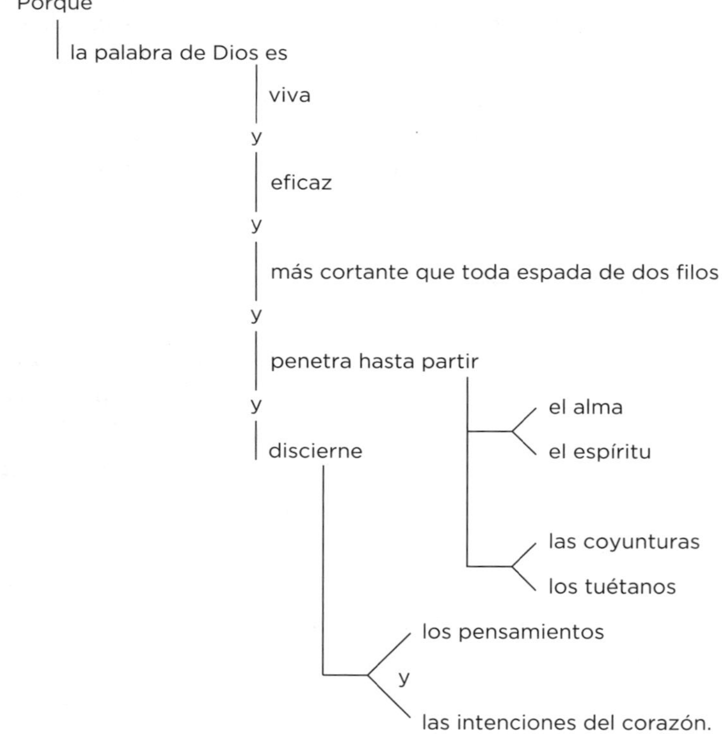

A menudo, el flujo estructural, o los puntos del argumento del autor, pueden utilizarse para tu esquema homilético. Por ejemplo, a continuación, hay un extracto de un sermón reciente que prediqué sobre Colosenses 1:15-23:

El texto que nos ocupa puede dividirse en dos partes. La primera parte se centra en Cristo; la segunda, en los cristianos. En la primera parte (vv. 15-20) se repiten diez veces el pronombre «él», en referencia a Cristo. Llamemos a estos versículos «Él es». La segunda parte (vv. 21-23) sigue hablando de Jesús —lo que su muerte logra (v. 22)—, pero el enfoque recae en los cristianos, la respuesta de la iglesia a la persona y obra de Jesús. El versículo 21 comienza: «Y a vosotros [plural]»; el versículo 22 utiliza la frase «para presentaros»; el versículo 23 dice: «si en verdad permanecéis». Así pues, llamemos a esta segunda sección «Y vosotros».

Tras dividir el texto en dos puntos sencillos, fáciles de recordar y derivados directamente del texto, dividí aún más los versículos 15-20:

Para la primera sección —«Él es»—, pensé en organizar el material siguiendo simplemente la repetición de Pablo de la frase «él es». «Él es» (v. 15) «la imagen del Dios invisible». «Él es» (v. 17) «antes de todas las cosas». «Él es» (v. 18a) «la cabeza del cuerpo que es la iglesia». Y, «Él» (v. 18b) «es el principio, el primogénito de entre los muertos». Sin embargo, una vez que leí el excelente comentario de Dick Lucas sobre Colosenses, decidí que su esquema homilético era mejor, ya que resume de forma más memorable los puntos principales de Pablo. Dick Lucas titula los versículos 15-18 *Cristo Supremo*. Desglosa ese epígrafe en dos puntos: Cristo supremo en la creación (vv. 15-17) y Cristo supremo en la Iglesia, la nueva creación (v. 18). Luego titula los versículos 19-20 *Cristo suficiente*. También desglosa ese epígrafe en dos puntos: Cristo es suficiente en su persona, Dios con nosotros (v. 19); y Cristo es suficiente en su obra, Dios para nosotros (v. 20).[45]

A menudo, los propios puntos de la argumentación del autor pueden servirte para tu esquema. Permíteme una ilustración. Cuando prediqué sobre Colosenses 3:5-14, ordené mi sermón, como haría cualquier

---

45. Dick Lucas, *The Message of Colossians and Philemon*, The Bible Speaks Today (Downers Grove, IL: InterVarsity Press, 1980), 46.

pastor observador y cuerdo, en torno a los dos imperativos principales: despojaos y vestíos. El propio esquema de Pablo es obvio: En el versículo 9, dice: «habiéndoos despojado del viejo hombre». Antes, en el versículo 5, dice: «Haced morir», y en el versículo 8: «ahora dejad también vosotros todas estas cosas [ciertos pecados]». Los cristianos deben dejar ciertas cosas, ciertos pecados, ciertas actitudes y acciones impías. Esos son los versículos 5-9. En los versículos 10-14, Pablo emplea el lenguaje de «vestíos». Versículo 10: «revestido del nuevo [hombre]». Versículo 12: «Vestíos, pues... de entrañable misericordia» y así sucesivamente. Versículo 14: «vestíos de amor».

En Efesios 5:18-21, después de que Pablo ofrece un mandamiento («No os embriaguéis con vino») y la razón para hacer caso de ese mandamiento (porque «lleva al desenfreno» [NVI]), introduce la cláusula principal: «antes bien sed llenos del Espíritu». En el versículo siguiente, responde a la pregunta: «¿Cuáles son algunas formas específicas de estar llenos del Espíritu o de expresar que el Espíritu está obrando?». Pablo introduce cuatro cláusulas subordinadas o de apoyo:

(a) hablando entre vosotros con salmos, con himnos y cánticos espirituales,

(b) cantando y alabando al Señor en vuestros corazones,[46]

(c) dando siempre gracias por todo al Dios y Padre,

(d) someteos unos a otros en el temor de Dios.

En Hebreos 12:1-2 encontramos una estructura similar. La cláusula principal es: «corramos con paciencia la carrera que tenemos por delante». Esto se apoya en la cláusula que la precede y en dos cláusulas que la siguen:

(a) teniendo en derredor nuestro tan grande nube de testigos,

(b) despojémonos de todo peso y del pecado que nos asedia,

(c) puestos los ojos en Jesús, el autor y consumador de la fe.[47]

---

46. Es posible que «cantar» sea apoyar «hablando entre vosotros con salmos». ¿Se les ordena a hablar las letras de Dios y luego cantarlas, o ambas actividades son esencialmente una?

47. Traducción de David Alan Black, en *Learn to Read New Testament Greek*, 3.ª ed. (Nashville: B&H, 2009), 206.

A continuación, el autor de Hebreos profundiza en Jesús, como debe hacer entonces el predicador: «el cual por el gozo puesto delante de él sufrió la cruz, menospreciando el oprobio, y se sentó a la diestra del trono de Dios». La exhortación principal es «corramos» todos, pero de nada sirve el sermón para motivar a nuestra gente a perseverar si no se centra en Jesús, en quien debemos poner nuestros ojos.[48] En su sermón sugerido sobre este texto, David Alan Black ofrece el título: «¡Corre para ganar!» y un tema: «El cristiano está llamado a seguir el ejemplo de Jesús en una vida de sumisión y obediencia». Su aliterado esquema homilético es el siguiente: (1) nuestro estímulo («teniendo en derredor nuestro tan grande nube de testigos»), (2) nuestros problemas («despojémonos de todo peso») y (3) nuestro ejemplo («puestos los ojos en Jesús»).[49]

Un puente para el trasfondo

Mi amigo y compañero de trabajo Justin Taylor escribe un popular blog llamado «Entre dos mundos», donde navega con pericia desde los problemas de nuestro mundo a la cosmovisión bíblica y viceversa. John Stott puso como subtítulo en su libro sobre la predicación un nombre similar [*Predicación. Puente entre dos mundos*]. No diré a quién se le ocurrió la frase primero), pero el subtítulo de Stott de la versión de su libro en inglés podría ofrecer una pista: "El arte de predicar en el siglo xx". Como predicadores, en todos y cada uno de nuestros sermones, debemos proveer de un puente desde nuestra congregación hasta la cruz, desde el mundo de nuestro texto hasta el mundo en que vivimos.

Esto no significa que nuestro primer sermón sobre cada epístola comience con un esquema:

¿Quién escribe?

¿Cuándo?

¿Desde dónde?

¿A quién?

¿Por qué?

---

48. Como Black (*Learn to Read New Testament Greek*, 207) destaca, la estructura quiástica del texto se centra en la frase «puestos los ojos en Jesús, el autor y consumador de la fe».

49. Black, *Learn to Read New Testament Greek*, 207.

«Aburrido» es el grito no solo del adolescente que mensajea con su celular mientras tú explicas el texto, sino también del estudiante de Fundamentos, de la Universidad de Chicago, y del alumno del Torrey Great Books Program, de Biola.

Dicho esto, hay que decir algo sobre el trasfondo. Por ejemplo, si estás predicando sobre 1 Corintios 7 y no mencionas que el capítulo comienza con un trasfondo histórico («En cuanto a las cosas de que me escribisteis…») y que luego todo el capítulo ofrece imperativos sobre el matrimonio y el sexo, entonces has pasado por alto lo obvio. «Es obvio que Pablo está respondiendo a un tema que se ha planteado en una carta de la iglesia de Corinto».[50] Tienes que viajar a Corinto antes de ir a Chicago (o cualquiera que sea tu ciudad natal). Resulta tentador predicar, por ejemplo, 1 Corintios 13 como un poema de amor caído del cielo y no enmarcado en ningún contexto terrenal original. Pero si predicamos ese texto como una oda al amor, no hacemos justicia a su mensaje. Una vez que comprendemos que se trata de una represión en el contexto de la discusión de Pablo sobre los dones espirituales, sabemos cómo predicarlo correctamente.[51]

Pequeñas palabras, gran fuerza teológica

Predica la «gran idea», si puedes encontrarla. Pero, desde luego, no pases por alto las pequeñas palabras que tienen un gran peso teológico. Dicho de otro modo, dedica tiempo a explicar cuidadosamente los detalles. Por ejemplo, cuando prediqué sobre Colosenses 1:16-17, señalé la repetición de «todas las cosas» en la perícopa poética, junto con la importancia de las preposiciones «por», «para» y «en». Jesús es el creador. Todas las cosas fueron creadas *por* Él y *en* Él. También es el sostenedor y la meta de la creación. Todas las cosas se sostienen *en* Él y fueron creadas *para* Él.

---

50. Ryken, *Letters of Grace and Beauty*, 34.

51. En su sección titulada «Reconstrucción del entorno social de las epístolas», Brown escribe que tenemos que hacer «el trabajo histórico preliminar que nos ayudará a escuchar el texto en su entorno social original en lugar de imponer nuestro propio entorno al texto sin reservas». Además, aconseja: «Después de atender al entorno de una epístola leyendo la propia carta, podemos buscar información geográfica, política, cultural y religiosa más amplia que nos ayude a reconstruir el contexto social. Parte del trasfondo religioso nos lo proporcionará la historia global del Antiguo Testamento y su momento culminante en Jesús el Mesías» (*Scripture as Communication*, 153).

Dar a conocer a Dios al pueblo de Dios

En *La supremacía de Dios en la predicación*, John Piper escribe: «Las gentes están hambrientas de la grandeza de Dios. Pero la mayoría de ellas, en medio de una vida llena de problemas, no quieren reconocerlo».[52] ¡Necesitas reconocerlo! Y necesitas predicar su mayor necesidad: Dios. Esto es ciertamente lo que hicieron los autores apostólicos inspirados. Alimentaron al pueblo de Dios con Dios. Cada epístola, de principio a fin, está centrada en Dios y saturada de Dios. Por ejemplo, en Romanos, «Dios» se menciona 162 veces, y en cada capítulo y perícopa de predicación. ¡Romanos es una epístola centrada en Dios! Si no mencionas a Dios en cada sermón como tema principal, no predicas Romanos como Dios quiso que fuera predicado.

Como parte de mi trabajo en Crossway, me piden que revise autores candidatos para proyectos bíblicos. Recientemente, revisé el pódcast *The Bible Recap* de Tara-Leigh Cobble. Ella llama «God Shot» [Disparo de Dios] a uno de los componentes de su pódcast diario que cubre toda la Biblia en un año. Su «Disparo de Dios» se creó como reacción a la pregunta habitual al final de un estudio bíblico sobre la aplicación personal: «¿Cómo debemos vivir a la luz de lo que hemos aprendido?». En lugar de eso, con el deseo de eliminar todas las tareas pendientes y dejar a sus oyentes con una imagen de Dios, hizo preguntas como: «¿Cuál es tu imagen de Dios y de su carácter a partir de la lectura de este día? ¿Qué hace o dice, ama u odia Dios en este pasaje? ¿Qué motiva a Dios a hacer lo que hace?». ¡Qué enfoque tan maravilloso! Y qué preguntas tan espléndidas. Cuando predicas la Palabra de Dios al pueblo de Dios, ¿predicas a Dios? ¿Les dices quién es Él y lo que ha hecho por ellos en Cristo? ¡Es lo que más necesitan! La gente —tu gente y toda la gente— está hambrienta de la grandeza de Dios.

Dar al pueblo de Dios el evangelio de Dios (o ¡evangelizar a los elegidos!)

Las epístolas del Nuevo Testamento no fueron escritas por teólogos sistemáticos. Cada carta surgió de una situación eclesial. Dicho esto, y

---

52. John Piper, *La supremacía de Dios en la predicación* (Graham, NC: Publicaciones Faro de Gracia, 2010), 7.

como ya se ha dicho, eso no significa que no haya teología en las epístolas. Como resume acertadamente Arthurs: «Mientras hacemos hincapié en que las epístolas son teología pastoral, no restemos importancia al hecho de que son teología. Juntas, crean una perspectiva profunda: una manera de entender el yo, la familia, la sociedad, el mal, la tentación, la salvación, la autoridad, la moralidad y el futuro. Esa perspectiva teológica da las respuestas a las preguntas más ordinarias».[53] Querido pastor, eres un pastor teólogo. En cada sermón, da a tu gente la teología teórica y práctica que necesitan saber para vivir como su pueblo en su mundo. Y en lo más alto de la lista de verdades teológicas que necesitan entender, y que se les recuerde semanalmente, está el evangelio de Dios.

Las epístolas no solo contienen las definiciones más claras del Evangelio (ver más adelante), sino que sus autores (que escriben a cristianos) dan por sentado que los cristianos necesitan oír el evangelio.[54] En Romanos 1:1-5 y 1 Corintios 15:1-5, Pablo reitera este mensaje:

Pablo, siervo de Jesucristo, llamado a ser apóstol, apartado para *el evangelio* de Dios, que él había prometido antes por sus profetas en las santas Escrituras, acerca de su Hijo, nuestro Señor Jesucristo, que era del linaje de David según la carne, que fue declarado Hijo de Dios con poder, según el Espíritu de santidad, por la resurrección de entre los muertos, y por quien recibimos la gracia y el apostolado, para la obediencia a la fe en todas las naciones por amor de su nombre… (Ro. 1:1-5).[55]

Además os declaro, hermanos, *el evangelio* que os he predicado, el cual también recibisteis, en el cual también perseveráis; por el cual asimismo, si retenéis la palabra que os he predicado, sois salvos, si no creísteis en vano. Porque primeramente os he enseñado lo que asimismo recibí: Que Cristo murió por nuestros pecados, conforme a las Escrituras; y

---

53. Arthurs, *Predicando con variedad*, 166.

54. La palabra «evangelio» se utiliza en trece de las veintiuna cartas epistolares de las Escrituras cristianas.

55. El origen del evangelio es Dios, la atestación del evangelio son las Escrituras, la sustancia del evangelio es Jesucristo, el alcance del evangelio son todas las naciones, el propósito del evangelio es la obediencia de la fe, la meta del evangelio es el honor del nombre de Cristo. En John Stott, *Romans: God's Good News for the World* (Downers Grove, IL: InterVarsity Press, 1994), 46-54.

que fue sepultado, y que resucitó al tercer día, conforme a las Escrituras; y que apareció a Cefas, y después a los doce (1 Co. 15:1-5).

Como se indica más arriba y en la siguiente ilustración, para predicar fielmente las epístolas debemos proclamar con regularidad el evangelio de Jesucristo. Ese evangelio se centra en la muerte sacrificial y la gloriosa resurrección del Señor Jesús, que resulta en el perdón de los pecados y la esperanza de la vida eterna para todos los que se arrepienten y creen. También conduce a vivir la vida de manera digna del evangelio. Si no predicamos el evangelio, malinterpretamos la Biblia, perdemos la oportunidad de llegar a los no creyentes y ofrecemos un mensaje moralista que nos llevará al desprecio de nosotros mismos y al desánimo.

Diagrama 3.2: Una representación visual del evangelio[56]

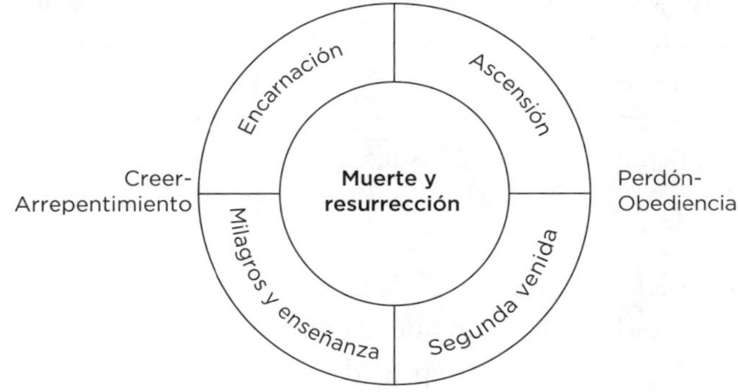

Fundamentar los imperativos en los indicativos

En 1623, el puritano inglés William Ames publicó un breve libro de teología sistemática titulado *La médula de la sagrada teología*. Cuando se fundó Harvard una década más tarde, este libro se utilizaba en las aulas para formar a los jóvenes estudiantes de Divinidad. Ames definió la teología como *Theologia est scientia vivendo Deo*, que puede traducirse como «La teología es el conocimiento de cómo vivir en presencia de Dios».[57] Creo que, si Pablo escribiera alguna vez una definición de

---

56. Creado por la Charles Simeon Trust para sus instructores. Impreso con autorización.

57. Timothy George, «Foreword», en Todd Wilson y Gerald L. Hiestand, *The Pastor Theologian: Resurrecting an Ancient Vision* (Downers Grove, IL: IVP Academic, 2015).

teología, la suya se acercaría mucho a esa. Porque, para el gran apóstol, la teología cristiana nunca estuvo divorciada de la vida cristiana, y la vida cristiana nunca estuvo divorciada de la presencia y el poder de Dios. La teología por sí sola, como ha dicho Timothy George, conduce a un «intelectualismo árido», y la ética por sí sola conduce a un «activismo estéril o a una palabrería sentimental».[58]

Los imperativos —los mandatos, las amonestaciones y las exhortaciones— que encontramos en las epístolas se basan siempre en la persona y la obra de Dios. Por ejemplo, a la luz de la gracia de Dios en el evangelio de nuestro Señor Jesucristo («os ruego por las misericordias de Dios»), ofrecemos «culto espiritual», es decir, ofrecemos todo nuestro ser a Dios («presentéis vuestros cuerpos en sacrificio vivo», Ro. 12:1). Abundan otros ejemplos. Ver la tabla 3.1.

Tabla 3.1: Ejemplos de indicativos e imperativos en las epístolas

Indicativo	Imperativo	Referencia
porque él nos amó primero	Nosotros amamos	1 Juan 4:19
Porque la gracia de Dios se ha manifestado...	enseñándonos que, renunciando a la impiedad y a los deseos mundanos, vivamos en este siglo sobria, justa y piadosamente	Tito 2:11-12
como escogidos de Dios, santos y amados... De la manera que Cristo os perdonó	así también hacedlo vosotros	Colosenses 3:12-13

[N. *del T.*: Existe una versión en español de la obra mencionada de Ames: William Ames, *La médula de la sagrada teología: La mente y el corazón de un puritano* (Buenos Aires: Tinta Puritana, 2015)].

58. George, «Foreword».

A lo largo de las epístolas, nuestras acciones éticas están motivadas por el evangelio de Dios. Lo denomino «ética evangélica».[59] «Parénesis» es el término más técnico. «La parénesis —como resume Ryken— establece que la creencia o doctrina debe funcionar por sí misma en nuestra acción». También «muestra que la moralidad o ética es una parte indispensable de la vida cristiana».[60]

Por lo tanto, dado que nuestra piedad fluye de Dios y de su evangelio, es crucial que prediquemos imperativos a nuestras congregaciones basados en los indicativos. He aquí cómo seguí este principio cuando prediqué Colosenses 3:5-14:

Fíjense en la palabra «pues». No usaré la pregunta cliché: «¿Para qué está el «pues» ahí?». Simplemente, no lo haré. Pero responderé a esa pregunta. El «pues» está ahí por una razón. La razón es hacer pasar al lector de la teología a la ética, o del indicativo (esto es lo que Dios ha hecho por nosotros en Cristo por medio del Espíritu) al imperativo (así debemos responder). Este es el patrón de Pablo a lo largo de sus epístolas. Por ejemplo, en Efesios 4:1, con un «pues» pasa de la teología elevada a las implicaciones prácticas y realistas: «Yo pues... os ruego que andéis como es digno de la vocación con que fuisteis llamados». Por lo tanto, los «pues» en los escritos de Pablo, especialmente los puntos clave que aparecen a mitad de carta, deberían hacer que nuestra mente volviera a la motivación presentada de antemano. ¿Por qué debemos dejar de lado ciertos malos comportamientos y adoptar otros buenos? Muy sencillo. Colosenses 1–2 y un poco del 3 nos dan la respuesta, donde leemos acerca de Cristo, quien es el creador y sustentador del universo, vino como hombre, murió por nuestros pecados y resucitó para nuestra justificación, y ahora (ya que ha ascendido al cielo) gobierna en poder y pronto regresará como el juez de todas las personas. Como ves, nos

---

59. Ver Douglas Sean O'Donnell, *The Beginning and End of Wisdom: Preaching Christ from the First and Last Chapters of Proverbs, Ecclesiastes, and Job* (Wheaton, IL: Crossway, 2011), 120-24.

60. Ryken, *Letters of Grace and Beauty*, 69. Para un excelente resumen sobre la parénesis en las epístolas, ver Leland Ryken, Philip Ryken y James Wilhoit, *Ryken's Bible Handbook: A Guide to Reading and Studying the Bible* (Carol Stream, IL: Tyndale, 2005), 504.

despojamos y nos revestimos porque por la fe estamos unidos a Él (estamos «en» y «con» Cristo).

En un sermón posterior, resumo la carta de la siguiente manera:

ÉL ES: Pablo habla de la persona de Jesús. Por ejemplo, en Colosenses 1:18 escribe: «y él es la cabeza del cuerpo que es la iglesia, él que es el principio, el primogénito de entre los muertos, para que en todo tenga la preeminencia».

ÉL HA HECHO: Pablo no solo habla de la persona de Jesús, sino de las obras de Jesús (lo que ha hecho por nosotros). Por ejemplo, en 1:13: «el cual nos ha librado de la potestad de las tinieblas, y trasladado al reino de su amado Hijo».

EN ÉL: Pablo no solo habla de la persona y las obras de Jesús, sino también de cómo ese conocimiento debe cambiar a los creyentes. Por ejemplo, en 2:6 leemos: «Por tanto, de la manera que habéis recibido al Señor Jesucristo, andad en él».

Es crucial que prediquemos imperativos a nuestras congregaciones basados en los indicativos. ¡También es imperativo que prediquemos imperativos! Punto.

Predica para persuadir

En 1969, cuando Martyn Lloyd-Jones dio una conferencia en el Westminster Theological Seminary sobre la predicación, respondió a la pregunta «¿Qué es predicar?» con la memorable respuesta (emblema de su propio ministerio): «Lógica en llamas». Ante esa definición sencilla, profunda y verdadera, dijo: «La luz sin calor nunca afectó a nadie. No sirve para nada. El calor sin luz no sirve de nada. Hay que tener luz y calor».

Muchos predicadores de hoy tienen el calor, pero no logran argumentar un punto lógicamente. Da a tu congregación un poco de luz. Luz lógica. ¿Cuándo fue la última vez que predicaste con la intención de *«mover* [al pueblo de Dios bajo tu cuidado] a asentir intelectualmente» a algo enseñado en la Palabra de Dios? Pablo escribió con su calor y luz característicos, buscando «persuadir a sus lectores a no volver a la "justicia por obras" del judaísmo, sino a aceptar la salvación como un don gratuito»; ¿igualas esa calidez y lucidez del apóstol?[61] Puede que no la iguales, pero ¿enciendes una cerilla junto a él?

Complementa con historias

La sugerencia aquí es sencilla, pero a menudo se pasa por alto o se ignora: complementa regularmente tu exégesis de las epístolas con ilustraciones narrativas. Es importante hacerlo porque pocas personas pueden mantener un argumento lógico sostenido o un discurso persuasivo detallado durante treinta o cuarenta minutos seguidos. Cuanto más pasan los años y más sermones predico, más me convenzo de que necesito contar más historias y contarlas bien.

Comparte tu propia historia

Una de las historias que necesito contar especialmente bien es la mía propia. Tú necesitas hacer lo mismo. ¿Por qué? Las epístolas están llenas de autobiografía. En mi opinión, la razón por la que los autores, especialmente Pablo, hablan tanto de sí mismos es para ofrecer un ideal que emular. El ministro y autor Phillips Brooks habló de la predicación como una verdad comunicada por medio de la personalidad. Cuando testificamos personalmente que creemos y hemos experimentado la verdad del texto que predicamos, y cuando compartimos nuestros propios fracasos y penas, suscitamos la atención y la empatía de nuestro público. Por ejemplo, cuando Julius Kim contó en la Conferencia Nacional de Coalición por el Evangelio de 2021 cómo estuvo a punto de morir a causa del COVID-19 y cómo exhaló lo que pensó que sería su última oración, me quedé fascinado. Escuché atentamente el punto que vinculaba a su experiencia. La autobiografía ofrece *ethos*, es decir, compartir los detalles íntimos de la propia vida (autobiografía) puede crear credibilidad (*ethos*). De hecho, el *ethos* hace que nuestros oyentes nos escuchen, confíen en nosotros y se sientan atraídos por la verdad que comunicamos.

---

61. Ryken, *Letters of Grace and Beauty*, 77, 78.

De mí para ti

Las epístolas están llenas de pronombres en primera y segunda persona, seguidos de alabanzas y reprimendas específicas. Sigue esa pauta en tu predicación. Sigue también esta pauta: Pablo escribe que el mensaje de Dios («que viene de Dios») le «fue dad[o] para con vosotros» (Col. 1:25). Por supuesto, tú y yo no tenemos autoridad apostólica, pero este esquema apostólico puede ayudarnos cuando nos dirigimos a nuestro pueblo.

Cuando prediqué sobre Colosenses 1:24–2:5 (y sí, esa es la única división adecuada del texto), di esta transición a mis tres aplicaciones: «Ahora, con todo lo dicho por Pablo a los colosenses, permítanme decirles esto…». Y luego propuse estas tres aplicaciones. Primero, deben rechazar a cualquier mensajero que no sufra por el evangelio y que no predique la necesidad del sufrimiento. Segundo, debes entender la fórmula diseñada por el Espíritu para el crecimiento de la iglesia: poder + predicación + persecución = crecimiento. Tercero, debes participar en el plan. A continuación, entrelazo algo de autobiografía:

Hace aproximadamente un mes, mi esposa estaba teniendo una semana muy dura de ministerio. Mientras la escuchaba, no estaba seguro de qué decir. No estaba seguro de si debía decir algo. Pero, entonces, decidí que le daría una palabra de consejo. Con una profunda sinceridad y amor por ella, y un genuino deseo de ser de alguna ayuda práctica, simplemente le dije con palabras serias, tranquilas y tiernas: «Toma tu cruz». Eso fue todo lo que dije, y eso fue todo lo que ella necesitaba oír.

Luego me dirigí a la audiencia, diciendo:

Mis hermanos y hermanas, el llamado de la vida cristiana no es el llamado a abrazar la facilidad y el entretenimiento. No, el llamado es a la abnegación. El llamado es a seguir a Jesús. El llamado es a sufrir con Él para que podamos parecernos más a Él. La Iglesia, como cuerpo de Cristo, debe seguir participando en los sufrimientos de Cristo.

Escuchen, hermanos

En relación con el consejo y lenguaje anteriores, he aquí otra sugerencia sencilla y práctica. ¿Cómo debes dirigirte a la congregación cuando predicas? ¿Los llamas «iglesia» o «amigos»? Te sugiero que emplees regularmente el lenguaje de las epístolas: llama al pueblo de Dios «hermanos y hermanas», «santos» e «hijos [de Dios, o en la fe]». También utilizo con frecuencia los vocativos «escuchen» y «oigan», órdenes que Jesús empleó en sus sermones, discursos y enseñanzas breves.

En relación con esto, cuando una epístola se dirige a un público específico, como en los códigos familiares, te aconsejo que te tomes un tiempo para hacer lo mismo. Cuando prediqué sobre Colosenses 3:15–4:1, un sermón que titulé «Jesús es el Señor de la casa», prediqué esto:

C. S. Lewis escribió en una ocasión: «Si el hogar ha de ser el medio de gracia, debe ser un lugar de reglas… la alternativa a la regla no es la libertad, sino la tiranía inconstitucional (y a menudo inconsciente) del miembro más egoísta». Los hijos pueden ser egoístas —pequeños tiranos— al no obedecer a sus padres. Los padres pueden ser egoístas —grandes tiranos— provocando a sus hijos. A esta verdad nos referimos a continuación. «Padres —escribe Pablo en Colosenses 3:21—, no exasperéis a vuestros hijos, para que no se desalienten». Algunos argumentan que se señala específicamente al «padre» y no a la madre, porque se trata de un pecado más frecuente entre los hombres que entre las mujeres. Yo no creo que sea así. He descubierto que las madres pueden ser tan tiránicas como los padres. Creo que los «padres» son señalados porque deben guiar en la disciplina e instrucción de los hijos y porque cada relación tiene al padre en el centro de la red de relaciones dentro del hogar (esposa/esposo; hijos/padre; esclavos/maestro): el esposo, el padre y el amo son la misma persona.

Ahora bien, lo notable de este mandamiento es lo revolucionario que fue. Hay una sección en la antigua ley romana, llamada «El poder del padre», que detalla cómo un «padre podía hacer lo que quisiera con sus hijos. Podía venderlos, convertirlos en esclavos, incluso quitarles la vida».[62] Así que, para Pablo, amonestar a los padres a «no provocar» a sus hijos, para que no se «desanimen», no solo llama a los padres cristianos a amar a sus hijos, sino que muestra cuánto valoraba el cristianismo a los hijos.

Luego, me centré en los padres:

Padres, permítanme preguntarles: ¿Cómo estamos con este mandamiento? ¿Irritan a sus hijos ridiculizándolos constantemente? ¿Los menosprecian más de lo que los edifican? ¿Son como un grifo que gotea, criticando continuamente? ¿Ofrecen palabras de aliento y elogio? ¿Han impuesto a sus hijos muchas reglas o normas demasiado estrictas? ¿Dicen siempre «no» y nunca «sí»? ¿Dan a sus hijos mensajes contradictorios o una disciplina incoherente? ¿Eres caprichoso, imprevisible? ¿Pasan tiempo con sus hijos o están demasiado ocupados y distantes de ellos? ¿Suelen ser gruñones e irritables con sus hijos?

Kent Hughes habla de «un dibujo animado en el que el jefe es gruñón con su empleado, que a su vez llega a casa y es irritable con sus hijos. Su hijo, a su vez, da una patada al perro. El perro corre calle abajo y muerde a la primera persona que ve: ¡el jefe!».[63] Padres, ¡ustedes son el jefe! Si no quieren que el perro los muerda, no muerdan ni devoren a sus hijos. No provoquéis *ni* irritéis *ni* «exasperéis a vuestros hijos [con exigencias triviales, o irrazonables, o humillantes o abusivas; ni con favoritismos o indiferencia…]», no les quebrantes el ánimo, «para que no se desalienten» *o* pierdan la motivación.

Referencias cruzadas

Aquí ofrezco otra breve y sencilla sugerencia: utiliza las referencias cruzadas con prudencia y moderación. Si los fieles pasan del texto principal a otros cien textos, ¿cómo van a recordar las principales exhortaciones del texto? Dicho esto, a la gente le gusta el movimiento. Haz que se muevan al menos una vez. Haz que hagan algo físico para que se

---

62. R. Kent Hughes, *Colossians and Philemon: The Supremacy of Christ, Preaching the Word* (Wheaton, IL: Crossway, 1989), 123.

63. Hughes, *Colossians and Philemon*, 126.

queden contigo mentalmente. He aquí un ejemplo, otro de Colosenses. Cuando prediqué sobre Colosenses 1:15-20, hice que mi congregación se centrara en las frases «en él fueron creadas todas las cosas», «todo fue creado por medio de él», «él es antes de todas las cosas» y «todas las cosas en él subsisten», recurriendo a la reprimenda de Dios a Job en Job 38–41. Pregunté: «¿Cuántas personas, lugares y cosas de la creación fueron creados por él?». Respondí: «Todas las cosas». Luego ilustré y utilicé el arte retórico de la repetición:

> ¿Y universos diferentes, si es que existen? «Todas las cosas». ¿Y el sol, la luna y las estrellas? «Todas las cosas». ¿Qué hay de las ovejas, los camellos, los bueyes, los burros, los leones, las polillas, los osos, las águilas, los peces, el ganado, las cobras, los halcones, los cuervos, los chacales, los avestruces, las cabras, los caballos, los ciervos, las langostas, los halcones y los monstruos marinos?

Y terminé: «Y esas son solo algunas de las criaturas que se nombran en el libro de Job. La extensión de su creación es aparentemente inagotable. Todas las cosas».

(Un comentario sobre) la elocuencia

Agustín escribió sobre la predicación: «Haz que la verdad sea clara, agradable y conmovedora». Ningún predicador de hoy duda de que debemos hacer que la verdad del texto que estamos predicando sea clara o sencilla. Pero ¿crees también en la segunda y tercera parte del consejo de Agustín? Es decir, ¿crees que el sermón debe ser agradable al oído, a los sentidos y al intelecto? Además, ¿crees que el sermón debe ser conmovedor, que debe afectar a las emociones? Jonathan Edwards escribió que el objetivo de sus sermones era elevar las emociones lo más alto posible, siempre y cuando las emociones fueran elevadas a ese nivel por la verdad. ¿Es ese tu objetivo al predicar? No dudo de que te importe la verdad cuando predicas, pero ¿te importa cómo se comunica esa verdad? ¿Predicas sermones sustanciosos y estilísticamente bellos?

¿Y deberías *hacerlo*? En el excelente ensayo de John Piper «¿Existe la elocuencia cristiana? Palabras claras y la maravilla de la cruz», publicado más tarde como «Para que no se haga vana la cruz: los peligros de la elocuencia cristiana», Piper comienza: «¿Debemos usar nuestros poderes naturales de elegir las palabras con el propósito de hacerlas lo más convincentes posible? ¿Deberíamos tratar de ser elocuentes?».[64] Esa pregunta se plantea por lo que Pablo escribe en 1 Corintios 2:1: «Así que, hermanos, cuando fui a vosotros para anunciaros el testimonio de Dios, no fui con excelencia de palabras o de sabiduría», o como la NVI traduce la frase final, «con gran elocuencia y sabiduría». Anteriormente, en 1:17, Pablo escribe: «Pues no me envió Cristo a bautizar, sino a predicar el evangelio; *no con sabiduría de palabras* [o «palabras elocuentes», NBLA], para que no se haga vana la cruz de Cristo». Obviamente entonces, uno puede hablar de tal manera que anule el poder transformador del mensaje de la cruz. Piper añade a continuación su comentario y una pregunta sobre estos dos textos: «¿Está diciendo Pablo que la búsqueda del impacto en los demás mediante la selección de palabras, la disposición de las palabras y la entrega de palabras se adelanta al poder de Cristo y menosprecia la gloria de la cruz?». Piper responde a esa pregunta diciendo: «No». No usurpamos el papel del Espíritu o el poder de la cruz cuando elegimos, ordenamos y pronunciamos las palabras de manera que tengan el mayor impacto retórico. Piper puede decir eso, y estoy de acuerdo con él, por dos razones:

En primer lugar, «La elocuencia que Pablo rechaza no es tanto una convención de lenguaje en particular, sino la explotación del lenguaje para exaltarse a sí mismo y menospreciar o desconocer al Señor crucificado».[65] A 1 Corintios 2:1 («Así que, hermanos, cuando fui a vosotros para anunciaros el testimonio de Dios, no fui con excelencia de palabras o de sabiduría») le sigue 1 Corintios 2:2, «Pues me propuse no saber entre vosotros cosa alguna sino a Jesucristo, y a este crucificado». Hay elocuencia mala y elocuencia santa. Los sofistas,[66] cuando hablaban, usaban palabras cuidadosamente elaboradas

---

64. John Piper, *Exultación expositiva: La predicación cristiana como adoración* (Grand Rapids, MI: Editorial Portavoz, 2019), 143.

65. Piper, *Exultación expositiva*, 151.

66. Piper, *Exultación expositiva*, 149. Piper cita a Bruce Winter, quien piensa que los sofistas forman el «telón de fondo de lo que Pablo dice sobre su propio discurso y cómo ministró en Corinto» (Winter, *Philo and Paul among the Sophists: Alexandrian and Corinthian Responses to a Julio-Claudian Movement*, 2.ª ed. [Grand Rapids, MI: Eerdmans, 2002], 253-54).

para exaltarse a sí mismos. Eso es elocuencia mala.[67] Pablo, cuando hablaba, utilizaba palabras cuidadosamente elaboradas para exaltar a Cristo. Hay pocas palabras más elocuentes en la Biblia que las que Pablo escribe en 1 Corintios 1:18-25. Justo después de que dice: «Pues no me envió Cristo a bautizar, sino a predicar el evangelio; no con sabiduría de palabras, para que no se haga vana la cruz de Cristo», los poderes retóricos de Pablo están en plena exhibición:

> Porque la palabra de la cruz es locura a los que se pierden; pero [contraste] a los que se salvan, esto es, a nosotros, es poder de Dios [ironía]. Pues está escrito: [cita de un texto autorizado para apoyar su argumento],
>
> Destruiré la sabiduría de los sabios,
>   Y desecharé el entendimiento de los entendidos.
>
> ¿Dónde [el uso de la repetición de palabras y cuatro preguntas retóricas] está el sabio? ¿Dónde está el escriba? ¿Dónde está el disputador de este siglo? ¿No ha enloquecido Dios la sabiduría del mundo? [otra pregunta retórica, que no empieza con «dónde» sino con la palabra «no», para enfatizar]. Pues ya que [Pablo argumenta, intenta persuadir —¿cómo?— mediante la repetición de palabras clave, la ironía, la paradoja, el juego de palabras], en la sabiduría de Dios, el mundo no conoció a Dios mediante la sabiduría, agradó a Dios salvar a los creyentes por la locura de la predicación. Porque los judíos piden señales, y los griegos buscan sabiduría; pero [contraste] nosotros predicamos a Cristo crucificado, para los judíos ciertamente tropezadero [metáfora], y para los gentiles locura, mas para los llamados, así judíos como griegos, Cristo poder de Dios, y sabiduría de Dios. Porque lo insensato de Dios es más sabio que los hombres, y [paralelismo y paradoja] lo débil de Dios es más fuerte que los hombres.

---

67. «Debemos cuidarnos», advirtió Agustín, «del hombre que abunda en tonterías elocuentes» (*De doctrina Christiana*, 4.4.6).

Lo que dijo Alistair Wilson sobre el bello y memorable poema de Pablo en Colosenses 1:15-17 puede decirse también aquí: «Pablo está tan cautivado por la maravilla de la persona y la obra de Jesús, que las expresiones de su pensamiento por escrito se elevan a nuevas alturas».[68] Wilson añade: «Pablo ha reflexionado mucho no solo sobre lo que quiere decir, sino también sobre cómo quiere decirlo. La consideración por parte de Pablo de las verdades profundas de las Escrituras y de los acontecimientos de la vida y muerte de Cristo lo han llevado a expresar estas verdades de una manera "exaltada"».[69]

Para los sofistas, la elocuencia era «un fin en sí misma», es decir, se comunicaban no para que la verdad fuera comprendida y aceptada, sino para que la gente se maravillara de su sofisticación estilística. Cuando hablaban, recibían la gloria, los elogios de la gente. Cuando Pablo hablaba (o escribía), sucedía lo contrario. Presentaba la verdad del evangelio «con argumentos de peso» y «tal intensidad vehemente»,[70] que las cabezas, los corazones y las manos de los oyentes eran estimulados a pensar, conmovidos hasta lo más profundo del alma y movidos a actuar.

Por lo tanto, podemos responder que no a la pregunta: «¿Está diciendo Pablo que la búsqueda del impacto en los demás mediante la selección de palabras, la disposición de las palabras y la entrega de palabras se adelanta al poder de Cristo y menosprecia la gloria de la cruz?». Podemos responder que no porque, en primer lugar, «La elocuencia que Pablo rechaza no es tanto una convención de lenguaje en particular, sino la explotación del lenguaje para exaltarse a sí mismo y menospreciar o desconocer al Señor crucificado».[71]

En segundo lugar, como ya se ha ilustrado anteriormente, podemos descartar esta preocupación, porque la propia Biblia —especialmente las epístolas— está llena de elocuencia literaria.[72] John Donne dijo: «El Espíritu Santo se deleita Él mismo escribiendo las Escrituras, no solo

---

68. Alistair Wilson, «Colossians», ESV Expository Commentary (Wheaton, IL: Crossway, 2018), 220.

69. Wilson, *Colossians*, 223.

70. Como se dijo de Jonathan Edwards (ver Piper, *Exultación expositiva*, 146).

71. Piper, *Exultación expositiva*, 151.

72. Como explica Ryken, «Los elementos de la forma artística incluyen... patrón o diseño, unidad, tema o foco central, equilibrio, contraste, progresión unificada, recurrencia o ritmo y variación» (*Words of Delight*, 187; cf. 91).

con propiedad [una modesta cortesía en el lenguaje], sino con finura, armonía y melodía del lenguaje; con eminencia de metáfora y otras figuras [del lenguaje], las cuales pueden producir un mayor efecto en los lectores».[73] La Biblia no solo «abunda en toda clase de recursos literarios para acentuar el efecto del lenguaje»,[74] sino que pretende ser elocuente y nos invita a emular su elocuencia. En Eclesiastés 12:9-10, el Predicador no solo es llamado un maestro «sabio» que «impartió conocimientos a la gente», sino que también se dice de él: «Ponderó, investigó y *ordenó* muchísimos proverbios. Procuró también hallar las palabras más adecuadas y escribirlas con honradez y veracidad» (NVI). O como dice la RVR-60: «Procuró el Predicador hallar *palabras agradables*, y escribir rectamente palabras de verdad». Las palabras de verdad son palabras agradables. Además, Proverbios 25:11 dice: «Manzana de oro con figuras de plata es la palabra dicha como conviene»; qué hermosa imagen, comunicada con belleza.

Por lo tanto, siguiendo lo dicho anteriormente, ¿cuál es el beneficio de encontrar justo las palabras adecuadas (encontrar esas manzanas de oro) y disponer esas palabras de tal manera (con figuras de plata) que invite a tu congregación a entender, aplicar y disfrutar mejor de la Palabra de Dios? De nuevo, vuelvo al artículo de Piper. A la pregunta: «¿Por qué prestar atención a maximizar el impacto de nuestro lenguaje?», Piper da cinco razones para utilizar un «discurso fresco, sorprendente, provocativo y estéticamente agradable».[75] Lo hacemos para:

1. mantener el interés
2. despertar simpatía
3. estimular la sensibilidad
4. comunicar un mensaje memorable
5. incrementar el poder

La elocuencia santa —elaborar un lenguaje artístico intencionado para explicar e ilustrar la verdad bíblica— suele mantener a «la gente despierta y concentrada», porque crea interés (enciende el cerebro) y aviva

---

73. Citado en Piper, *Exultación expositiva*, 144.
74. Piper, *Exultación expositiva*, 153.
75. Piper, *Exultación expositiva*, 154.

las emociones (calienta el corazón). Por supuesto, hablar de cómo un novio es como el sol naciente no convierte a nadie, pero sí ayuda a que la gente te escuche mejor cuando pasas de esa imagen memorable y vívida al evangelio. Como dice el propio Piper, la elocuencia cristiana «No es el factor *decisivo* en la salvación ni en la santificación. Dios lo es. Pero la fe viene por el oír, y el oír la palabra. La palabra en la Biblia es totalmente elocuente: las palabras están dispuestas de tal manera que producen un efecto poderoso. Y Dios nos invita a crear nuestras propias frases elocuentes por amor de *su* nombre, no por nosotros. Y en el misterio de su gracia soberana, Él se glorificará en los corazones de otros a veces a pesar de, y a veces gracias a, las palabras que hemos escogido. De ese modo, Él nos guardará humildes y recibirá toda la gloria».[76]

CONCLUSIÓN

En 2012, desarrollé un programa de formación de predicadores llamado 20/12. Un domingo por la noche cada mes, durante 12 meses, un joven predicador predica durante 20 minutos. Uno de los jóvenes, John Higgins,[77] predicó un sermón sobre el final de 2 Timoteo. He intentado diligentemente no tomar prestado demasiado del buen sermón de mi entonces pasante. Sin embargo, concluiré tomando prestado un pensamiento y una cita de donde él comenzó:

Si Dios te encargara comunicar al mundo la existencia, los atributos y las acciones de Dios, ¿cómo lo harías? Algunos utilizaríamos un lenguaje complejo, algo parecido a un abstruso discurso filosófico o a diagramas casi matemáticos; otros produciríamos algo más artístico, tal vez una película cautivadora o un enorme mosaico pintado. Dios pensó que la forma más adecuada de comunicarse al mundo era a través de su Hijo —de carne, huesos y sangre como nosotros— y a través de un libro, un libro que contiene epístolas (¡cosas extraordinariamente ordinarias!): cartas en tiempo y lugar, y con personas y circunstancias reales, como una carta de un antiguo fariseo judío sentado en una prisión romana a un joven, tímido, mitad judío/mitad gentil/completamente cristiano que residía y la leía en una antigua ciudad griega relativamente pequeña.

---

76. Piper, *Exultación expositiva*, 158-159.
77. En el canal YouTube de John (www.youtube.com/c/TheBibleisArt) ofrece recursos útiles para entender la Biblia como literatura. Recurso en inglés.

C. S. Lewis habla de dos descripciones diferentes y complementarias de por qué hierve la tetera: Primero, se podría describir en términos de termodinámica y condensación; o segundo, se podría decir simplemente: «La tetera está hirviendo porque la Sra. Lewis quiere un poco de té». Ambas explicaciones son ciertas; sin embargo, la segunda es mejor para la mayoría de las situaciones. Dios nos habla con un *lenguaje como el de la tetera*. Sí, ese ser celestial invisible ha elegido revelarnos su ser glorioso a nosotros, seres terrenales todo menos gloriosos, de formas aparentemente terrenales y menos que gloriosas: un bebé en el canal de parto, el lavatorio de los pies, el pan y el vino, tres clavos en una cruz de madera, una carta de un amigo a otro, mantos calientes y viejos pergaminos.

Como predicadores de toda la Palabra de Dios, tenemos que apreciarla toda y comprender que todos y cada uno de los aspectos de todas y cada una de las epístolas del Nuevo Testamento divinamente inspirado son una bendición de Dios para su pueblo, una bendición que hay que manejar con cuidado, y amor y admiración por el Dador de todos los buenos dones.

4
LA BELLEZA DE LO SENCILLO
Cómo predicar poesía

HACE AÑOS, una gran iglesia de los suburbios de Chicago me pidió que diera una charla a su equipo pastoral, residentes ministeriales e internos, sobre la predicación de la poesía bíblica. Comencé pidiendo a todos que tomaran sus Biblias y cerraran los ojos. Una vez que todos tuvieron los ojos cerrados, les dije: «Ahora, abran su Biblia y coloquen el dedo en cualquier lugar de la página». Entonces les ordené que abrieran los ojos y miraran la página. Pregunté: «¿Alguno de ustedes está señalando un poema?». Quince de veintiuno (el 71% de ellos) asintieron.

El objetivo de este extraño ejercicio era, por supuesto, señalar lo obvio: la Biblia está llena de poemas. No es un 71% de poemas, pero es un buen tercio.[1] Salmos, Cantar de los Cantares, Proverbios y Lamentaciones son completamente poéticos. Job, Eclesiastés y los profetas son principalmente poéticos. Además, a lo largo de las narrativas del Antiguo Testamento, hay poemas líricos, como el «Canto de la espada» de Lamec (Gn. 4:17-26) y el canto del cisne de David (sus últimas palabras, en 2 S. 22); poemas didácticos, como los salmos que enseñan un atributo de Dios (p. ej.: su amor inquebrantable) y poemas basados en acontecimientos salvíficos (p. ej.: los cantos de Moisés y Débora).[2] Y en

---

1. «Junto a la narrativa, la poesía es el género más extenso de la Biblia. No podríamos evitarlo aunque lo intentáramos» (Leland Ryken, *Sweeter Than Honey, Richer Than Gold: A Guided Study of Biblical Poetry*, Reading the Bible as Literature [Bellingham, WA: Lexham, 2015], 11).

2. A través de la Biblia, incluidos los momentos cruciales de la historia de la salvación, se ofrecen poemas para expresar alabanzas por las promesas y las provisiones. Por ejemplo, los cantos que se encuentran en Éx. 15:1b-18; Dt. 32:1-43; Jue. 5:1b-31; 1 S. 2:1-10; 2 S. 22:2-51; Hab. 3:2-19; Lc. 1:46-55, 68-79 y Ap. 15:3-4. Para otros textos poéticos notables, ver Gn.

el Nuevo Testamento, está el himno a Cristo del prólogo de Juan, los cuatro poemas de Lucas sobre el nacimiento, las porciones poéticas de Jesús en el Sermón del Monte (las Bienaventuranzas, el Padrenuestro y el discurso sobre la ansiedad)[3] y las alabanzas poéticas de Apocalipsis, por nombrar algunos de los muchos poemas o porciones poéticas.[4] Este hecho —que la Palabra de Dios está llena de poesía— revela dos verdades. En primer lugar, Dios ha decidido revelar algo de su persona y de su plan por medio de la poesía. En segundo lugar, si queremos comunicar mejor la sabiduría y las obras reveladas de Dios, necesitamos apreciar la poesía bíblica y comprender cómo funciona.

He citado el siguiente fragmento en la introducción de este libro, pero merece la pena citarlo de nuevo, especialmente en el contexto de la introducción de este género. En una carta a un amigo, Martín Lutero escribió: «Estoy persuadido de que sin el conocimiento de la literatura, la teología pura no puede perdurar en absoluto… mi deseo es que haya *tantos poetas y retóricos como sea posible*, porque veo que, por estos estudios, como por ningún otro medio, la gente está maravillosamente capacitada para captar la verdad sagrada y para manejarla de manera hábil y gustosa… Por eso les ruego que, a petición mía (si es que tiene algún peso), *exhorten a sus jóvenes a que sean diligentes en el estudio de la poesía y la retórica*».[5] No podría estar más de acuerdo con la observación y la amonestación de Lutero. En especial hoy, cuando nuestra cultura está tan orientada a la

---

4:23-24; 49:2-27; Nm. 21:14-15, 27-30; 23:7-10, 18-24; 24:3-9, 15-24; Jos. 10:12-14; Fil. 2:5-11; Col. 1:15-20; 1 Ti. 3:16; y posiblemente Jn. 1:1-5, 9-11; 1 Co. 12:3; Ef. 5:14; 2 Ti. 2:5-6; He. 1:3; 1 P. 3:18c-19. Los dichos y discursos de Jesús, junto con muchos versículos de las epístolas del Nuevo Testamento, están impregnados de lenguaje poético (p. ej.: «Vosotros sois la sal de la tierra», Mt. 5:13; «la lengua es un fuego», Stg. 3:6). También la mayoría de los discursos proféticos del Antiguo Testamento están plasmados en forma poética.

3. Como señala Ryken, «algunas de las oraciones de Jesús están tan modeladas y repletas de frases y cláusulas paralelas que podrían imprimirse como poemas» (Leland Ryken, *Jesus the Hero: A Guided Literary Study of the Gospels*, Reading the Bible as Literature [Wooster, OH: Weaver, 2016], 118). Pone como ejemplo Mateo 7:7-8:

> Pedid, y se os dará;
>> buscad, y hallaréis;
>>> llamad, y se os abrirá.

4. «Además, encontramos pasajes poéticos intercalados, o pasajes que emplean figuras retóricas, en prácticamente todas las partes de la Biblia» (Leland Ryken, *A Complete Handbook of Literary Forms in the Bible* [Wheaton, IL: Crossway, 2014], 152).

5. Martín Lutero, «Letter to Eoban Hess, 29 March 1523», en *Luthers Briefwechsel*, en *D. Martin Luthers Werke*, 120 vols. (Weimar, Alemania: Böhlhaus, 1883-2009), 3:50, énfasis mío.

imagen (¡o dominada por la imagen!), los predicadores necesitan enseñar a sus congregaciones cómo entender y aplicar las imágenes e ideas de los poemas inspirados por Dios. Así como los seminaristas aprenden los fundamentos de las lenguas bíblicas, todo predicador debería ser competente en los fundamentos de la poesía bíblica. Con este fin, en este capítulo trataremos, en primer lugar, de entender cómo leer la poesía bíblica y, en segundo lugar, cómo predicarla.

CÓMO LEER LA POESÍA BÍBLICA

Paso uno: Estructura

Para entender cómo se lee un poema bíblico, primero debemos descubrir la estructura básica de todo el poema y las estructuras dentro del poema. Los autores bíblicos estarían de acuerdo con la afirmación de Richard Moulton de que «el arte, en última instancia, es organización».[6] Los poemas de la Biblia están bien organizados, y los paralelismos son la forma básica de organización del arte poético judío.

Paralelismos

Todos los poemas de todas las lenguas utilizan diversas formas de repetición. La poesía inglesa, por ejemplo, utiliza con frecuencia la repetición de sonidos (p. ej.: las sílabas finales riman), la métrica (patrones rítmicos recurrentes), junto con repeticiones de temas (p. ej.: estribillos). Los poemas antiguos de la Biblia emplean la repetición de palabras y pensamientos paralelos de forma estructurada. Este rasgo distintivo de la poesía hebrea se denomina paralelismo. En el paralelismo, se produce un equilibrio rítmico de los versos, en el sentido de que «todo o parte del segundo verso coincide o es paralelo a algo del primero».[7] También suele haber una estructura gramatical similar y la misma sintaxis en estos «pareados de pensamiento», como Ryken los llama correctamente.[8]

A menudo, las ideas se ordenan para reflejar ideas similares (lo que tradicionalmente se denomina paralelo *sinónimo*) u opuestas (*antitético*). En un paralelo sinónimo, el segundo verso es similar al primero. La

---

6. Richard G. Moulton, *Literary Study of the Bible* (Boston: Heath, 1898), 150.

7. Ryken, *Sweeter Than Honey, Richer Than Gold*, 70.

8. Ryken, *Sweeter Than Honey, Richer Than Gold*, 69.

idea se repite.[9] A continuación se muestran dos ejemplos. Las palabras subrayadas, en cursiva y en negrita resaltan las similitudes evidentes.

> Pero *corra* el <u>juicio</u> como las **aguas**,
>> y la <u>justicia</u> como *impetuoso* **arroyo**
>>> (Am. 5:24).

> <u>Pedid</u>, y se **os** *dará*;
> <u>buscad</u>, y *hallaréis*;
> <u>llamad</u>, y se **os** *abrirá* (Mt. 7:7).

Así, si predicaras sobre las instrucciones de Jesús acerca de la oración, no convertirías el único punto de Mateo 7:7 en tres puntos (p. ej.: la oración implica primero pedir, luego buscar y finalmente llamar).

Un paralelismo antitético contrasta dos ideas. Observa, en las palabras subrayadas, en cursiva y en negrita, cómo la segunda línea es opuesta a la primera:

> El hijo <u>sabio</u> *alegra* al **padre**,
>> Pero el hijo <u>necio</u> es *tristeza* de su **madre** (Pr. 10:1b).

> <u>El que</u> anda *en chismes* **descubre el secreto**;
>> Mas <u>el de</u> espíritu *fiel* lo **guarda todo** (Pr. 11:13).

Los paralelos sintéticos hacen avanzar una idea o desarrollan un pensamiento; es decir, cada línea sucesiva se construye sintética o climáticamente sobre la anterior.[10] Observemos la progresión del pensamiento en Proverbios 3:7:

---

9. El paralelismo, como lo define C. S. Lewis, es «la práctica de decir lo mismo dos veces con palabras diferentes». Con la frase «lo mismo», Lewis no quiere decir que la segunda línea sea igual que la primera; sino que la segunda «no añade ninguna idea» y en su lugar «simplemente repite, de forma distinta, la primera» (*Reflexiones sobre los Salmos* [Barcelona: Editorial Planeta, 2010], 14, 16).

10. «El *paralelismo sintético* debe considerarse como *paralelismo creciente* o *paralelismo expansivo*. La segunda línea completa algo que se introdujo en la primera. He aquí un ejemplo:
> Todos ellos esperan en ti,
>> Para que les des su comida a su tiempo (Sal. 104:27).

No seas sabio en tu propia opinión;
  Teme a Jehová, y apártate del mal.

Primero, se nos exhorta a no ser «sabio en tu propia opinión». Luego, la primera parte de la segunda línea explica ese pensamiento dando la alternativa: «temer a Jehová». Finalmente, la segunda parte de la segunda línea añade a ese pensamiento, explicando un componente crucial de temer a Dios: «apartarse del mal».

Otro tipo de paralelismo es la estructura «escalonada», en la que la última palabra o concepto introduce la línea siguiente:

En él estaba la *vida*,
  y la *vida* era la <u>luz</u> de los hombres.
La <u>luz</u> en las **tinieblas** resplandece,
  y las **tinieblas** no prevalecieron contra ella (Jn. 1:4-5).

Cualquiera que reciba a este niño en mi nombre, *a mí me recibe*;
  y cualquiera que *me recibe a mí*, recibe al que me envió
    (Lc. 9:48).

Otro tipo de paralelismo son los climáticos (en los que la segunda mitad de un verso completa el inicio de la frase y, a continuación, refuerza la idea),[11] los emblemáticos (una metáfora inicial se completa y explica en

---

«La segunda línea completa la primera, pero estrictamente hablando no hay nada en la segunda línea que sea paralelo a nada en la primera línea. La segunda línea simplemente completa el pensamiento que comenzó en la primera línea» (Ryken, *Sweeter Than Honey, Richer Than Gold*, 72). A veces utilizo el ejemplo del Salmo 40:3: «Puso luego en mi boca cántico nuevo [¿qué tipo de cántico nuevo?], alabanza a nuestro Dios».

11. «La clave del paralelismo climático es que el segundo verso repite literalmente parte del primero y luego lo amplía. Casi siempre el primer verso deja el pensamiento incompleto, suspendido en el aire, hasta que el segundo lo completa [p. ej.: Sal. 96:7]. Pero a veces el pensamiento ya está completo al final de la primera línea, y la repetición de una frase o cláusula en la segunda línea es simplemente un agradable efecto artístico y también una forma de resaltar algo:

  En ti esperaron nuestros padres;
    Esperaron, y tú los libraste (Sal. 22:4).

La repetición del verbo «esperaron» centra nuestra atención en él y realza el significado más allá de lo que se habría conseguido si el poeta se hubiera limitado a decir "y tú los libraste"» (Ryken, *Sweeter Than Honey, Richer Than Gold*, 72-73).

el segundo verso) y los alternos (versos con un patrón A-B-A-B: el tercer verso se hace eco del primero y el cuarto del segundo):

Climático	Tributad a Jehová, oh familias de los pueblos, Dad a Jehová la gloria y el poder (Sal. 96:7).
Emblemático	Como el ciervo brama por las corrientes de las aguas, Así clama por ti, oh Dios, el alma mía (42:1).

Alterno	A. Porque como la altura de los cielos sobre la tierra,
	   B. Engrandeció su misericordia sobre los que le temen.
	 A'. Cuanto está lejos el oriente del occidente,
	   B'. Hizo alejar de nosotros nuestras rebeliones
	   (103:11-12).

El paralelismo es un componente esencial del arte y la belleza de la poesía bíblica. «El paralelismo —escribe C. S. Lewis— es un ejemplo bastante puro de aquello que implica... cualquier arte».[12] Encarna la esencia del arte.[13]

Quiasmos

Más allá de los paralelismos que se encuentran en líneas individuales sucesivas, existen las estructuras poéticas paralelas por excelencia: los quiasmos. El término *quiasmo* deriva su nombre de la letra griega *chi*, porque la forma básica se asemeja a la mitad izquierda de esa letra (X). El primer ejemplo, un tanto jocoso (tabla 4.1), es mío. Cuando se lee de izquierda a derecha, de arriba abajo, el primer tema (A) se repite (A') como el último, y el tema del medio (B y B') aparece dos veces seguidas.

---

12. Lewis, *Reflexiones sobre los Salmos*, 14.

13. «Si el mensaje fuera lo único que importa en la Biblia, nos quedaríamos pensando si los poetas bíblicos no tenían nada mejor que hacer con su tiempo que poner sus expresiones en forma de paralelismo poético e inventar metáforas aptas. El ejemplo bíblico nos lleva a concluir que en la economía de Dios no tenían nada mejor que hacer que ser artísticos para gloria de Dios» (Leland Ryken, *Triumph of the Imagination* [Downers Grove, IL: InterVarsity Press, 1979], 41).

Tabla 4.1: Un quiasmo simple

A. Los poemas de la Biblia
  B. no son todos quiasmos.
  B'. No hay quiasmos
A'. en todos los poemas de las Escrituras.

En los quiasmos más complejos, el tema central aparece solo una vez (no dos) en el centro (p. ej.: el ejemplo de la tabla 4.2, de Pr. 31:10-31). Así, los quiasmos encontrados en la poesía bíblica pueden tener un patrón simple A-B-B-A o algo más complejo, como el A-B-C-D-E-F-G-F-E-D-C-B-A de este segundo quiasmo. El punto central del poema es su punto temático. En el caso de Proverbios 31:10-31, el versículo 23 centra la atención de un joven en la importancia de encontrar una esposa excelente.

Tabla 4.2: Un quiasmo complejo: Proverbios 31:10-31

A. El alto valor de una esposa excelente (v. 10)
  B. Los beneficios de su marido (vv. 11-12)
    C. Su diligente trabajo (vv. 13-19)
      D. Su bondad (v. 20)
        E. Sin miedo [al presente] (v. 21a)
          F. Viste a su familia y a sí misma (vv. 21b-22)
            G. El renombrado respeto de su marido (v. 23)
          F'. Se viste a sí misma y a los demás (vv. 24-25a)
        E'. Sin miedo [al futuro] (v. 25b)
      D'. Su bondad en la enseñanza (v. 26)
    C'. Su diligente trabajo (v. 27)
  B'. Los elogios de su marido (y de sus hijos) (vv. 28-29)
A'. El alto valor de una esposa excelente (vv. 30-31)

Obviamente, los autores bíblicos eran artistas,[14] hombres y mujeres a quienes les encantaba utilizar la forma y la simetría para expresar sus

---

14. «La poesía combina verdad y belleza en mayor concentración que otros géneros». Es «abundantemente artística» (Ryken, *Sweeter Than Honey, Richer Than Gold*, 16, 17).

ideas de manera elocuente e impactante. Una congregación puede sentirse inspirada al conocer formas y hechos tan bellos.

Otras formas de poesía

Otras formas estructurales de la poesía son los acrósticos (poemas organizados mediante el uso de las letras sucesivas del alfabeto hebreo), los inclusios (poemas que comienzan y terminan con la misma frase), los lamentos en cinco partes (invocación, queja, súplica, declaración de confianza en Dios y voto de alabanza a Dios)[15] y las alabanzas en tres partes.

Muchos poemas bíblicos se estructuran en tres partes: introducción al tema o experiencia central (que puede ser una emoción, como el gozo de la liberación); desarrollo de este tema anunciado; y resolución o cierre del poema, con una nota de clausura. El Salmo 1 ilustra bien estas consideraciones estructurales. El punto es la persona piadosa, y el tema es la bienaventuranza de la persona piadosa, como se anuncia en el verso inicial. Un esquema factible es dividir el material en tres variaciones principales: un retrato introductorio de la persona piadosa tal como se ve en los actos de evitación y en las acciones positivas (Sal. 1:1-2); una descripción más detallada de la vida productiva de la persona piadosa, resaltada por la introducción del malvado como figura de contraste (vv. 3-4); un elogio final de la persona piadosa afirmando su recompensa eterna, de nuevo en contraste con el final del malvado (vv. 5-6). El versículo 6 también puede verse como la conclusión resumida de un modelo general de tres partes.

Además de la estructura secuencial, la mayoría de los poemas se organizan en torno a uno o varios contrastes. En el Salmo 1, encontramos un contraste central entre los piadosos y los malvados, o entre los dos caminos, pero también contrastes más localizados entre una cosecha productiva y la paja sin valor del grano cosechado, y entre la condena final y la recompensa eterna. Identificar estos contrastes es crucial para comprender y aplicar correctamente el texto.

---

15. Para más detalles sobre los cinco elementos de los lamentos, ver Leland Ryken, *Words of Delight: A Literary Introduction to the Bible*, 2.ª ed. (Grand Rapids, MI: Baker Academic, 1992), 240-41.

Sencilla pero hermosa

Aunque algunas de las formas estructurales anteriores puedan parecer complejas, debemos tener en cuenta que no lo son tanto como muchas de las formas básicas de la poesía occidental, que a la mayoría de nosotros nos enseñaron en clase de nuestro idioma en el instituto (p. ej.: un soneto o una oda). De hecho, son bastante sencillas. Son sencillas pero hermosas. Dios se deleita, al parecer, en «la belleza de lo sencillo»,[16] pues la mayoría de los poemas de nuestras Biblias tienen estructuras sencillas, utilizan imágenes sencillas[17] y a menudo transmiten verdades teológicas sencillas (pero importantes), todo ello con bastante belleza.

Paso dos: Recursos poéticos

El primer paso en la lectura de un poema bíblico es descubrir la estructura esquelética de todo el poema (p. ej.: tres partes, un quiasmo) y las estructuras dentro del poema (p. ej.: líneas paralelas, contrastes). El segundo paso consiste en comprender los recursos poéticos.

Si las formas poéticas antes mencionadas pueden compararse con el marco de un cuadro, los recursos poéticos son el cuadro en sí. La aliteración, el apóstrofe, la asonancia, la hipérbole, la metáfora, la personificación y el símil añaden color y textura al poema. Y al igual que la combinación marco/pintura, por muy artístico que sea el marco, lo importante es la pintura y no el marco. Nuestra labor al predicar la poesía consiste en reconocer estos recursos, comprender lo que significan y explicar el cuadro que el poeta ha pintado con ellos.

Aunque sería beneficioso que comprendiéramos (¡y recordáramos cómo se escribe y se pronuncia!) todos los recursos poéticos posibles —*epífora* (repetición de sonidos o palabras finales), *paronomasia* (juego de

---

16. Ryken, *Words of Delight*, 201.

17. «En general, los poetas bíblicos se inclinaban por recurrir a un corpus de imágenes más o menos conocidas, sin buscar conscientemente la originalidad de la invención en su imaginería» (Robert Alter, «Ancient Hebrew Poetry», en *The Literary Guide to the Bible*, ed. Robert Alter and Frank Kermode [Cambridge, MA: Harvard University, 1987], 517). «El creyente más iletrado puede entender que Dios es roca, refugio, pastor o rey. El lector más sencillo puede imaginar una almohada empapada en lágrimas. Cualquiera puede identificarse con ahogarse en el dolor, o imaginar lo que se sentiría al estar rodeado de leones o atrapado en una cueva. Todos conocemos el arte de comer bien» (Kenneth J. Langley, *How to Preach the Psalms*, Preaching Biblical Literature [Dallas: Fontes, 2021], 32).

palabras, incluidas las bromas), *figura etimológica* (variación de las raíces de las palabras, a menudo incluyen nombres), *metonimia* («nombrar algo por medio de otra cosa con la que está estrechamente asociado»),[18] *sinécdoque* («usar parte de algo para referirse a la totalidad del fenómeno»)[19] o *merismo* («nombrar dos opuestos con la intención de que interpretemos que estos opuestos polares abarcan juntos todo lo que hay entre ellos, así como en los polos»)[20]—, basta con que los predicadores conozcamos los más comunes. A continuación, figuran las que considero (por orden de importancia) más necesarias de entender. En realidad, es necesario saber qué significan si se quiere manejar la Biblia con competencia. Estos recursos poéticos se utilizan «para producir efectos dramáticos y deleitar, para sorprender y mantener el interés, para suscitar emociones y ayudar a la memoria, y para decir mucho con poco».[21]

Metáfora y símil

«El éxito en el tratamiento de la poesía bíblica depende sobre todo» de la comprensión de las imágenes,[22] ya que estas son «lo más frecuente que encontramos cuando leemos poesía».[23] Necesitamos comprender las imágenes antes de intentar explicar, ilustrar y aplicar el poema.[24] Las imágenes que se encuentran en las metáforas y los símiles son omnipresentes en la poesía. «Una metáfora —explica Ryken— es una afirmación *implícita* de correspondencia. Un símil es una afirmación *explícita* de correspondencia que utiliza la fórmula "como" o "igual que". La afirmación "todos vosotros sois hijos de luz" (1 Ts. 5:5) es una metáfora

---

18. Ryken, *Sweeter Than Honey, Richer Than Gold*, 58. Por ejemplo, cuando el profeta Natán le dice al rey David: «no se apartará jamás de tu casa la espada» (2 S. 12:10), la imagen de una «espada» simboliza la violencia y «casa» simboliza la descendencia de David.

19. Ryken, *Sweeter Than Honey, Richer Than Gold*, 58. Por ejemplo, en la petición del Padrenuestro «El pan nuestro de cada día, dánoslo hoy» (Mt. 6:11), la palabra «pan» representa cualquier alimento y agua necesarios para mantener la vida.

20. Ryken, *Sweeter Than Honey, Richer Than Gold*, 59. Por ejemplo, cuando David escribe «Tú has conocido mi sentarme y mi levantarme» (Sal. 139:2), quiere decir que Dios lo sabe todo sobre todo lo que hace.

21. Langley, *How to Preach the Psalms*, 58.

22. Ryken, *Sweeter Than Honey, Richer Than Gold*, 21.

23. Ryken, *Sweeter Than Honey, Richer Than Gold*, 32.

24. Ver Leland Ryken, «Metaphor in the Psalms», *Christianity and Literature* 21.3 (1982): 13-19.

porque implica una comparación entre cómo viven los creyentes y la luz. La afirmación de que "la senda de los justos es como la luz de la aurora" (Pr. 4:18) es un símil, porque utiliza la fórmula "como"».[25] Lo que comparten las metáforas y los símiles es el principio de comparación: el nivel A (la referencia literal: «sois la sal de la tierra», Mt. 5:13) corresponde al nivel B (los sujetos reales y sus acciones: los discípulos de Cristo y sus buenas obras).[26] También comparten el principio de indirección, en el sentido de que la comparación no es literalmente cierta («Torre fuerte es el nombre de Jehová», Pr. 18:10; «los enemigos de Jehová… se disiparán como el humo», Sal. 37:20). Nuestro trabajo consiste en plantear y responder a las preguntas: «¿En qué se parece A (el nombre de Dios) a B (una torre fuerte)?» y «¿En qué se parece A (los enemigos de Dios) a B (humo)?».

Las metáforas y los símiles son imágenes que concretan las ideas, las hacen precisas, memorables, vivas y atractivas. Cuando leemos la metáfora «su lengua espada aguda» (Sal. 57:4), nos obliga a detenernos y pensar, a involucrarnos en la idea.[27] Los símiles funcionan de forma similar: «Será como árbol plantado junto a corrientes de agua» (Sal. 1:3). Los símiles utilizan *como* para comparar esto con aquello. Las metáforas afirman con licencia poética que esto *es* aquello, transfiriendo el significado de una cosa a otra: «Lámpara es a mis pies tu palabra». (Sal. 119:105). La finalidad de tales imágenes es que el lector perciba mejor la verdad presentada. Está bien decir: «Mi alma se siente en paz y segura», pero cuánto mejor es decir: «me he comportado y he acallado mi alma como un niño destetado de su madre» (Sal. 131:2). Es bastante romántico decirle a tu mujer: «Me gusta besarte», pero imagina cómo respondería a la descripción poética: «Como panal de miel destilan tus labios, oh esposa; miel y leche hay debajo de tu lengua» (Cnt. 4:11).

---

25. Ryken, *Sweeter Than Honey*, 35. «El principio esencial tanto de la metáfora como del símil es la analogía o correspondencia, ya que una cosa se compara con otra para iluminarla» (Ryken, *Jesus the Hero*, 114).

26. «La palabra "metáfora" se basa en dos palabras griegas (*meta* y *pherein*) que significan "transferir". Esa es la operación esencial: tras haber experimentado plenamente la imagen en el nivel A, necesitamos trasladar esos significados al nivel B, que es el objeto real del enunciado» (Ryken, *Jesus the Hero*, 114).

27. «Un lenguaje impactante puede estimular la mente para obtener nuevas ideas» (Langley, *How to Preach the Psalms*, 76).

¡No subestimemos la importancia de las imágenes! Ryken argumenta convincentemente que comprender e interpretar las imágenes —sobre todo la metáfora y el símil— es la tarea más importante para explicar la poesía bíblica.[28] Concluye que la función primordial del paralelismo es la belleza artística y el disfrute,[29] mientras que la imaginería es donde las ideas cobran vida. Si se entiende la imaginería, se entenderán las ideas.

Personificación

La personificación consiste en atribuir cualidades humanas a algo no humano. Por ejemplo, en el Cántico de Débora, el poeta escribe: «Se mantuvo Aser [la tribu, no la persona] a la ribera del mar» (Jue. 5:17). En los cinco ejemplos siguientes, fíjate en cómo (por orden) ciudades, partes del cuerpo, abstracciones, emociones y fuerzas de la naturaleza reciben atributos, emociones y rasgos físicos humanos:

- «Dios está en medio de ella [Jerusalén]; no será conmovida» (Sal. 46:5)
- «su lengua pasea la tierra» (Sal. 73:9)
- «La justicia y la paz se besaron» (Sal. 85:10)
- «Por la noche durará el lloro» (Sal. 30:5)
- «Se visten de manadas los llanos» (Sal. 65:13)

Apóstrofe

El apóstrofe es el recurso que genera emociones fuertes y una sensación de excitación al dirigirse directamente a alguien o algo que no está presente, hablándole como si estuviera allí. El Salmo 148 contiene una serie de apóstrofes. «Alabadle, sol y luna» (v. 3) es una de ellas. Lo que C. S. Lewis dijo de los símbolos bíblicos es apropiado para los apóstrofes: «La gente que toma estos símbolos literalmente bien puede creer que cuando Cristo nos dijo que fuéramos como palomas quería decir que deberíamos poner huevos».[30]

---

28. Ver las observaciones finales de Ryken en *Words of Delight*, 180. Ver también Leland Ryken, James C. Wilhoit y Tremper Longman III, eds., *Gran diccionario enciclopédico de imágenes y símbolos de la Biblia* (Barcelona: Clie, 2016).

29. Ryken, *Words of Delight*, 183.

30. C. S. Lewis, *Mero cristianismo* (Nueva York: Rayo/HarperCollins, 2006), 149.

Hipérbole

La hipérbole es una «exageración consciente en aras del efecto», normalmente emocional. Es «la figura retórica menos literal»,[31] como demuestran los dos ejemplos siguientes: la frase del pastor en el Cantar de los Cantares: «Toda tú eres hermosa, amiga mía, y en ti no hay mancha» (Cnt. 4:7); y la enseñanza de Jesús después que el rico se marchó: «es más fácil pasar un camello por el ojo de una aguja, que entrar un rico en el reino de Dios» (Mt. 19:24). ¿Por qué el sabio y nuestro Señor Jesús, la encarnación misma de la sabiduría, utilizaron la hipérbole? Ryken ofrece tres razones: primero, para expresar un fuerte sentimiento sobre un tema; segundo, como una forma eficaz de expresar una fuerte convicción; tercero, para llamar la atención.[32]

Paradoja

La paradoja puede definirse como «una contradicción aparente que, al analizarla, se ve que expresa una verdad».[33] Conocemos las numerosas paradojas de las enseñanzas de Jesús, como «el que quiera salvar su vida, la perderá; y todo el que pierda su vida por causa de mí, la hallará» (Mt. 16:25), y de los escritos de Pablo («porque cuando soy débil, entonces soy fuerte», 2 Co. 12:10). También encontramos muchas paradojas en la poesía, como «los mansos heredarán la tierra» (Sal. 37:11). La paradoja es subversiva. «Socava las formas convencionales de pensar y desafía la "sabiduría" del mundo».[34] Sacude a lectores y oyentes por igual y los saca de su autocomplacencia. Los incita a reflexionar sobre los enigmas de la vida y del más allá.

Alusiones

Hay miles de alusiones en los poemas bíblicos. «Una alusión es una referencia a la literatura o la historia del pasado».[35] En el Cántico de Moisés, los versos «Se juntaron las corrientes como en un montón / Los abismos se cuajaron en medio del mar» (Éx. 15:8) son una alusión al

---

31. Ryken, *Sweeter Than Honey, Richer Than Gold*, 50.
32. Ryken, *Sweeter Than Honey, Richer Than Gold*, 51.
33. Ryken, *Sweeter Than Honey, Richer Than Gold*, 56.
34. Ryken, *Complete Handbook of Literary Forms in the Bible*, 141.
35. Ryken, *Sweeter Than Honey, Richer Than Gold*, 62.

paso de Israel por el Mar Rojo. Evidentemente, cuanto más sepamos sobre el acontecimiento aludido, mejor entenderemos el significado del poeta.[36] «Con solo nombrar el pasaje literario o el acontecimiento histórico anterior, el poeta desencadena todo un conjunto de significados asociados a eso anterior. Cuando leemos en el Salmo 136:10 que Dios "hirió a Egipto en sus primogénitos", el poeta recurre a toda la historia de la décima plaga. Sin la alusión, el poema de alabanza a Dios sería más escaso en significados».[37]

Otros recursos poéticos

Otros recursos poéticos que merece la pena conocer solo serían obvios si se entendieran las lenguas bíblicas. Sin embargo, hoy en día existen muchos recursos para ayudar a quienes no están familiarizados con el griego, el hebreo y el arameo. Por ejemplo, los buenos comentarios de la Biblia señalan estas características. He aquí algunos recursos poéticos comunes que tienen que ver con el sonido:

- *Juegos de palabras*. Giros amenos de frases. En el cuarto ay de Jesús a los escribas y fariseos, califica a los líderes religiosos de «Guías ciegos» y los acusa: «coláis el mosquito, y tragáis el camello» (Mt. 23:24). Se utilizan estos animales no solo por «su relativa disparidad de tamaño», sino porque «los términos para un camello (*gamlā'*) y un mosquito (*galmā'*) suenan muy parecidos en arameo, que era la lengua materna de Jesús».[38] He aquí un ejemplo de un juego de palabras de un poema bíblico:

> Se han mostrado las flores en la tierra,
> > El tiempo de la canción ha venido,
> > Y en nuestro país
> > > se ha oído la voz de la tórtola (Cnt. 2:12).

---

36. «¿Hace el salmo una alusión que resultaba familiar a sus primeros oyentes, pero que se ha perdido en nuestra generación? El sermón podría necesitar una historia o una imagen que resucite el referente para la congregación» (Langley, *How to Preach the Psalms*, 68).

37. Ryken, *Sweeter Than Honey, Richer Than Gold*, 63.

38. Jeannine K. Brown, *Scripture as Communication: Introducing Biblical Hermeneutics* (Grand Rapids, MI: Baker Academic, 2007), 145.

La palabra traducida «canción» tiene dos significados diferentes. Puede significar «cantar», que encaja con el pájaro cantor de la última línea, o «podar», que encaja con la metáfora de las flores.

- *Aliteración*. La aliteración es la aparición de la misma letra o sonido al principio de palabras adyacentes o estrechamente relacionadas. «*The Song of Songs, which is Solomon's*» [«Cantar de los cantares, el cual es de Salomón»] (Cnt. 1:1) es un buen ejemplo en inglés. En hebreo, la repetición aquí se denomina *consonancia*, donde se aprecia el sonido *sh* repetido en hebreo en las consonantes iniciales (*shir hashirim asher lishlo moh*). Ese sonido *sh* seguido del sonido *r* enfatiza la palabra hebrea para «cantar» (*shir*).[39]

- *Asonancia*. La asonancia es otra técnica aliterativa que «emplea el mismo sonido vocálico (en lugar de consonántico) o sonidos similares en posiciones acentuadas».[40] Por ejemplo, en la bendición sacerdotal (Nm. 6:24-26), el sonido *sh* en hebreo se escucha al final de varias palabras. Un ejemplo en español puede encontrarse en este sencillo trabalenguas infantil, que presenta una serie de recursos poéticos como la aliteración (las palabras con p y cl) y la asonancia (el sonido con i y o):

> Pablito clavó un clavito,
> ¿qué clavito clavó Pablito?
> el clavito que clavó Pablito,
> era el clavito de Pablito.

Observa el marco. Comprende su forma, su función e incluso su belleza. Pero concéntrate en la imagen: el color, la textura y los temas que realzan los recursos poéticos anteriores.

---

39. Ver Douglas Sean O'Donnell, *The Song of Solomon: An Invitation to Intimacy*, Preaching the Word (Wheaton, IL: Crossway, 2012), 17.

40. C. Hassell Bullock, *An Introduction to the Old Testament Poetic Books* (Chicago: Moody, 1988), 40.

Paso tres: Emoción

En un reciente artículo de blog, mi primera respuesta a la pregunta: «¿Cuáles son algunos consejos para leer poesía bíblica?» fue: «¡Siéntela!». Y continuaba: «Dios quiso que las impresionantes imágenes de estos poemas inspirados cautivaran nuestros corazones. Así pues, dejemos que lo hagan. Por ejemplo, después de un sermón reciente que prediqué sobre el Salmo 23, pedí a la congregación que debatieran en casa sobre la siguiente afirmación: "La poesía debe sentirse en el corazón, no solo entenderse en la cabeza". ¿Hubo algún momento en el sermón, mientras se explicaba o ilustraba el texto, en el que te emocionaste? En caso afirmativo, ¿qué emoción sentiste y por qué?».[41]

En una línea similar, Ryken escribe: «Las imágenes no solo encarnan connotaciones [significado]; también suelen despertar emociones. La poesía es un tipo de discurso más afectivo (emocional) que el discurso ordinario. Nombrar los sentimientos que evoca una imagen es un tipo genuino e importante de comentario literario sobre un poema».[42] Tomemos el Salmo 59:14-15, que relata «cuando Saúl ordenó que vigilaran la casa de David para matarlo» (sobrescrito), ¿qué sentimientos evocan las siguientes imágenes?

> Vuelvan, pues, a la tarde,
>   y ladren como perros,
>   Y rodeen la ciudad.
> Anden ellos errantes para hallar qué comer;
>   Y si no se sacian...

---

41. Douglas Sean O'Donnell, «5 Questions about the Psalms», 6 de agosto de 2020, en línea https://www.crossway.org/articles/5-questions-about-the-psalms/. Recurso en inglés.

42. Ryken, *Sweeter Than Honey, Richer Than Gold*, 27. «La principal cualidad de la poesía lírica es su elemento afectivo... A veces se dirigen directamente a nuestras emociones nombrándolas: miedo (Salmos 2:11-12 y 5:7), alegría (5:11; 21:6; 100:2), temor (Salmos 8, 139), paz (4:8), consuelo (119:76), contrición (51:17; 119:71), alivio de la angustia (4:1; 20:1), confianza (27:3; 46:2-3) y esperanza (42:5) son algunas de las emociones modeladas, elogiadas u ordenadas en el Salterio. También lo es el amor a la Palabra de Dios: «¡Oh, cuánto amo yo tu ley!» (119:97); «Me regocijaré en tus estatutos» (119:16)... Los salmistas reconocen y expresan la depresión (32:3-4), el corazón quebrantado (34:18), el cansancio del alma (119:28), la ira (109:1-3, 6-12), la ansiedad (12:1; 22:21), el anhelo agudo (143:7) y la tristeza profunda (Salmos 6 y 88)» (Langley, *How to Preach the Psalms*, 12).

La respuesta debe incluir «miedo, impotencia, confinamiento, terror, disgusto e indignación» por estar confinado por hombres malvados que rodean su casa.[43]

Todas las imágenes anteriores (¡solo desde el principio de este salmo!) aportan algo más que «contenido cognitivo»; ofrecen «un impacto emotivo», es decir, nos ayudan tanto a comprender como a sentir, y por tanto a participar cognitiva y emocionalmente con el cuadro que pintan.[44] Por ejemplo, cuando el salmista utiliza la metáfora de un niño destetado en brazos de su madre para simbolizar el estado de su alma bajo el cuidado de Dios, nos ayuda a comprender algo de la intimidad de nuestra relación con Dios, y nos ayuda a sentirnos, Dios mediante, más cerca del Señor. Como bien resume Jeannine Brown:

> Las imágenes despiertan nuestros sentimientos e inspiran nuestro pensamiento. Algunas imágenes pretenden consolar («Jehová es mi pastor»; Sal. 23:1), otras alarmar («Abrieron sobre mí su boca como león rapaz y rugiente»; Sal. 22:13). Las metáforas a menudo despiertan nuestra ira o nos sobresaltan. Además, al utilizar el sonido y la forma con creatividad y cuidado, los poetas nos cortejan y cautivan. La poesía nos hace reaccionar con todo nuestro ser. La poesía es metacognitiva; hace más, no menos, que comunicar a nivel cognitivo.[45]

Langley añade: «La poesía sabe que el hombre no vive solo de proposiciones. Intenta, más conscientemente que la prosa, cambiarnos conmoviendo nuestras emociones, cautivando nuestra imaginación y dirigiéndose a nuestro sentido de la belleza... Los predicadores, por tanto, querrán averiguar cómo los sermones sobre textos poéticos pueden captar el sentido afectivo, imaginativo y estético, y se preguntarán si las características literarias de los propios poemas pueden dar pistas sobre cómo podrían configurarse esos sermones».[46]

---

43. Ryken, *Sweeter Than Honey, Richer Than Gold*, 28.
44. Brown, *Scripture as Communication*, 143.
45. Brown, *Scripture as Communication*, 148.
46. Langley, *How to Preach the Psalms*, 11.

CÓMO PREDICAR LA POESÍA BÍBLICA

Estoy de acuerdo con la sencilla sugerencia de Douglas Stuart: «Si el pasaje es poético, analícelo en consecuencia».[47] Así pues, sí, debemos buscar posibles paralelismos, quiasmos, repeticiones de palabras clave y características más sutiles, como las metáforas dominantes y los cambios en ellas. Sin embargo, no todo lo que vemos en un poema bíblico debe predicarse en un sermón. A continuación, presentamos ocho sugerencias para predicar un sermón en prosa sobre un poema bíblico.[48]

Elige bien las porciones poéticas

En cuanto a cómo elegir una perícopa, Duane Garrett aconseja: «Selecciona una parte del texto que tenga integridad estructural».[49] El ejemplo que da Garrett procede del Salmo 119. Debido a la longitud del poema, sugiere predicar sobre una de las veintidós secciones, por ejemplo, los versículos de *Bet* (vv. 9-16), o al menos una sección cada vez. Cuando prediqué el Salmo 119, lo hice en tres sermones. Dividí el poema temáticamente, basándome en imágenes y palabras clave: (1) conocer la Palabra de Dios, (2) amar la Palabra de Dios y (3) obedecer la Palabra de Dios. Tomé el versículo 32 como versículo resumen: «Por el camino de tus mandamientos correré, cuando ensanches mi corazón». Creo que ambos métodos pueden funcionar, ya sea seleccionando la unidad poética o tomando como referencia las imágenes y permitiendo que estas te lleven a ideas similares que se encuentran a lo largo del poema.

Deja que la forma informe

En su libro *La predicación expositiva: Cómo proclamar la Palabra de Dios hoy*, David Helm define la predicación expositiva como «predicación poderosa que somete correctamente la forma y el énfasis del sermón a la forma y el énfasis del texto bíblico». Dicho de otra manera,

---

47. Douglas Stuart, *Exégesis del Antiguo Testamento: Un manual para estudiantes y pastores*, 4.ª ed. (Louisville: Westminster, 2009), 20.

48. Algunas de estas sugerencias pueden encontrarse en Douglas Sean O'Donnell, *The Beginning and End of Wisdom: Preaching Christ from the First and Last Chapters of Proverbs, Ecclesiastes, and Job* (Wheaton, IL: Crossway, 2011), 148-51.

49. Duane A. Garrett, «Preaching from the Psalms and Proverbs», en *Preaching the Old Testament*, ed. Scott M. Gibson (Grand Rapids, MI: Baker, 2006), 102.

afirma que «cuando se trata de la predicación... *Cada texto tiene una estructura. La estructura revela el énfasis*», y nuestro sermón «debería someterse correctamente a la forma y al énfasis del texto».[50] A diferencia de una *narrativa*, donde la estructura se puede encontrar centrándose en el cambio de escenas y/o personajes, junto con las partes típicas de una trama (ambientación, conflicto, clímax y resolución), un *poema* exige que busquemos «repeticiones de palabras o incluso estrofas enteras... cambios en las figuras... [o] cambios de énfasis en las personas o en los puntos de vista».[51]

Tomemos, por ejemplo, el Salmo 19. ¿Cómo ha organizado el rey David este poema? Lo ha hecho con una estructura triple:

Versículos 1-6   Alabanza de David a la revelación de Dios en la creación

Versículos 7-11   La alabanza de David a la revelación de Dios en la ley

Versículos 12-14   La respuesta de David a la revelación divina

Cuando prediqué el Salmo 19, mi esquema homilético era el siguiente:

Versículos 1-6   El cielo habla (revelación general)

Versículos 7-11   Las Escrituras hablan (revelación especial)

Versículos 12-14   Cómo debemos escuchar (responder a las dos voces)

Sin embargo, la estructura de un poema no es necesariamente un buen esquema para un sermón. Por ejemplo, un sermón sobre Job 28 puede esbozarse basándose en el estribillo (vv. 12 y 20) o puede esbozarse basándose en palabras teológicas clave (los vv. 1-22 hablan de la búsqueda de la sabiduría por parte del hombre; luego, en los vv. 23-28, Dios con su sabiduría entra y responde al dilema del estribillo: «¿Dónde se hallará la sabiduría?»). Cuando prediqué Job 28, la forma poética *informaba*, pero los tres temas teológicos *formaban* mi esquema:

---

50. David Helm, *La predicación expositiva: Cómo proclamar la Palabra de Dios hoy* (Envigado: Poiema Publicaciones, 2016), 14, 60.

51. Helm, *La predicación expositiva*, 65-66. «Lo que los poetas nos ofrecen no es narrativa, sino narratividad, es decir, el desarrollo narrativo de la metáfora» (Robert Alter, *The Art of Biblical Poetry* [Nueva York: Basic Books, 1985], 39).

Versículos 1-11   La sabiduría del hombre
Versículos 12-22   La inaccesibilidad de la sabiduría del hombre
Versículos 23-28   La sabiduría de Dios

Del mismo modo, cuando prediqué sobre Proverbios 31:10-31, no presenté un esquema de sermón basado en la estructura quiástica (6 puntos, seguidos de un séptimo punto principal) o acróstica (¡22 puntos!) del poema. Más bien, mi estructura se basó en los temas que abren (encontrar una esposa excelente) y cierran el poema (alabanza a esa esposa). Así, la congregación recorrió el texto respondiendo primero a la pregunta: «¿Qué debe buscar un hombre en una esposa?» («marcas de belleza», como la confianza y la laboriosidad) y, en segundo lugar: «¿Cómo se gana una mujer la alabanza del mundo que la rodea?» (sirviendo a los demás).[52]

Lo mismo ocurre con muchos de los poemas que encontramos en el Nuevo Testamento. La estructura de la mayoría puede utilizarse para el esquema homilético. Por ejemplo, cuando prediqué sobre 1 Corintios 13, organicé el texto de la siguiente manera:

Versículos 1-3   La preeminencia del amor
Versículos 4-7   El poder del amor[53]
Versículos 8-13   La permanencia del amor

Sin embargo, la estructura de la predicación de otros poemas debe ajustarse para abarcar mejor el material. Por ejemplo, cuando prediqué sobre las Bienaventuranzas (Mt. 5:3-10), dividí el poema temáticamente basándome en los cambios gramaticales. Es decir, me fijé en que hay ocho bienaventuranzas,[54] pero también en que la primera y la última

---

52. Este sermón se encuentra en O'Donnell, *Beginning and End of Wisdom*, 47-60.

53. Sin embargo, cuando prediqué este sermón, prediqué los versículos 4-7 en último lugar, tanto para dar énfasis como para concluir con la conexión cristológica. Hablé del poder de la cruz (ver 1 Co. 1:17-18) como el poder de salvar y unir. La Iglesia solo puede vivir en amorosa armonía si el amor semejante al de Cristo/la cruz de Cristo impregna la Iglesia, un amor que no sea envidioso, arrogante, irritable o egoístamente insistente.

54. La palabra «bienaventurado» se repite nueve veces, pero las dos últimas forman una sola bienaventuranza.

bendición concluyen con la misma frase «porque de ellos es el reino de los cielos» (vv. 3, 10). También tomé nota de las promesas futuras: «porque ellos...» (vv. 4, 5, 6, 7, 8, 9). Así, mis tres puntos para este poema fueron (1) una bienaventuranza quebrantada, que abarcaba las frases «los pobres de espíritu», «los que lloran», «los mansos» y «los que tienen hambre y sed de justicia» (vv. 3-6); (2) una bienaventuranza futura, que abarcaba las segundas mitades de los versículos 4-9; y (3) una bienaventuranza desinteresada, que repasaba cada bienaventuranza, mostrando cómo el foco de cada una de ellas está centrado en Dios o en los demás.[55]

Así pues, como se ha demostrado arriba, la forma poética informa, pero no proporciona necesariamente un esquema de sermón. Esto se debe a que, como bien resume Garrett, «lo que funciona bien en un poema puede no funcionar bien en un discurso».[56]

Descubre el contenido esencial

«No podemos decir que hemos captado adecuadamente un poema si, después de analizarlo, no formulamos la gran idea del poema».[57] Hay cuatro maneras de descubrir la gran idea o el tema unificador de un poema.

En primer lugar, hay que identificar el subgénero. ¿Se trata de una canción de amor, un poema de alabanza, un himno de acción de gracias, un lamento, etcétera?

En segundo lugar, si es posible, identifica el contexto histórico. ¿Se dirige el poeta a Dios en oración? ¿Está haciendo frente a la calumnia? ¿Se trata de una situación de culto en el templo o del cuidado de las ovejas por parte de un pastor en el transcurso de un día cualquiera?

En tercer lugar, fíjate en lo que dice el poeta al principio y al final del poema. Por ejemplo, los primeros versos del Salmo 1 presentan el tema (la bendición de los justos), el enemigo (los malvados) e incluso la estructura (los justos frente a los malvados). Del mismo modo, la última línea del Salmo 46 ofrece un excelente resumen del poema:

---

55. Douglas Sean O'Donnell, *Matthew: All Authority in Heaven and on Earth*, Preaching the Word (Wheaton, IL: Crossway, 2013), 109-16.

56. Garrett, «Preaching from the Psalms and Proverbs», 103.

57. Ryken, *Sweeter Than Honey, Richer Than Gold*, 85.

«Jehová de los ejércitos está con nosotros; nuestro refugio es el Dios de Jacob» (v. 11).

En cuarto lugar, busca estribillos y repeticiones. Algunos poemas bíblicos tienen un estribillo, que es una frase u oración que aparece al menos dos veces. Esto debería ser fácil de encontrar y, una vez encontrado, uno puede suponer que tal repetición revela el tema del poema. El ejemplo más obvio sería el estribillo (repetido veintiséis veces, al final de cada versículo) del Salmo 136: «Porque para siempre es su misericordia».[58] Otros ejemplos son los Salmos 42–43 (42:5-6a, 11; 43:5): «¿Por qué te abates, oh alma mía, y por qué te turbas dentro de mí? Espera en Dios; porque aún he de alabarle, salvación mía y Dios mío»; y el Cantar de los Cantares (2:7; 3:5; 8:4): «Yo os conjuro, oh doncellas de Jerusalén… Que no despertéis ni hagáis velar al amor, hasta que quiera». El Cantar de los Cantares utiliza tanto un estribillo estricto (2:7; 3:5; 8:4) como un estribillo variante (2:16 está invertido en 6:3 y abreviado en 7:10). Otros poemas bíblicos tienen palabras repetidas, palabras clave, que funcionan del mismo modo que los estribillos, como «voz» (siete veces) en el Salmo 29, «todos» (once veces) en el Salmo 145 y «vanidad» (más de treinta veces) en el Eclesiastés.

Otros tipos de repetición son «*inclusio*, que comienza y termina el poema con la misma palabra o motivo (Salmos 8, 118, 136 y los salmos "Aleluya" 146–150); *apóstrofe*, como en Salmos 115:9-11 y 118:2-4, con la única variación de los nombres insertados en la frase repetida; *anáfora*, en la que una palabra o frase clave se repite con un avance progresivo del pensamiento con cada repetición (el "cuánto" del Salmo 3 y el "¿Hasta cuándo?" del Salmo 13); y *eco*, como en el Salmo 130:6, con sus versos dolientes:

Mi alma espera a Jehová
    Más que los centinelas a la mañana,
    Más que los vigilantes a la mañana».[59]

---

58. Los estribillos pueden encontrarse de principio a fin (como el Sal. 136). También pueden encontrarse en el medio (ver Sal. 39:5, 11; 67:3, 5), y en la mitad y al final (ver Sal. 46:7, 11; 49:12, 20; 57:5, 11; 80:7, 19; 99:5, 9).

59. Langley, *How to Preach the Psalms*, 62-63.

Tomemos el Salmo 23. Ryken resume el tema de este famoso salmo como «la satisfacción que proviene de descansar en la suficiencia de la providencia de Dios». Ese tema unificador («el motivo literario que une todo el poema y con el que se relacionan todas las partes») se apoya en varias imágenes de provisión: «descanso en lugares parecidos a un oasis (recostado en delicados pastos); guía de las ovejas por caminos seguros durante el transcurso del día; protección de las ovejas del miedo en lugares peligrosos del camino; encuentro de franjas de hierba para pastar (la mesa preparada); protección de las ovejas de los depredadores y las plantas venenosas (los enemigos del v. 5); atención de los arañazos o cortes y cuidado de las ovejas afiebradas (la cabeza ungida y la copa rebosante); y seguridad durante la noche en el aprisco (la "casa" metafórica al final del poema)».[60]

No sobreanalices

Un detalle importante que debo decirte es que no sobreanalices *en* tu sermón. Analiza la poesía en el estudio, pero no analices cada aspecto de ella desde el púlpito. Después de todo, se trata de un sermón. Y los sermones deben ser claros e interesantes, y hay pocas cosas más ambiguas y aburridas que escuchar conferencias sobre poesía. ¿Preferirías ver a Macbeth representado en el escenario o escuchar a un erudito académico hablar sobre los 146 versos del thane de Glamis?

Matthew Arnold escribió: «El lenguaje de la Biblia es fluido... y literario, no rígido, estático, científico».[61] Tiene toda la razón. La Biblia no es una revista científica altisonante y aburrida. (¡Sin ofender a la comunidad científica!) Es literatura viva. Por tanto, debemos mostrar su vivacidad. Esto significa que no debemos «triturar mecánicamente cada poema», mostrando a nuestros fieles cada forma estructural y recurso poético.[62] Aplica el minimalismo estético al predicar poesía: «menos es más» o «menos es mejor».[63] Oculta ese feo radiador debajo del suelo.

---

60. Ryken, *Sweeter Than Honey, Richer Than Gold*, 82, 92-93.

61. Matthew Arnold, *Literature and Dogma: An Essay towards a Better Apprehension of the Bible* (Nueva York: MacMillan, 1914), xiii.

62. Ryken, *Words of Delight*, 210.

63. El primer término fue utilizado por el arquitecto Ludwig Mies van der Rohe; el segundo, por el diseñador industrial Dieter Rams.

Desmenuza el poema hasta sus rasgos más fundamentales, resaltando así esa hermosa sencillez. Señala siempre lo que es importante (p. ej.: la estructura acróstica del Salmo 119), pero solo lo que consideres más relevante para el sentido del poema.

Deja que las imágenes adornen la idea

Ryken señala: «Es importante para una audiencia que una explicación [exposición o sermón] posea una *estrategia discernible*. Saltar de un detalle aislado a otro, o de una parte de un poema a otra, es un camino seguro hacia una explicación ineficaz».[64] Cada poema bíblico o unidad dentro de un poema tiene una idea unificadora o tema, que cada línea, y quizá cada palabra, embellece. Mi estrategia discernible es (a) encontrar esta idea y (b) explicar cómo la adornan las imágenes. Lamentablemente, nuestros sermones a menudo se limitan a identificar, enfatizar y explicar la idea,[65] mientras que nuestros comentarios suelen hacer lo contrario: nos dan mucha información sobre las imágenes, pero casi nada sobre cómo dichas imágenes encajan en la idea. Así que júntalos, y ahí lo tienes. La perfección.

Por ejemplo, en mi sermón sobre Cantar de los Cantares 1:5–2:7,[66] expliqué *la idea* de la transformación de la amada desde una percepción negativa de sí misma hasta una aceptación arrebatadora. Y a lo largo de la exposición, mostré cómo cada imagen realzaba la idea: ella se avergüenza de su aspecto porque su piel ha sido ennegrecida por el sol: «Morena soy… Como las tiendas de Cedar» (1:5) / «No reparéis en que soy morena, porque el sol me miró» (1:6). Se ve a sí misma como algo común, como una flor silvestre del campo (un «lirio de los valles», 2:1). Sin embargo, el amado anula sus objeciones con su afirmación amorosa: «Como el lirio entre los espinos, así es mi amiga entre las

---

64. Ryken, *Words of Delight*, 207.

65. Los sermones sobre un poema bíblico «no deben aplanar su poesía en prosa», sino que deben «tratar de recrear la secuencia de imágenes del poema». Por ejemplo, para el Salmo 46, el predicador debería «ayudar a los oyentes a responder emocional e imaginativamente al terremoto, al río, a la batalla y, especialmente, a la fortaleza» (Langley, *How to Preach the Psalms*, 29).

66. Ver O'Donnell, *Song of Solomon: An Invitation to Intimacy*, 41-52. Mis diez sermones sobre Cantar de los Cantares pueden encontrarse en línea, https://www.youtube.com/channel/UCCe0I8FA_Nq0uS_ICuNBP1g. Recurso en inglés.

doncellas» (2:2). En comparación con todas las mujeres del mundo, ella es la más atractiva y la única que merece la pena contemplar.

En mi análisis anterior, muestro, en primer lugar, que el poeta tiene «un plan de juego en mente basado en la lógica» de sus imágenes y, en segundo lugar, «que explorar la lógica de las imágenes es una vía muy fructífera para ver cómo un pasaje poético consigue sus efectos y comunica sus significados».[67] Las imágenes de los poemas bíblicos no solo despiertan emociones; comunican ideas. Y para los poemas de la Biblia, como para cualquier gran poema, «necesitamos explorar la conexión entre una imagen dada y el tema del poema o pasaje. Una buena pregunta a este respecto es: ¿Por qué esta imagen para este poema o pasaje? ¿Cuál es su lógica?».[68]

Describe los detalles

El otro día le pregunté a mi hija menor qué le había parecido mi sermón del domingo. Me dijo: «Me gustó». Hizo una pausa y luego completó su pensamiento: «Me gustó porque tenía muchas historias». Después de predicar durante casi tres décadas, he aprendido que a la gente —niñas pequeñas, hombres mayores y todos los demás— le gustan las historias. También he aprendido que a la gente le gustan las imágenes. La gente piensa visualmente. La gente aprende visualmente. Cuando estudiaba para la defensa oral de mi tesis doctoral, vi docenas de videos de importantes eruditos hablando de temas clave sobre los que me podrían preguntar. Ver a alguien hablar, y ver los resúmenes de sus conferencias en una pantalla, me ayudó a que los datos que necesitaba saber se quedaran grabados en mi cerebro. Lo mismo puede decirse de la predicación de poemas. ¡Debemos predicar las imágenes de la poesía bíblica con imaginación ilustrativa!

Por ejemplo, cuando prediqué sobre Eclesiastés 2:1-11, que es un verso poético que narra la historia de la insatisfactoria autocomplacencia de Salomón, titulé el sermón «La casa hueca del hedonismo» y utilicé la imagen de una casa con cuatro habitaciones para guiarnos a través del texto:

---

67. Ryken, *Sweeter Than Honey, Richer Than Gold*, 30.
68. Ryken, *Sweeter Than Honey, Richer Than Gold*, 30.

Aquí en el texto… El pastor Salomón nos lleva a un lugar que podemos llamar la *casa hueca del hedonismo*. Sí, la casa está llena de vino y mujeres, jardines y oro, canciones y sirvientes; pero está vacía cuando se trata de satisfacer nuestras necesidades más profundas.

Dentro de la casa hueca del hedonismo, hay muchas habitaciones. Salomón nos mostrará cuatro de ellas en Eclesiastés 2:1-11: el bar privado, el jardín, el tesoro y el dormitorio. Toma mi mano y te las mostraré. Pero ten cuidado, porque ver lo que vio Salomón podría tentarte a querer lo que él tenía. Y eso no es lo que realmente deberíamos *desear*.[69]

Predicar con imágenes, sin embargo, es algo más que encontrar un esquema visual (y, por tanto, normalmente fácil de recordar). Se trata también de explicar los detalles del texto para que la gente pueda ver lo que la Palabra de Dios les está diciendo. He aquí otro ejemplo de Eclesiastés. Al explicar las imágenes del aumento de las debilidades corporales antes de la muerte natural, intenté hacer visibles las imágenes de esta terrible realidad:

Como una propiedad antaño próspera pero ahora desatendida, nuestras manos, piernas, dientes, ojos, oídos, cuerdas vocales y cabello se deterioran lentamente. Nuestras manos, que antaño nos proporcionaban sustento y protección, ahora tiemblan («cuando temblarán los guardianes de la casa»), nuestras piernas no pueden soportar el peso de nuestro cuerpo durante mucho tiempo («y se encorvarán los hombres fuertes»), los molares que nos quedan no pueden masticar la comida como antes («cesarán las muelas porque han disminuido»), y nuestra visión declina («se oscurecerán los que miran por las ventanas», Ec. 12:3).

Y por si todo eso fuera poco, la vejez va acompañada de otros problemas. Cuando queremos que nuestros oídos funcionen bien, no lo hacen (ni siquiera podemos oírnos a nosotros mismos masticar: «y las puertas de afuera se cerrarán, por lo bajo del ruido

---

69. Douglas Sean O'Donnell, *Ecclesiastes: Enjoyment East of Eden*, Reformed Expository Commentary (Phillipsburg, NJ: P&R, 2014), 43.

de la muela»), pero cuando no tenemos problemas con la sordera, nuestros oídos funcionan demasiado bien («cuando se levantará a la voz del ave», Ec. 12:4). Además, ya no podemos cantar como antes. Nuestras cuerdas vocales «ya no tienen la fuerza elástica para hacer música dulce» o alcanzar las notas altas («y todas las hijas del canto serán abatidas», v. 4b).

Por último, antes de morir (de ir a nuestra «morada eterna») y de que la gente llore nuestra muerte («y los endechadores andarán alrededor por las calles»), nuestro pelo se vuelve gris o blanco («florecerá el almendro»), perdemos la movilidad y nos desplazamos con dolor («la langosta será una carga»), disminuye la motivación para trabajar, el apetito por la comida y el deseo sexual («se perderá el apetito»), y aumenta el miedo a las caídas y a otros peligros («cuando también temerán de lo que es alto, y habrá terrores en el camino», Ec. 12:5). ¡Y entonces llega el momento! Lo que antes era bello, precioso, útil y vivificante se destruye («la cadena de plata se quiebre, y se rompa el cuenco de oro, y el cántaro se quiebre junto a la fuente, y la rueda sea rota sobre el pozo», v. 6). La luz se estrella contra el suelo y la vida se derrama como el agua. «La vida se rompe sin remedio. La muerte es definitiva e irreversible».[70]

Siente el fuego

Cantar de los Cantares es el lugar perfecto para volver en este punto final. Si predicas las palabras: «Levántate, oh amiga mía, hermosa mía, y ven» (2:10), con la misma entonación y afecto que cuando te vuelves tímidamente hacia el asiento del copiloto y preguntas a tu mujer por las indicaciones para llegar en coche, te has equivocado. Debes predicar pasión con pasión, lamento con lamento, alegría con alegría, y así sucesivamente. En otras palabras, tu corazón debe estar tan comprometido que tu tono esté en sintonía con la letra. Predicar: «Como el ciervo

---

70. O'Donnell, *Ecclesiastes: Enjoyment East of Eden*, 199-200. La primera cita es de Philip Graham Ryken, *Ecclesiastes: Why Everything Matters*, Preaching the Word (Wheaton, IL: Crossway, 2010), 270; la segunda cita es de Sidney Greidanus, *Preaching Christ from Ecclesiastes: Foundations for Expository Sermons* [*Predicando a Cristo desde Eclesiastés: Fundamentos para sermones expositivos*] (Grand Rapids, MI: Eerdmans, 2010), 293. Publicado en español por editorial Teología para Vivir.

brama por las corrientes de las aguas, así clama por ti, oh Dios, el alma mía» (Sal. 42:1) sin sed espiritual en tu voz es intolerable, y predicar: «Dios mío, Dios mío, ¿por qué me has desamparado?» (Sal. 22:1a) sin angustia es inaceptable.

Por eso, aunque la pregunta «¿Cómo te ha hecho sentir este pasaje?» suele ser una receta para el desastre en el estudio bíblico medio de una iglesia, es una pregunta muy apropiada para que el predicador se la haga a sí mismo, sobre todo una vez que tiene en la cabeza todos los detalles de la estructura y los recursos poéticos.[71] Los sentimientos no lo son todo, pero son algo, algo indispensable para el humilde predicador de sermones fieles sobre los grandes poemas de la Biblia. Así pues, es absolutamente necesario que primero comprendamos y sintamos el poder y el juego de las palabras, lo que solo la poesía puede hacer en el corazón y la imaginación humanos. Debemos, en cierto sentido (y con nuestros sentidos), *oler* el incienso, *tocar* el marfil pulido, *saborear* las manzanas, *oír* los arroyos que fluyen, *ver* las gacelas que saltan sobre las montañas, *sentir* (¡sí, sentir!) los destellos del fuego, la llama misma del Señor.[72]

Cada palabra cuenta, así que redúcelas

Una última sugerencia breve. La compresión es un rasgo de la poesía. «El lenguaje poético —como bien resume Langley— está comprimido,

---

71. Identificar el tono o la emotividad de un poema es tan crucial como, o más que, comprender su estructura exegética.

72. «Los poetas bíblicos expresan, modelan, elogian y ordenan sentimientos profundos: alegría, dolor, gratitud, asombro, reverencia, contrición, miedo, quebranto, euforia, decepción, soledad e incluso odio son evocados y expresados en relación con Dios. Los salmistas no se limitan a relatar su experiencia emocional; nos invitan a dar nuestra propia respuesta afectiva a la realidad de Dios, y extienden esa invitación con un discurso rico en emociones. Los sermones sobre sus salmos deberían intentar hacer lo mismo. Los que predicamos salmos trataremos de ayudar a los oyentes a unirse a los salmistas para nombrar y aprender de nuestra experiencia afectiva compartida. Juntos exploraremos lo que las emociones pueden enseñarnos sobre lo que ocurre en nuestra relación con Dios y con el prójimo. Para ello, tendremos que aprender tres habilidades o disciplinas: (1) hacer exégesis de la emoción de los textos, (2) percepción de lo que el Espíritu quiere que sintamos al apropiarnos de estos textos, y (3) ayudar a los oyentes a experimentar la dimensión emocional de los textos mediante la manera en que damos forma y pronunciamos los sermones. En pocas palabras, tenemos que saberlo, sentirlo y luego decirlo» (Langley, *How to Preach the Psalms*, 111-12). Nuestra tarea como predicadores es «tratar de nombrar lo que el [poeta] sintió con la mayor precisión posible: ¿es ira?, ¿amargura?, ¿cansancio?, ¿desafío?, ¿desorientación?, ¿gratitud?, ¿amor?, ¿asombro?, ¿alivio?, ¿esperanza?» (116).

densamente empaquetado».[73] El Salmo 78, y otros salmos históricos (105; 106; 107; 114; 135; 136), cubren años de la historia de la salvación en muy pocas líneas. Si estos poemas inspirados pueden cumplir esa importante tarea en tan pocas palabras, quizá un sermón sobre tales poemas, y sobre cualquier otro género, pueda comprimirse de 5000 a 3000 palabras. De nuevo, las palabras de Langley sobre las palabras son sabias (y cuidadosamente elaboradas y concisas): «Lo que importa no es el número de palabras, sino que cada palabra cuente».[74] El jueves suelo tener un buen borrador del sermón. Lo que hago desde el viernes hasta el servicio del domingo es editarlo cuidadosamente. Cambio o explico las palabras difíciles. Acorto las frases. Diversifico las frases: cortas y largas, rítmicas y llanas. Me aseguro de que cada frase me resulte interesante. (Si no me entusiasma predicarla, es probable que a la gente tampoco le entusiasme oírla). También suprimo las palabras sin vida y las sustituyo por algo vívido y relevante.

CONCLUSIÓN

En su libro *Sweeter Than Honey, Richer Than Gold: A Guided Study of Biblical Poetry*, Ryken enumera cuatro razones por las que a la gente le cuesta sumergirse en la poesía de la Biblia: es demasiado difícil de entender; es opcional en la vida de una persona, no es necesaria para todos; es una forma antinatural de discurso y, por tanto, no atrae a la gente corriente; no merece la pena el esfuerzo que supone dominarla.[75] Muchos predicadores que conozco expresarían esas mismas preocupaciones. Como Ryken, en ese libro, pasó a responder a esas preocupaciones, espero que hayamos respondido a cualquier preocupación o duda que hayas podido tener. Dicho de otro modo, espero que sepas que aprender a leer poesía bíblica no es tan difícil como la mayoría piensa, que es necesario entenderla si uno pretende leer la Biblia, que es una forma natural, o al menos la más adecuada, de hablar de ciertas verdades, y que definitivamente merece la pena el esfuerzo de dominarla.

---

73. Langley, *How to Preach the Psalms*, 88.
74. Langley, *How to Preach the Psalms*, 88.
75. Ryken, *Sweeter Than Honey, Richer Than Gold*, 12-13.

5

PALABRAS DE SABIDURÍA

Cómo predicar proverbios

A PRINCIPIOS DE LA PRIMAVERA PASADA, recibí este correo electrónico del director de la escuela de mi hija menor:

> Me pregunto si usted estaría interesado en ser nuestro orador de graduación. Se trata básicamente de una charla (espiritual y académica) dirigida a los graduados, que los anime en sus años por delante. Pero también podría incluir algunos buenos recuerdos de la clase de Charlotte de los últimos años. Debería tener una duración de 10-15 minutos. ¿Tendría interés y disponibilidad? ¡Muchas gracias por su consideración!

Después que mi agente, que se ocupa de los compromisos para dar charlas en la escuela media, negoció las condiciones («el dinero sirve para todo», Ec. 10:19), contesté encantado: «¡Sí! Me encantaría dar la charla». Lo siguiente que hice fue anotar en un papel: «Ve con tres dichos proverbiales». Anoté: hay que domar la lengua, la carrera no la ganan los más veloces, y mi gracia es suficiente.

Las máximas proverbiales de la Biblia son perfectas para estas ocasiones. También son estupendas para la devoción personal diaria: ¡un capítulo de Proverbios al día mantiene a raya al necio que llevas dentro! Funcionan bien para estudios en grupos pequeños, retiros y asesoría personal. Hablando de asesoría personal, los proverbios se utilizan mejor para lo que fueron diseñados: «Son más eficaces —sugiere

Ryken—cuando podemos aplicarlos a una situación de la vida»,[1] y cuando podemos sacar un proverbio de la biblioteca de nuestra memoria y utilizarlo como diagnóstico y correctivo para algo en la vida. Por ejemplo, cuando un amigo experimenta ansiedad, lo calmamos con las palabras: «Considerad los lirios del campo» (Mt. 6:28); o cuando notamos que un hermano está formando hábitos perezosos, lo aguijoneamos con: «Todo esfuerzo tiene su recompensa, pero quedarse solo en palabras lleva a la pobreza» (Pr. 14:23, NVI); o cuando alguien está luchando con envidiar a los ricos, citamos: «Pero gran ganancia es la piedad acompañada de contentamiento» (1 Ti. 6:6). Los proverbios fueron concebidos para observar con precisión la experiencia humana, ayudar a explicarla y ofrecer la sabiduría de Dios al respecto.

Pero ¿qué pasa con la predicación del domingo por la mañana? ¿Debemos predicar proverbios? *Deberíamos*, especialmente si queremos predicar Proverbios, Eclesiastés, Job, el Sermón del Monte y Santiago. Y *más vale* que lo hagamos si queremos predicar casi cualquier libro de la Biblia, ya que los proverbios aparecen en toda la Palabra de Dios. Después de enumerar once —por ejemplo, el pecado los alcanzará (Nm. 32:23); den a César lo que es de César, y a Dios lo que es de Dios (Mr. 12:17); todo lo que el hombre sembrare, eso también segará (Gá. 6:7)—, Ryken afirma que «el proverbio es obviamente una de las principales formas literarias de la Biblia» y que «ninguna forma es más central para la enseñanza de la Biblia que sus proverbios».[2] El género impregna la Biblia de principio a fin.[3] ¿Lo sabías? Pues ya lo sabes. ¿Lo crees ahora? Esperamos que sí. Y si es así, tu siguiente pregunta, predicador, debería ser: «¿Cómo predico

---

1. Leland Ryken, *Words of Delight: A Literary Introduction to the Bible* (Grand Rapids, MI: Baker, 1992), 316. «El mejor contexto para un proverbio es la situación de la vida real en la que se aplica» (Leland Ryken, Philip Ryken y James Wilhoit, *Ryken's Bible Handbook: A Guide to Reading and Studying the Bible* [Carol Stream, IL: Tyndale, 2005], 256).

2. Ryken, *Words of Delight*, 313, 314, cf. Robert C. Tannehill, «Proverb as a Literary Form», en *The New Testament in Literary Criticism*, ed. Leland Ryken, A Library of Literary Criticism (Nueva York: Ungar, 1984).

3. Jeffrey D. Arthurs, *Predicando con variedad: Cómo reproducir la dinámica de los géneros literarios usados en la Biblia* (Grand Rapids, MI: Editorial Portavoz, 2009), 162. Arthurs cita a un destacado erudito del NT que calcula que hay más de cien aforismos en los cuatro Evangelios.

los proverbios?». En lo que sigue, te ofrecemos respuestas. También mostraremos (¡una bonificación por leer hasta aquí!) cómo podemos usar lo que encontramos en los proverbios para mejorar nuestros sermones de otros géneros.

CÓMO LEER PROVERBIOS BÍBLICOS

Un proverbio es un pareado pegadizo y conciso que capta claramente un concepto fundamental. Dicho de forma más precisa, un proverbio es un refrán que resume sucintamente una cuestión importante de la vida utilizando imágenes concretas específicas, palabras fáciles de recordar y estructuras poéticas que ofrecen una sabiduría práctica sencilla pero profunda. O algo parecido. Ryken añade: «Un proverbio es una declaración concisa y fácil de recordar, de una verdad general... Un proverbio es una idea de las situaciones repetibles de la vida, y su objetivo es hacer que una idea sea permanente expresándola en un dicho breve y fácil de recordar».[4] Alguien llamado Cervantes me envió un mensaje con su definición: «Una oración corta fundada sobre una larga experiencia que contiene una verdad». Un autor anónimo ofreció este buen esfuerzo: «Una palabra con alas, que vive más tiempo que un momento fugaz».[5] Cualquiera que sea la mejor definición, las características del género son evidentes. Nosotros ofrecemos once.

El foco

Todas las culturas del mundo, y a lo largo de la historia, crean poemas, cuentos y proverbios. Son formas literarias universales. Algunos proverbios del mundo son:

Es la persona paciente la que ordeñará una vaca estéril (ghanés).

Hablar no cuece arroz (chino).

---

4. *Ryken's Bible Handbook*, 257. En otro lugar, Lee escribe que un proverbio es «una declaración de la verdad, concisa y fácil de recordar; en palabras del poeta inglés Alexander Pope: "Lo que muchas veces se pensó, pero nunca se expresó tan bien"» (Leland Ryken, «Introduction», en *The Literary Study Bible, English Standard Version* [Wheaton, IL: Crossway, 2019], xxii).

5. Estas definiciones se recogen en Arthurs, *Predicando con variedad*, 139.

Acostarse temprano y levantarse temprano hacen a un hombre sano, rico y sabio (estadounidense).

Nunca discutas con un tonto; la gente puede no notar la diferencia (irlandés).

Y he aquí algunos proverbios sobre proverbios:

Como un niño debe parecerse a su padre, así el proverbio debe ajustarse a la conversación (etíope).

El proverbio es la quintaesencia del lenguaje activo (turco).

La miel es dulce para la boca; el proverbio es música para el oído (tibetano).

Lo que diferencia a los proverbios bíblicos de otros proverbios es, obviamente, que se encuentran en la Biblia. Menos obvio, pero igual de importante, es que se centran en el Dios de la Biblia. El prólogo inicial de Proverbios termina así: «El principio de la sabiduría es el temor de Jehová» (Pr. 1:7). El principio rector para obtener y acumular sabiduría no es la inteligencia natural, adquirida o experimentada que no está relacionada con YHVH. Es el temor de Dios, que puede definirse en Proverbios como un perseverar «todo el tiempo (Pr. 23:17), humilde y fiel sumisión a Yahvé, que nos lleva a aborrecer el mal (8:13) y a apartarse de él (16:6) y trae consigo recompensas mejores que todos los tesoros terrenales (15:16): recompensas de amor y conocimiento de Dios (1:29; 2:5; 9:10; 15:33), y larga vida (10:27; 14:27a; 19:23a), confianza (14:26), satisfacción y protección (19:23)».[6] La respuesta bíblica a la pregunta: «¿dónde se hallará la sabiduría?» (Job 28:12) es:

---

6. Douglas Sean O'Donnell, *The Beginning and End of Wisdom* (Wheaton, IL: Crossway, 2011), 37. En mi comentario sobre Eclesiastés, resumo el concepto de esta manera: «Aquellos que, en medio de todas las duras verdades y los horribles problemas de este mundo caído, se presentan ante el Señor con *temblorosa confianza*, reciben de Él el don de una obediencia agradecida, de un contento constante y de un gozo sorprendente» (Douglas Sean O'Donnell, *Ecclesiastes: Enjoyment East of Eden*, Reformed Expository Commentary [Phillipsburg, NJ: P&R, 2014], 9).

«el temor del Señor es la sabiduría» (Job 28:28; cf. Pr. 1:7; 9:10; Ec. 12:13); es una sabiduría que viene de lo alto y solo llega «a los que en [ella] buscan refugio» (Pr. 30:5). Tremper Longman resume muy bien lo que intentamos decir, y añade una importante dimensión cristocéntrica:

> Proverbios es mucho más que una colección de ideas bien elaboradas sobre la vida. Es un libro profundamente teológico, que nos enfrenta desde el principio a la más fundamental de las opciones: ¿Cuál es o debe ser el motor de mi vida? ¿Me relacionaré con la Sabiduría o con la necedad? ¿Con Dios o con los ídolos? El lector cristiano se enfrenta a una elección particular: A la luz de las enseñanzas del Nuevo Testamento sobre la naturaleza de la sabiduría, ¿está Jesucristo, epítome de la sabiduría de Dios, en el centro de las decisiones y acciones de mi vida?[7]

El objetivo

El objetivo de Proverbios, como el de todos los proverbios de la Biblia, es «guiar a los lectores a vivir una vida moral y espiritualmente ordenada impartiendo sabiduría (habilidad para vivir) que abarca una amplia gama de experiencias humanas. Pensar y actuar correctamente son los objetivos del autor para su audiencia».[8] Esto se expresa con claridad en Proverbios 1:2-6:

> Para entender sabiduría y doctrina,
>> Para conocer razones prudentes,
> Para recibir el consejo de prudencia,
>> Justicia, juicio y equidad;
> Para dar sagacidad a los simples,
>> Y a los jóvenes inteligencia y cordura.
> Oirá el sabio, y aumentará el saber,
>> Y el entendido adquirirá consejo,
> Para entender proverbio y declaración,
>> Palabras de sabios, y sus dichos profundos.

---

7. Tremper Longman III, *How to Read Proverbs* (Downers Grove, IL: IVP Academic, 2002), 158.

8. *Ryken's Bible Handbook*, 251.

Aquí Salomón llama a todos los que necesitan la sabiduría cotidiana —los jóvenes, los sencillos y los que ya son sabios— a escuchar. Y ofrece sabiduría *práctica* («recibir el consejo de prudencia» e «inteligencia y cordura», vv. 3-4); sabiduría *intelectual* (la perspicacia en palabras sagaces, vv. 2b, 4b); sabiduría *moral* (recibir el consejo de «Justicia, juicio y equidad», vv. 3b); y sabiduría *misteriosa* («guía» y capacidad de entender o comprender las «Palabras de sabios, y sus dichos profundos», vv. 5-6).[9] Nuestro objetivo al predicar proverbios es hacer lo mismo.

Tono autoritativo

Aunque todos los libros de la Biblia suponen una relación entre un líder con autoridad (el autor) y sus subordinados (la audiencia), el libro de Proverbios, y otros libros bíblicos donde se encuentran proverbios, suponen más específicamente una relación maestro-discípulo. David exhorta a Salomón, la madre del rey Lemuel instruye a su hijo, la Sabiduría llama a los jóvenes, y Jesús se sienta con autoridad en una montaña y enseña a sus discípulos. Esta característica hace que «los proverbios suenen autoritativos».[10] Son palabras sabias de personas sabias que se han transmitido de generación en generación y, por lo tanto, en cada generación actual deben ser tenidas en cuenta.[11]

El diverso ritmo de los tambores

Hay cierta monotonía en una lista de proverbios, la mayoría de los cuales comparten una estructura paralela similar. Sin embargo, si se mira y escucha con atención, hay una serie de subgéneros dentro de este género. Por ejemplo, en la unidad inicial de Proverbios, encontramos una oración de la Sabiduría (1:20-33); un encomio en alabanza de la sabiduría (3:13-20); y el monólogo dramático de un padre a su hijo, en el que lo insta a escuchar, lo motiva y lo amonesta sobre cómo actuar, y

---

9. Ver Duane A. Garrett, *Proverbs, Ecclesiastes, and Songs of Songs*, New American Commentary (Nashville: Broadman, 1993), 67-68.

10. Barbara Kirshenblatt-Gimblett, «Toward a Theory of Proverb Meaning», en *The Wisdom of Many*, ed. Wolfgang Meider y Alan Dundes (Nueva York: Garland, 1981), 111.

11. «Los sabios de las culturas antiguas poseían cuatro rasgos principales: (1) eran atentos observadores de la condición humana; (2) eran maestros; (3) dominaban un tipo particular de discurso (el proverbio); (4) eran figuras de autoridad que afirmaban su sabiduría sin apología ni reservas» (Ryken, «Introduction to Proverbs», 953).

cataloga las consecuencias de la desobediencia (3:21–4:27). Proverbios 1–9 concluye con una historia de tentación (cap. 7), otra oratoria de la Sabiduría (cap. 8) y una narrativa que deja al lector la elección entre la sabiduría y la insensatez (cap. 9).

Momentos de epifanía

Ryken califica los proverbios de «momentos de epifanía», porque destilan en unas pocas líneas mil historias de la experiencia humana.[12] Los proverbios hacen —dice— «que una intuición sea permanente» o memorable «epigramatizando una experiencia».[13] Lo que emerge de los proverbios de la Biblia, y preeminentemente de los libros compuestos total o principalmente de proverbios, es un sentido de la vida. Los proverbios nos ponen en contacto con la vida tal como se vive. Al sumergirnos en la literatura sapiencial, prácticamente toda la vida pasa ante nosotros, tal y como recoge el modismo francés *comédie humaine* («toda la variedad de la vida»). Como tal, este género tiene el atractivo de la auténtica voz humana, proporcionando un buen complemento a la predicación teológica con sus abstracciones doctrinales. «Digo en mis clases —dice Lee —que la tarea de un autor literario es triple: observar y registrar la experiencia humana, interpretar las experiencias que se retratan y entretenernos con la forma y la técnica literarias. Los proverbios que componen la literatura sapiencial cumplen exactamente esas tres funciones».[14]

John Bunyan era brillante a la hora de desarrollar personajes en *El progreso del peregrino* que encarnan a la perfección a personas con las que todos nos encontramos en la vida y en nuestro largo y difícil viaje al cielo. Al igual que Bunyan, los autores de los proverbios bíblicos pusieron perfectamente en palabras y breves narrativas poéticas a personas

---

12. Leland Ryken, *How to Read the Bible as Literature* (Grand Rapids, MI: Zondervan, 1984), 124. «La literatura es el testimonio de la humanidad sobre su propia experiencia, y los proverbios lo hacen tan bien como cualquier otro género» (Leland Ryken, *Short Sentences Long Remembered: A Guided Story of Proverbs and Other Wisdom Literature*, Reading the Bible as Literature [Wooster, OH: Weaver, 2016], 56).

13. Leland Ryken, «Proverb as Literary Form», en *Dictionary of Biblical Imagery* [*Gran diccionario enciclopédico de imágenes y símbolos de la Biblia*], ed. Leland Ryken, James C. Wilhoit y Tremper Longman III (Downers Grove, IL: IVP Academic, 1998), 679. Publicado en español por editorial Clie.

14. Ryken, *Short Sentences Long Remembered*, 17.

como el bocazas, el cotilla, el comerciante turbio, el cafre, el fanfarrón, el perezoso, etc. Del mismo modo, «*sabemos* intuitivamente» que un proverbio es cierto porque se ajusta a nuestra experiencia.[15] «La única prueba irrefutable de un proverbio es una larga y dura mirada a la vida que nos rodea».[16]

Declaraciones cinceladas

Manzana de oro con figuras de plata
Es la palabra dicha como conviene (Pr. 25:11).

todo es hecho del polvo, y todo volverá al mismo polvo (Ec. 3:20).

Acercaos a Dios, y él se acercará a vosotros (Stg. 4:8).

Estos proverbios, y muchos otros similares, nos cautivan por su perspicacia y concisión, y nos invitan a reflexionar y analizarlos. Además, son «ejemplos de belleza verbal. Son afirmaciones cinceladas, construidas con palabras cuidadosamente elegidas, dispuestas con arte, que captan un punto culminante de la perspicacia humana. Este elemento de belleza artística y hábil manejo del estilo es una vía añadida para disfrutar de los proverbios. También explica en parte por qué los proverbios son fáciles de memorizar».[17]

Tipos y características

Los proverbios contienen imágenes poéticas y figuras retóricas, y su estructura habitual es un paralelismo. Los tipos incluyen proverbios de una frase y una línea («cordón de tres dobleces no se rompe pronto», Ec. 4:12); proverbios de una frase y dos líneas («porque mi yugo es fácil, y ligera mi carga», Mt. 11:30); y varios paralelismos.[18] Ryken ofrece estas definiciones y ejemplos de los tres tipos más comunes de paralelismo:

---

15. Ryken, *Short Sentences Long Remembered*, 112.

16. Ryken, «Proverb as Literary Form», 679.

17. Ryken, *Short Sentences Long Remembered*, 34-35.

18. «El principio de organización que subyace al paralelismo es el de decir algo dos veces de forma gramaticalmente similar, pero con palabras e imágenes diferentes» (Ryken, *Short Sentences Long Remembered*, 33).

Paralelismo sinónimo, en el que la segunda línea reafirma la misma verdad que la primera de forma similar: «El testigo falso no quedará sin castigo, y el que habla mentiras no escapará» (Pr. 19:5).

Paralelismo antitético, en el que la segunda línea afirma la verdad de la primera, de forma contrastada: «El camino del necio es derecho en su opinión; mas el que obedece al consejo es sabio» (Pr. 12:15).

Paralelismo sintético («creciente»), en el que la segunda línea se añade a la primera o la completa: «El temor de Jehová es manantial de vida para apartarse de los lazos de la muerte» (Pr. 14:27).

Robert Alter también incluye *elaboración* y *respuesta* en su resumen de la estructura oracional característica de la mayoría de los proverbios de dos oraciones:

Elaboración. La segunda parte intensifica el pensamiento de la primera o lo prolonga en el tiempo. Un ejemplo sería Proverbios 14:26:

> En el temor de Jehová está la fuerte confianza;
> Y esperanza tendrán sus hijos.

Respuesta. Las partes trabajan juntas para crear lo que parece ser la respuesta a una pregunta que en sí misma no está registrada. «Hacer justicia y juicio es a Jehová más agradable que sacrificio» (21:3) es la respuesta a la pregunta implícita: «¿Qué es más agradable al Señor que los sacrificios?».[19]

En la tabla 5.1 se destacan otros tipos de proverbios.

---

19. Robert Alter, *The Art of Biblical Poetry* (Nueva York: Basic Books, 1985), 169, como se explica e ilustra en Thomas G. Long, *Preaching and the Literary Forms of the Bible* (Filadelfia: Fortress, 1989), 60.

Tabla 5.1: Varios tipos de proverbios

Mejor que	Mejores son dos que uno;
	    porque tienen mejor paga de su trabajo
	        (Ec. 4:9).

Observación	La casa y las riquezas son herencia de los padres
	    Mas de Jehová la mujer prudente
	        (Pr. 19:14).

Orden	No te jactes del día de mañana;
	        Porque no sabes qué dará de sí el día
	        (Pr. 27:1).

Fórmulas de incentivos	Hijo mío, no te olvides de mi ley,
	    Y tu corazón guarde mis mandamientos;
	Porque largura de días y años de vida
	    Y paz te aumentarán.
	
	Nunca se aparten de ti la misericordia y la verdad;
	    Átalas a tu cuello,
	        Escríbelas en la tabla de tu corazón;
	Y hallarás gracia y buena opinión
	    Ante los ojos de Dios y de los hombres
	        (Pr. 3:1-4).

Preguntas retóricas	si la sal se desvaneciere, ¿con qué será salada? (Mt. 5:13).

Secuencias numéricas	Tres cosas me son ocultas;
	    Aun tampoco sé la cuarta:
	El rastro del águila en el aire;
	    El rastro de la culebra sobre la peña;
	El rastro de la nave en medio del mar;
	    Y el rastro del hombre en la doncella
	        (Pr. 30:18-19).

Refuerzo positivo	Humillaos delante del Señor, y él os exaltará (Stg. 4:10).
Refuerzo negativo	El que turba su casa heredará viento (Pr. 11:29).

Tabla 5.1 (*continúa*)

Refranes declarativos directos	Fíate de Jehová de todo tu corazón (Pr. 3:5).
Exhortaciones imperativas	Oye, hijo mío, la instrucción de tu padre (Pr. 1:8).
Analogía	El fruto del justo es árbol de vida (Pr. 11:30).
Breve retrato	El borracho (Pr. 23:29-35).
Enigma	¿Quién encerró los vientos en sus puños? (Pr. 30:4).

En la última categoría (Enigma) podemos hablar de proverbios misteriosos. Por ejemplo, cuando leemos: «Cruel es la misericordia del malvado» (Pr. 12:10, traducción literal del hebreo), nos preguntamos: «¿Cómo puede ser cruel la misericordia?»; y cuando leemos: «Echa tu pan sobre las aguas; porque después de muchos días lo hallarás» (Ec. 11:1), nos damos cuenta rápidamente de que no hay tiempo para «tomarse un descanso y relajar la mente».[20] Para dar sentido a ese texto enrevesado, necesitamos estudiar detenidamente las palabras, comprobar el contexto y, tal vez, consultar un comentario.

Las características definitorias que comparten todos los tipos de proverbios mencionados son que son (1) acertados y fáciles de recordar, (2) sencillos y complejos (¡y profundos!), (3) a la vez son específicos y generales o universales, (4) suelen utilizar un lenguaje figurado, y (5) expresan experiencias y verdades que son siempre actuales y, por tanto, se confirman continuamente en nuestras propias vidas y observaciones.[21]

Entiende las imágenes

Como espero que ya se haya notado (¡en todos los ejemplos anteriores!), los proverbios bíblicos están llenos de imágenes. Tenemos que observar esas imágenes, fijarnos en su tipo y ver sus características. Ese es el nivel

---

20. Ryken, *Short Sentences Long Remembered*, 42, 43.
21. *Ryken's Bible Handbook*, 257.

uno, como lo llama Ryken. El segundo nivel consiste en interpretar ese conjunto de imágenes literarias. Nuestro buen doctor ofrece tres acciones interpretativas: en primer lugar, necesitamos experimentar las propiedades literales de la imagen lo más plenamente posible, asegurándonos de que sabemos lo que el proverbio desea que imaginemos. En segundo lugar, debemos identificar las connotaciones de la imagen, incluidos el simbolismo y la emoción o emociones que el autor pretende que sintamos. En tercer lugar, debemos analizar la lógica de la imagen: ¿por qué el escritor eligió esta imagen para este tema concreto?[22]

Por ejemplo, tomemos Proverbios 27:8: «Cual ave que se va de su nido, tal es el hombre que se va de su lugar». Primero debemos entender que este proverbio nos ofrece una analogía en forma de símil, dejándonos que averigüemos en qué se parece A (la primera línea) a B (la segunda). ¿Qué caracteriza a un ave que se aleja de su nido? Piensa en ello durante más de un segundo. En segundo lugar, una vez que comprendemos que un «ave que se va de su nido» representa a una criatura obstinada y estúpidamente autosuficiente, a la que, al final, no le irá bien en el mundo por sí sola, comprendemos con rapidez la conexión simbólica con el joven que cree que puede vivir al margen de la autoridad de sus padres y de la protección de su familia. También comprendemos que debemos sentir pena por la situación, una pérdida trágica e innecesaria. Por último, la lógica de la imagen se hace evidente: es una advertencia. El autor ha utilizado una imagen cotidiana de lo que parece libertad para mostrar la absoluta insensatez de seguir el propio camino por cuenta propia.[23]

---

22. Ryken, *Short Sentences Long Remembered*, 37.

23. He aquí otro ejemplo. Sobre Proverbios 10:26 («Como el vinagre a los dientes, y como el humo a los ojos, así es el perezoso a los que lo envían»), Longman escribe: «¿Alguna vez te ha entrado humo en los ojos? A la mayoría de los lectores sí. Tal vez sean menos los que se han tomado un trago de vinagre. Pero esta imagen nos pide que reflexionemos sobre esa experiencia y la comparemos con enviar a un perezoso a una misión, lo cual le da, en esencia, cierta responsabilidad para que nos represente. ¿Cómo describirías el hecho de tener humo en los ojos? Podrías utilizar palabras como "molesto", "irritante", "doloroso". ¿Vinagre puro en los dientes? Esto es más difícil, aunque solo sea porque no sabemos a qué sabía el vinagre antiguo. Tal vez utilizaríamos las mismas palabras que para el humo, añadiendo también el amargor. Estas palabras dan fuerza a la idea de que un perezoso te defraudará, y esto repercutirá en tu propia reputación. El efecto del proverbio es tanto advertir a los ingenuos que no sean perezosos, como decir a los sabios que no los contraten» (Longman, *How to Read Proverbs*, 44).

Verdades generales, no promesas certeras

Instruye al niño en su camino,
    Y aun cuando fuere viejo no se apartará de él (Pr. 22:6).

¿Es una promesa? ¿Una garantía? ¿Una ley inmutable? No. Este es un principio que es generalmente verdadero.[24] La experiencia personal y la observación de los que nos rodean nos dice que la buena crianza y un ejemplo piadoso constante en el hogar, por lo general, conduce a una descendencia piadosa. Del mismo modo, el trabajo duro suele dar como resultado la adquisición de riqueza, y la siembra de semillas da como resultado una cosecha. Hay excepciones, por supuesto. Pensemos en los hijos malvados de Samuel, en la pérdida de posesiones del justo Job, y en Elías y Abdías, que soportaron una hambruna de tres años. Los proverbios bíblicos ofrecen generalizaciones sin calificar las excepciones. «Esa es la naturaleza del género», escribe Jeffrey Arthurs:

> Sin duda alguna, son observaciones generales *inspiradas*, pero no son promesas. Dios ha organizado el mundo de tal manera que la causa-efecto y la acción-consecuencia sean los patrones normales, pero tal como sabemos, esos patrones tienen muchas excepciones. Los proverbios resumen los patrones normales, mientras que los libros de Eclesiastés y Job se ocupan de las excepciones. Describen cómo piensan y se comportan los justos cuando a los buenos les suceden cosas malas.[25]

---

24. Si alguien tomara Proverbios 23:13-14 («No rehúses corregir al muchacho; porque si lo castigas con vara, no morirá. Lo castigarás con vara, y librarás su alma del Seol») como ley, podría dar lugar a algunas aplicaciones peligrosas, como «padres que pegan a su hijo [con una vara, no un simple azote con la mano] por miedo a que, de lo contrario, el niño acabe en el fuego y el azufre del infierno». Longman comenta correctamente: «Pero esto no es una ley. Es un principio general que anima a aquellos que son reacios a usar una forma de disciplina diciéndoles que es permisible e incluso útil para librar a un hijo de un comportamiento que puede resultar en una muerte prematura... uno debe saber con qué tipo de hijo está tratando. Algunos niños no responden en absoluto al castigo físico; de hecho, puede acelerar su camino a la tumba. Otros pueden no necesitar castigo físico, sino simplemente una fuerte reprimenda. La clave está en que los padres conozcan a su hijo y la situación al aplicar cualquier proverbio» (Longman, *How to Read Proverbs*, 57).

25. Arthurs, *Predicando con variedad*, 150.

Así, para usar la analogía común de forzar una clavija redonda en un hoyo cuadrado, el predicador debe evitar meter sin éxito «estas clavijas redondas de observación en hoyos cuadrados de promesa».[26]

Ryken da ejemplos (como: «Porque los rectos habitarán la tierra… Mas los impíos serán cortados de la tierra», Pr. 2:21-22; «Ninguna adversidad acontecerá al justo, mas los impíos serán colmados de males», 12:21) y ofrece este consejo:

> Necesitamos una estrategia para tratar los proverbios que parecen prometer demasiado. El camino equivocado es construir toda nuestra actitud hacia los proverbios sobre la base de esta categoría. Es cierto que este tipo de proverbios no deben considerarse promesas absolutas ni garantizadas, pero siguen obedeciendo las reglas generales de un proverbio. Todos los proverbios expresan principios generales basados en la observación de la vida o en la naturaleza del trato de Dios con el género humano. Todos los proverbios expresan lo que es *típica* o *habitualmente* cierto. El hecho de que haya excepciones no significa que no exista una regla general. De hecho, tenemos un proverbio sobre «la excepción que confirma la regla». Así que el primer requisito es que no excluyamos la posibilidad de que el proverbio difícil enuncie una verdad… Debemos evitar convertir la descripción de un principio general en una garantía o promesa. Pero en lugar de descartar los proverbios optimistas, debemos partir de la premisa de que existen buenas alternativas interpretativas a ese descarte.[27]

Los proverbios no deben aplicarse «de forma mecánica y absoluta».[28]

Preguntas de investigación

Para cada proverbio, hay un nivel de observación. Es decir, el primer nivel. Pero a menudo hay que explorar otros niveles superiores, como el analítico, el interpretativo y el de aplicación. Ryken sugiere tres preguntas para «sondear el significado más profundo de cualquier

---

26. Arthurs, *Predicando con variedad*, 150.
27. Ryken, *Short Sentences Long Remembered*, 65.
28. Ryken, *Short Sentences Long Remembered*, 56.

proverbio»,[29] lo que en otro lugar denomina «una forma infalible de extraer la profundidad de un proverbio»:[30]

1. ¿Qué *valor* se afirma o elogia? Por ejemplo, en Proverbios 27:7, se aplaude el valor de la moderación: «El hombre saciado desprecia el panal de miel; pero al hambriento todo lo amargo es dulce».
2. ¿Qué *virtud* se celebra o elogia? Por ejemplo, en Eclesiastés 5:12, se afirma y admira el trabajo del honrado jornalero de clase baja: «Dulce es el sueño del trabajador, coma mucho, coma poco; pero al rico no le deja dormir la abundancia».
3. ¿Qué *vicio* se denuncia o se prohíbe? Por ejemplo, en Eclesiastés 7:9, se deplora la ira: «No te apresures en tu espíritu a enojarte; porque el enojo reposa en el seno de los necios».

Algunos proverbios pueden incorporar las tres cosas: ordenar o elogiar una *virtud*, prohibir explícita o implícitamente un *vicio,* y afirmar un *valor*. Como ejemplo, consideremos Proverbios 27:1: «No te jactes del día de mañana; porque no sabes qué dará de sí el día». Para evitar que este proverbio parezca una obviedad, podemos aplicar el marco propuesto. En primer lugar, ¿qué vicio prohíbe este proverbio? Prohíbe presumir de la providencia de Dios y pensar que tenemos el control de nuestras vidas. En segundo lugar, alaba implícitamente la virtud espiritual de la humildad y la sumisión ante la providencia de Dios. En tercer lugar, exalta el valor de relacionarnos con Dios de un modo que reconozca su soberanía sobre nuestras vidas. No necesitamos quedarnos en el nivel superficial de un proverbio. Podemos escudriñarlo en busca de la virtud que prescribe, el vicio que proscribe y el valor que encomia.

Ayuda cómica

La mayoría de los proverbios bíblicos son bastante serios. Sin embargo, de vez en cuando, y a menudo de forma inesperada, las afirmaciones

---

29. *Ryken's Bible Handbook*, 257.
30. Ryken, *Short Sentences Long Remembered*, 60.

serias se interrumpen con humor. El humor da un respiro al lector. También despierta la simpatía del que sabe lo que está viviendo. Por ejemplo, los proverbios que describen a la esposa pendenciera resuenan en el amante esposo que, a diario, tiene que renovar sus votos de alianza con su poco encantadora esposa. O cuando Jesús dice: «deja que los muertos entierren a sus muertos» (Mt. 8:22), el punto es serio —no debe haber demora en seguirlo— pero la imagen, si pensamos en ella, no solo es imposible (los muertos no se mueven, y mucho menos entierran a otros muertos), sino humorística. ¡Es risible no seguir a nuestro Señor!

He aquí otros tres ejemplos de imágenes proverbiales cómicas de Proverbios:

> Como zarcillo de oro en el hocico de un cerdo
> Es la mujer hermosa y apartada de razón (11:22).

> El perezoso mete su mano en el plato,
> Y ni aun a su boca la llevará (19:24).

> Mejor es vivir en un rincón del terrado
> Que con mujer rencillosa en casa espaciosa (21:9).

CÓMO PREDICAR PROVERBIOS BÍBLICOS

Una vez visto cómo leer los proverbios bíblicos, pasamos, como hemos hecho hasta ahora, a cómo predicar estos pareados concisos y pegadizos que captan claramente conceptos cruciales. Así como antes hemos ofrecido más de diez características, a continuación, ofrecemos casi veinte sugerencias. ¿Cómo predicar proverbios? ¡He aquí cómo!

Concéntrate en el temor

En su «Introducción a Proverbios» para la *ESV Literary Study Bible*, Ryken señala que uno de los temas teológicos de Proverbios es «la visión de Dios», es decir, que varios proverbios proporcionan un «esquema detallado de lo que a Dios le gusta y le disgusta, lo que valora y lo que considera sin valor y, al contemplar esas cosas, llegamos a una comprensión de Dios».[31] Dicho de otro modo, y más específicamente, los proverbios bíblicos en su conjunto tienen un objetivo hacia Dios: el temor del Señor. Como predicadores, nuestro trabajo es centrarnos en ese temor.

Si nos centramos en nuestra respuesta adecuada a Dios, esto nos protege de predicar sermones moralistas. Además, si nos concentramos en este objetivo hacia Dios, es difícil predicar el evangelio de la salud y la riqueza de los populares predicadores de la prosperidad. Como afirma Arthurs: «Los proverbios no son recetas para el sueño americano. Son recetas para aprender a vivir con habilidad en un mundo creado por el Maestro soberano, generoso y temible».[32] Si estás predicando a ese Dios santo, imponente y poderoso al que debes reverenciar con el rostro en el suelo y sin calzado (Ec. 5:1-7), es poco probable que, en el siguiente aliento, digas algo que te convierta en el centro del universo y que tu mejor vida sea ahora la prioridad.

Observa la vida

El arte de la observación es importante en el sermón.[33] Los grandes predicadores son excelentes observando tanto lo que hay en el texto como quién está en su congregación. Para ser un gran predicador de proverbios, es necesario hacer lo que hizo Salomón en toda su sabiduría: «Dios dio a Salomón sabiduría y prudencia muy grandes, y anchura de corazón como la arena que está a la orilla del mar», una «sabiduría» mayor «que la de todos los orientales, y que toda la sabiduría de los egipcios» y «que todos los hombres» (1 R. 4:29-31). Y, debido a este don, «para oír la sabiduría de Salomón venían de todos los pueblos» (v. 34).

¿Cuál era la naturaleza de la sabiduría de Salomón, según se detalla en 1 Reyes 4:32-33? «Y compuso tres mil proverbios, y sus cantares fueron mil cinco. También disertó sobre los árboles, desde el cedro del

---

31. Leland Ryken, «Introduction to Proverbs», en *Literary Study Bible, English Standard Version*, 953.

32. Arthurs, *Predicando con variedad*, 150-151.

33. Ver Douglas Sean O'Donnell, «Spirit-Filled Sitzfleisch: The Prayerful Art of Sermonizing», en *Unashamed Workmen*, ed. Rhett Dodson (Fearn, Ross-shire, Scotland, UK: Christian Focus, 2014), 207-10.

Líbano hasta el hisopo que nace en la pared. Asimismo, disertó sobre los animales, sobre las aves, sobre los reptiles y sobre los peces». Aprendió a escribir frases cuidadas y poemas líricos. Aprendió a tocar música y a cantar canciones. Aprendió a estudiar la creación. Hablar de los cedros del Líbano requiere viajar de Jerusalén al Líbano y contemplar esos magníficos árboles, y tal vez anotar observaciones y compararlos con otros. Y hablar de pájaros y bestias, salmones y serpientes, y probablemente de muchas otras criaturas requería tiempo, viajes y reflexión.

¿Compartes el estilo de vida de Salomón para cultivar la sabiduría? Cuando el sabio dice: «Ve a la hormiga… Mira sus caminos, y sé sabio» (Pr. 6:6), se dirige directamente al perezoso, pero algo de sabiduría sobre el trabajo duro debe ser recogido por todos los que se detienen a ver, y algunas nociones de entomología sobre este insecto y mil otros pueden ser utilizadas por el predicador observador para una serie de ilustraciones y aplicaciones. Nuestro Señor Jesús era un maestro en esto. Usó mosquitos, perros, palomas, polillas, peces, gorriones, lobos, víboras, camellos y cerdos para evidenciar o elucidar sus puntos. ¿Qué sabes de zoología? ¿De biología? ¿Botánica? ¿Observas la vida?

Maltbie Babcock (1858-1901) fue pastor de la First Presbyterian Church de Lockport, Nueva York. Se mantenía en forma corriendo tres kilómetros desde la iglesia por la escarpa del Niágara, que domina el lago Ontario y ofrece una vista panorámica del norte del estado de Nueva York, otros tres kilómetros hasta «un profundo barranco donde se refugian hasta cuarenta especies diferentes de aves», y luego unos cuantos kilómetros más hasta la oficina de la iglesia.[34] Babcock también era músico. Tocaba el órgano, el piano y el violín, y escribió (como era de esperar) el famoso himno «El mundo es de mi Dios». No tenemos ninguno de sus sermones impresos, pero me imagino que algo de la voz de la creación que llegaba a sus oídos atentos («Eleva a Dios su dulce voz la entera creación») se hizo presente en su prosa sermónica. Y mientras él y su congregación cantaban de «la tierra, cielo y mar», el canto de los pájaros («el ruiseñor que… eleva su canción»), la salida del sol («Él hizo el sol») y las flores («las flores con su voz sutil»), se recordaban

---

34. William J. Peterson y Randy Petersen, *The One Year Book of Hymns: 365 Devotions Based on Popular Hymns* (Carol Stream, IL: Tyndale, 2017), 137.

unos a otros las verdades de la soberanía de Dios tanto sobre la creación como sobre el mal («jamás olvidaré / aunque infernal parezca el mal / mi Padre Dios es Rey»). Puede que no seas atleta ni músico, pero puedes dar un paseo cada día y contemplar los lirios, oír zumbar a las abejas, observar el vuelo de los pájaros y hablar a tu congregación sobre tu Creador, a partir de tus observaciones de su creación.

Predica cómo vivir

Hace una década, escribí un libro sobre la predicación de Cristo a partir de la literatura sapiencial del Antiguo Testamento. Recibí una reseña de una estrella de un pastor que dijo: «Compadezco a la congregación que se sienta bajo la predicación de este hombre». ¡Ay, eso dolió! La razón de esa crítica tenía que ver con la hermenéutica de ese pastor. Él creía que libros como Proverbios enseñaban la ley, no el evangelio, y que debemos predicarlos no como mandamientos a cumplir, sino como mandamientos que solo Cristo ha cumplido. Pues bien, yo (¡todavía!) discrepo fundamentalmente de esa teología en lo que se refiere a la literatura sapiencial de la Biblia. La literatura sapiencial, que se encuentra tanto en el Antiguo como en el Nuevo Testamento, no es ética para entrar en el reino, sino ética para los que ya están dentro. Como resume Graeme Goldsworthy, «[la literatura sapiencial] complementa la perspectiva de la historia de la salvación… [y ofrece] *una teología del hombre redimido que vive en el mundo bajo el gobierno de Dios*».[35]

En el último capítulo de mi libro, expliqué algo que quizá quien hizo la reseña no leyó: cómo trata el Nuevo Testamento la literatura sapiencial del Antiguo Testamento. El primer punto que expuse, titulado «Ética del evangelio», era que el uso apostólico de la literatura sapiencial no hacía sino reforzar la teología y la ética del Antiguo Testamento. También afirmé que esta continuidad y coherencia entre los Testamentos era significativa. Y aclaré la naturaleza de los sermones centrados en

---

35. Graeme Goldsworthy, *Gospel and Kingdom: A Christian Interpretation of the Old Testament* [*Evangelio y Reino: Una interpretación cristiana del Antiguo Testamento*] (Exeter, Inglaterra, UK: Paternoster, 1983), 142, énfasis añadido. Publicado en español por editorial Libros Gran Panorama, cf. Duane A. Garrett, «Preaching Wisdom», en *Reclaiming the Prophetic Mantle: Preaching the Old Testament Faithfully*, ed. George L. Klein (Nashville: Broadman, 1992), 108-10.

Cristo sobre los libros de Proverbios, Eclesiastés, Job y similares, de esta manera:

> Los sermones centrados en Cristo deben llamarnos a la santidad, a la luz de la encarnación de Cristo (2 P. 1:1-12, 17) y de su segunda venida (3:11-12). Los sermones centrados en Cristo deben promover la comisión de la Gran Comisión: «enseñándoles que guarden todas las cosas que os he mandado» (Mt. 28:20a). Los sermones centrados en Cristo deben hacernos sabios en la salvación por medio de la fe en Cristo y entrenarnos en la piedad (ver 2 Ti. 3:16). Además, los sermones centrados en Cristo deben incluir la confesión paulina de la obra de la cruz: «[Jesús] quien se dio a sí mismo por nosotros para redimirnos de toda iniquidad y purificar para sí un pueblo propio, celoso de buenas obras» (Tit. 2:14; cf. Hch. 3:26); las firmes exhortaciones del autor de Hebreos a la resistencia, a la luz del sumo sacerdocio de Jesús (p. ej.: 4:14); y las palabras finales de advertencia (no de consuelo) de nuestro Señor Jesús en el Sermón del Monte (Mt. 7:21-27). Los sermones centrados en Cristo pueden y deben tener un matiz ético; nuestros mensajes deben tener un peso moral. Al caminar bajo la cruz de Proverbios a Filipenses, de Eclesiastés a Efesios, o de Job a Santiago, no debemos entorpecer este filo ni disminuir este peso. Nuestros sermones centrados en Cristo sobre la literatura sapiencial deben inculcarnos, por un lado, la grandeza de Dios y, por otro, nuestra respuesta de gratitud obediente a la gracia, porque como dice Pablo: el propósito de ser «llenos... en toda sabiduría espiritual» es para que podamos andar «como es digno del Señor» (Col. 1:9-10). Esto requiere que tengamos en cuenta varias cuestiones más amplias que están estrechamente relacionadas con el evangelio en el Nuevo Testamento: (1) la fe: la respuesta adecuada al evangelio, y (2) la ética: la vida bajo el evangelio.[36]

Sobre lo que yo he hecho hincapié con un propósito particular (cómo predicamos a Cristo a partir de la literatura sapiencial), Ryken habla de forma más amplia. En respuesta a la pregunta: «¿Qué es la sabiduría?», dice:

---

36. O'Donnell, *Beginning and End of Wisdom*, 122-23.

La sabiduría es *habilidad para vivir*. Esto implica que la sabiduría se centra en la vida cotidiana práctica y se vincula a la tarea de los autores de observar la vida y la experiencia humana… El libro de Proverbios contiene observaciones y consejos sobre temas tan dispares como la agricultura, los pleitos, los modales en la mesa, el manejo del dinero, cómo evitar las malas compañías, cómo elegir esposa y el deleite de tener nietos. Esto no minimiza que otros proverbios traten sobre la vida espiritual: temer a Dios, adorar como es debido y soportar las pruebas. Pero incluso aquí, el objetivo de los sabios es que la gente se desenvuelva bien en la vida y no mal, es decir, con habilidad para vivir.[37]

¿Predicas a tu gente la habilidad para vivir? ¿Les das la sabiduría de Dios? ¿Comprenden que «hay normas por las que podemos diferenciar entre buena y mala conducta; las acciones producen invariablemente consecuencias; la vida requiere que elijamos entre opciones buenas y malas; la buena vida requiere una elección activa y un esfuerzo moral extenuante; toda la vida es trascendental; la elección última que la gente tiene que hacer es elegir obedecer las normas de Dios para vivir»?[38] ¿Persuades a los tuyos para que elijan la sabiduría en lugar de la insensatez en las decisiones cotidianas de la vida? ¿Les recuerdas las recompensas de una vida recta, como hace Jesús al final de cada bienaventuranza? ¿Ofreces repetidas advertencias, como hacen Proverbios y Santiago, y como hace Jesús al final del mejor sermón de la historia: el Sermón del Monte? ¿Tienen tus sermones algún peso moral?

Si no les predicas a los cristianos la necesidad de formar el carácter, no estás predicando bien los proverbios. «La verdadera intención —de este tipo de literatura, afirma Roland Murphy— es entrenar a una persona, formar su carácter, mostrar cómo es realmente la vida y cómo afrontarla mejor».[39] Dios no nos ha dejado solos. En su Palabra, nos da su modelo de buena vida, ofreciéndonos lecciones de discreción, pureza, laboriosidad, trabajo duro, justicia, liderazgo y

---

37. Ryken, *Short Sentences Long Remembered*, 13.

38. Ryken, «Introduction to Proverbs», 952.

39. Roland E. Murphy, *The Tree of Life: An Exploration of Biblical Wisdom*, 3.ª ed. (Grand Rapids, MI: Eerdmans, 2002), 15.

control de la lengua. No predicar la ética cristiana es no predicar todo el consejo de Dios.

Sigue la fórmula

Si no sabes por dónde empezar para seguir esta sugerencia, sigue esta fórmula inspirada por Dios. Algunos proverbios, o cadenas de proverbios, ofrecen todos o algunos de estos cuatro ingredientes: (1) una llamada a escuchar, (2) amonestaciones, (3) motivación para obedecer y (4) consecuencias de la obediencia. Por ejemplo, Proverbios 4:1-9 combina los cuatro, comenzando en los versículos 1-2 con una llamada a escuchar («Oíd, hijos… Y estad atentos»), una motivación («Porque os doy buena enseñanza») y una amonestación («No desamparéis mi ley»). Concluye con otras cuatro exhortaciones a «Adquiere sabiduría» y las consecuencias positivas de hacerlo: ella te guardará, te engrandecerá y corona de hermosura te entregará. En tu predicación, sigue esa fórmula.

Adapta para la audiencia

Como he argumentado en otro lugar, Cantar de los Cantares es un libro para chicas: «El público al que va dirigido son "las hijas de Jerusalén", que son las "doncellas" mencionadas en 1:3 y en 2:2. A estas muchachas… se las amonesta a esperar hasta el matrimonio para disfrutar de la intimidad sexual».[40] El libro de Proverbios es un libro para chicos:

> Proverbios se dirige principalmente a hombres, o más concretamente, a los jóvenes. De hecho, la palabra hijo se utiliza cuarenta y cuatro veces. Si lo comparamos con la palabra hija, que no se usa nunca, empezamos a entenderlo. Eso no quiere decir que Proverbios no tenga nada que decir a las hijas, las mujeres, los ancianos o los niños, pero sí que los varones son aquí el público objetivo. Por eso lo llamo, como otros lo han llamado, un libro para chicos. Yo lo veo como un devocional para jóvenes, pues así como hay treinta y un días en muchos meses, también hay treinta y un capítulos: un capítulo al día para alejar la insensatez. Aléjate de la trampa y los lazos

---

40. Douglas Sean O'Donnell, «Song of Solomon», ESV Expository Commentary (Wheaton: IL, Crossway, próximamente).

de la mujer adúltera (ocho capítulos se centran, en cierta medida, en ese tema). Mantente alejado de la mujer pendenciera (hay cinco referencias diferentes a ella: no debes querer a alguien como ella). Pero no te alejes de la mujer sabia, la esposa excelente. Escucha su voz. Encuéntrala. Abrázala. Aférrate a ella como a una perla rara y preciosa. Esta insistencia en que Proverbios es un libro para varones queda patente en todo el lenguaje y los temas del libro, pero especialmente en este capítulo final con su poema (31:10-31). De hecho, la propia estructura de este poema hábilmente elaborado hace que este punto sea literal.[41]

¿Significa eso que la sabia advertencia de Cantar de los Cantares a las jóvenes solteras no es pertinente para los hombres? No. La pureza y la paciencia deben ser una prioridad para ambos sexos. ¿Significa eso que Proverbios 31 no tiene nada que enseñar a las mujeres mayores? No. Las mujeres mayores necesitan modelar las excelencias de la esposa excelente. Aquí, de nuevo, reiteramos la importancia de (a) entender la audiencia original y la intención de una obra literaria, y luego (b) ver cómo lo que se les dijo allí tiene aplicación a tu congregación hoy.

Ten en cuenta las sutilezas estructurales

Es posible, pero no recomendable, organizar sermones con las formas estructurales que encontramos en algunos proverbios bíblicos. Por ejemplo, no aconsejo un sermón de veintidós puntos sobre el poema acróstico de Proverbios 31:10-31, ni un sermón de siete puntos basado en su estructura quiástica. Tampoco recomendaría dividir las cinco preguntas retóricas (¡y su única respuesta!) en sus cinco puntos. Podrías hacer un sermón de cuatro puntos sobre las cuatro cosas que son demasiado maravillosas e inexplicables —(1) el camino de un águila en el cielo, (2) una serpiente sobre una roca, (3) un barco en alta mar, y (4) un hombre con una virgen (Pr. 30:18-19)— pero sería un sermón corto, me parece.

Lo que quiero decir es lo siguiente: cuando exista un orden estructural claro que se ajuste a un esquema sermónico (p. ej.: las Bienaventuranzas),

---

41. O'Donnell, *Beginning and End of Wisdom*, 48-49.

utiliza la estructura inspirada. Sin embargo, una forma sugerida de predicar la mayoría de los proverbios bíblicos, especialmente los del libro de Proverbios, es agrupar los versículos temáticamente. Ryken lo aclara: «Salvo en los primeros nueve capítulos y en el encomio a la buena esposa al final del libro, sería inútil buscar coherencia y continuidad estructurales mientras leemos... Aunque los proverbios del libro de Proverbios no suelen estar ordenados en grupos temáticos, es posible recorrer el libro buscando proverbios sobre un tema y componer el propio grupo de proverbios».[42]

En el «Apéndice B: Resúmenes de libros y series de sermones sugeridos»,[43] de mi libro sobre la predicación de la literatura sapiencial, escribo lo siguiente sobre Proverbios:

Hay lugares en los que podemos adoptar un enfoque puramente lineal (1:1–9:18) y otros en los que es más adecuado un enfoque temático (la mayor parte de 10:1–22:21). Sin embargo, en el propio texto inspirado, hay comentarios editoriales que nos ofrecen cierta orientación estructural, encabezamientos como «Los proverbios de Salomón, hijo de David, rey de Israel» (1:1), «Palabras de Agur, hijo de Jaqué» (30:1), etcétera. Estos epígrafes y otras pistas del texto han llevado a muchos eruditos a considerar los Proverbios como siete colecciones:

1:1–9:18
10:1–22:16
22:17–24:22
24:23-34
25:1–29:27
30:1-33
31:1-31

Sería muy valioso predicar siete sermones sobre cada colección. Además, predicar Proverbios 1:1–9:18 en diez o quince sermones

---

42. Ryken, «Introduction to Proverbs», 953, cf. Longman, *How to Read Proverbs*, 157.
43. O'Donnell, *Beginning and End of Wisdom*, 153-58, cf. Raymond C. Ortlund Jr., *Proverbs: Wisdom That Works, Preaching the Word* (Wheaton, IL: Crossway, 2012), caps. 15-21.

sería una serie muy útil y práctica. He adjuntado (valiente de mí) mi intento de trazar una serie de sermones para todo el libro. Oremos:

Los proverbios de Salomón

1:1-7	El principio de la sabiduría
1:8-19	No sigas el camino de los pecadores
1:20–4:27	Los beneficios de abrazar la sabiduría
1:20-33	La sabiduría grita en las calles
2:1-22	¿Por qué escuchar a la Sabiduría?
3:1-35	Confianza en el Señor
4:1-27	Abrázala (Sabiduría)
5:1-23; 6:20–7:27; 9:13-18	Señora necedad
6:1-5	Acude a tu prójimo agraviado
6:6-11	Observa la hormiga laboriosa
6:12-19	Siete abominaciones
8:1–9:6	Señora Sabiduría
9:7-18	Corrige al burlador

Más proverbios de Salomón

10:1–22:16	Contrastes («pero») y consecuencias (hacer sermones temáticos)

Para 10:1–22:16, sugiero sermones temáticos. Empezaría con un sermón general que explicara el motivo para abrazar la sabiduría: vive sabiamente en actitud y acciones hacia Dios y los demás, y (normalmente) prosperarás. Dos títulos que se me han ocurrido para este sermón general son: «El *qué* y el *porqué* de la sabiduría» y «Las recompensas de la justicia; el resultado de la injusticia».

Abajo están los títulos de mis sermones para los siguientes temas: dinero, paternidad, ética en los negocios, la lengua, ética en el trabajo, política, compañerismo, y actitudes y emociones piadosas. Debes dar, por lo menos, un sermón sobre cada uno.

Compañía guardada
El poder de la lengua
Ni pobreza ni riqueza
Un hijo sabio
Educar a un niño
Oh, perezoso
Templar los ánimos
Altivez y humildad
La guía de Dios
Teme al Señor *y al Rey*
Cuando tiembla la Tierra: Injusticias
¿Sigue todo igual?

22:17–24:34	No[44]
23:22-35	Mujeres y vino

Los proverbios de Salomón por medio de Ezequías

25:1-7	Conducta real
25:8–26:28	Como (un sermón sobre similitudes)
27:1–29:27	Pero el justo

Los proverbios de Agur

30:1-6	Dónde encontrar la sabiduría: la Palabra
30:7-33	Dos cosas, tres cosas, cuatro cosas

Los proverbios de Lemuel

31:1-9	El rey sabio
31:10-31	Sabiduría nupcial

Helen Sword señala cómo la ensayista Annie Dillard describió la escritura como «un esfuerzo arquitectónico, un ciclo continuo de diseño, demolición y reconstrucción». Dillard comparaba las frases con ladrillos,

---

44. A menudo 22:17–24:22 se ve como «treinta dichos de los sabios», y 24:23-34 como «cinco dichos más». Yo los uno, pues los veo conectados por las palabras clave «no».

los párrafos con paredes y ventanas. Un sermón bien estructurado, y una serie de sermones, «como una casa bien construida, requiere una cuidadosa reflexión y planificación».[45]

Haz que tu idea central sea «proverbial»

Tomo prestada esta sugerencia, y su lenguaje (incluido el título anterior), de Arthurs. Sus palabras y mis ilustraciones bastarán para resumirla:

> Esa idea central [del sermón] se arraigará en la memoria si uno la expresa como un proverbio, con brevedad, equilibrio, imagen y valores sólidos. Al hacer esto, predicamos no solo como hablan los sabios, sino también como escuchan los oyentes, porque en la edad de la oralidad secundaria, la frase destilada y fácil de recordar es tan común como los copitos de maíz. Los anunciadores acuñan jingles publicitarios en la memoria [«Estoy pegado a la marca de apósitos adhesivos Band-Aid, porque Band-Aid está pegada a mí»], y los políticos resumen sus mensajes en frases cortas para salir en las noticias de la noche [o para crear un movimiento: *Make America Great Again!*» (¡Que Estados Unidos vuelva a ser grande!)].[46]

A continuación, Arthurs nos ofrece cuatro maneras de seguir su consejo. En primer lugar, utiliza el proverbio mismo y repítelo a lo largo del sermón. Si después de cada cinco minutos de exégesis, ilustración y aplicación, dices: «Antes del quebrantamiento es la soberbia» (Pr. 16:18), es probable que todos y cada uno de los miembros de tu congregación se vayan con la idea principal. En segundo lugar, crea tu propio refrán proverbial. En su sermón sobre la superación de la amargura, John Piper acuñó este lema sermónico: «Si guardas rencor, menosprecias al Juez». ¡Es genial! ¡Eso se puede predicar! Eso se recordará, y si el Señor quiere, se aplicará esa semana, si no toda la vida. Tercero, vocear un cantar. Ok, es mi aliteración, no la de Arthurs, pero se ajusta a lo que sugiere. El lema del ministerio de Tim Keller es la ilustración que Arthurs ofrece: «Él [Jesús] vivió la vida que yo debería haber vivido y murió la muerte

---

45. Helen Sword, *Stylistic Academic Writing* (Cambridge, MA: Harvard University Press, 2016), 122.

46. Arthurs, *Predicando con variedad*, 154. Los eslóganes entre corchetes son mis ejemplos.

que yo debería haber muerto». El estribillo de Piper sobre el hedonismo cristiano también podría encajar aquí: «Dios es más glorificado en ti cuando tú estás más satisfecho en él». En cuarto lugar, tomemos un eslogan contemporáneo («ver para creer») y démosle una vuelta de tuerca («creer para ver»). Este eslogan describe bien a los ciegos de Mateo 20:30, que perciben correctamente que Jesús es el poderoso «Señor» y el misericordioso «Hijo de David».

Un proverbio es una afirmación concisa y memorable de una verdad. ¿Lo son tus puntos? Los proverbios bíblicos «expresan la verdad con contundencia».[47] ¿Lo haces tú también? ¿No solo expresas una idea, como hacen los proverbios de Dios, sino que también convences a tu gente a seguir esa idea, como hacen también los proverbios?

Los rasgos de la enseñanza

Como ya hemos dicho, los proverbios bíblicos se definen por cinco rasgos: (1) son acertados y fáciles de recordar, (2) son sencillos y complejos (¡y profundos!), (3) son a la vez específicos y generales o universales, (4) suelen utilizar un lenguaje figurado, y (5) expresan experiencias y verdades que son siempre actuales y, por tanto, se confirman continuamente en nuestras propias vidas y observaciones. Todas estas características definen un buen sermón.

¡Haz que se recuerde!

Mi esposa trabaja para *Administer Justice* (administerjustice.org), un ministerio que ofrece asistencia jurídica a personas de bajos ingresos. Le encargaron que escribiera un estudio bíblico sobre el tema de la justicia. Cuando llegó a Proverbios, me dijo: «Los proverbios son "dichos pegajosos", ¿no?». Precisamente. Los sabios sabían cómo hacer que se pegaran. Como observa Ryken, «Cuando oímos o leemos un proverbio por primera vez, obviamente no sabemos si lo recordaremos, pero percibimos que tiene un efecto impactante en nosotros, y sabemos que es digno de ser recordado». Enumera tres ejemplos,[48] incluido Santiago

---

47. Ryken, *Short Sentences Long Remembered*, 22.

48. Algunos ejemplos de Proverbios serían 3:5; 9:8; 10:2, 16, 25, 26; 13:12, 20; 15:17; 16:3, 9, 18, 25, 33; 17:22; 18:22; 22:4; 27:1, 6, 17; 31:30. Proverbios 24:33-34 también es lírico (y, por tanto, fácil de recordar).

1:22 («sed hacedores de la palabra, y no tan solamente oidores») y concluye: «No todos los proverbios son tan fáciles de recordar, pero la tendencia general de los proverbios es que se nos queden grabados en la mente».[49] Esfuérzate por hacer que tus puntos (y también ciertas frases clave) se puedan memorizar. Por ejemplo, cuando prediqué sobre las Bienaventuranzas, mi sermón en línea fue:

> Una bendición rota
> Una bendición futura
> Una bendición desinteresada

Cuando prediqué Eclesiastés, seguía el repetido estribillo del Predicador de «vanidad» con esta memorable frase: «rebájate hasta la dependencia». Eclesiastés fue escrito para «rebájate hasta depender de nuestro gozoso Dios y de su bendita voluntad para tu vida».[50] ¡Haz que se recuerde con facilidad!

El arte de las palabras

Lo que dice Sword en su capítulo «Sentencias inteligentes», de su libro *Stylistic Academic Writing*, es oportuno para la predicación:

> Una frase cuidadosamente elaborada da la bienvenida a su lector como una cómoda mecedora, lo lleva a través de abismos como un puente colgante y le ayuda a navegar por terrenos difíciles como un bastón bien tallado. En cambio, una frase mal elaborada o no elaborada funciona más bien como un tronco sin forma arrojado a un río: puede ayudarte o no a llegar a la otra orilla, dependiendo de lo fuerte que sea la corriente y de lo fuerte que estés dispuesto a patalear.[51]

Ella continúa hablando de los escritores con estilo, como aquellos que son «rigurosos con la prosa bien elaborada», que incluye frases que «varían en longitud, tema y estilo» y se rigen por tres principios clave: «En primer lugar, emplean muchos sustantivos concretos y verbos vívidos,

---

49. Ryken, *Short Sentences Long Remembered*, 22.
50. O'Donnell, *Ecclesiastes: Enjoyment East of Eden*, 221.
51. Sword, *Stylistic Academic Writing*, 48.

sobre todo al hablar de conceptos abstractos. En segundo lugar, mantienen los sustantivos y los verbos muy juntos, para que los lectores puedan identificar fácilmente "quién patea a quién". En tercer lugar, evitan sobrecargar las frases con palabras y frases superfluas. Lejos de renunciar a la complejidad teórica o a los matices sintácticos, los escritores académicos con estilo ponen estos tres principios básicos al servicio de una expresión elocuente y de ideas complejas».[52]

Los sabios y sabias que pronunciaron y escribieron los proverbios sapienciales de la Biblia eran agudos observadores de la experiencia humana. También eran elocuentes oradores. La *Real Academia Española* define la elocuencia como «facultad de hablar o escribir de modo eficaz para deleitar, conmover o persuadir». Un escritor elegante, como comenta Sword, es aquel que nos da la impresión de que «cada palabra ha sido cuidadosamente elegida, como las palabras de un poema, por su peso, sonido y resonancia».[53]

En Eclesiastés 12:9-10, el Predicador, después que «ponderó» e «investigó» las palabras, compuso los proverbios que enseñaba con gran cuidado, y «procuró hallar las palabras más adecuadas y escribirlas con honradez y veracidad» (NVI). Predicador, tú trabajas con la Palabra. Pero ¿trabajas con tus palabras en la Palabra? En el estudio, ¿sopesas las palabras —una frente a otra— hasta encontrar la adecuada? ¿Eres hábil a la hora de seleccionar las palabras para que el sermón del domingo una a Cristo con su Iglesia? ¿Utilizas expresiones hermosas para persuadir a tus feligreses de que piensen, sientan y actúen como Dios quiere que lo hagan? ¿Comprendes que «Dios creó el espíritu humano con la capacidad y el anhelo de lo verdadero, lo bueno y lo bello», que «algo que está bien expresado simplemente causa un mayor impacto»[54]? En la medida de tus posibilidades y dentro de los límites de tu tiempo, te animo a predicar palabras bien escritas y dichas. Sí, sirve al pueblo de Dios manzanas de oro con figuras de plata (Pr. 25:11).

---

52. Sword, *Stylistic Academic Writing*, 49.
53. Sword, *Stylistic Academic Writing*, 167.
54. Ryken, *Short Sentences Long Remembered*, 103-4.

Habla como habla tu gente

El poeta laureado estadounidense Billy Collins habla de la poesía contemporánea como «el uso del lenguaje cotidiano, con jazz añadido». Del solo de jazz ya se ha tratado anteriormente; las notas sencillas, aquí.

Hay un tono en el libro de Proverbios, en el Sermón del Monte y en otras grandes compilaciones proverbiales de nuestras Sagradas Escrituras. Lo asombroso es que tanto el rey Salomón como el Señor Jesús (que era mucho «más que Salomón», Mt. 12:42) hablaban con sabiduría realista a todos los que encontraban, desde los humildes mendigos ciegos hasta los arrogantes sumos sacerdotes. Las metáforas, los símiles y las imágenes en general empleadas en los proverbios bíblicos son corrientes y sin pretensiones; y las personas, los lugares y las cosas, junto con las situaciones encontradas, son cotidianos: un perezoso en su cama; las constantes discusiones con un cónyuge difícil; las tentaciones mundanas del sexo, el poder y el dinero.

¿Hablas como tu gente? ¿O sufres de *jerganitis*? Una forma fácil de hacer una autoevaluación es imprimir tu último sermón y rodear con un círculo cada palabra y frase que el adolescente medio de tu congregación no encontraría inmediatamente comprensible. Si has marcado con un círculo más de diez palabras, tienes que aprender que «la claridad y la complejidad son compañeras de cama, no rivales».[55] Y tienes que empezar a escribir y predicar sermones que suenen más como versos de la literatura sapiencial («Suave ciertamente es la luz, y agradable a los ojos ver el sol», Ec. 11:7).

Contar y mostrar, o mostrar mientras se cuenta

Un día, los trillizos de diez años de mi iglesia me hicieron preguntas sobre mis sermones. A la pregunta: «¿Cuál ha sido tu sermón favorito?», respondí: «El sermón sobre Eclesiastés 2, que llamé "La casa hueca del hedonismo"». Cada uno de ellos asintió y dijo: «Oh, sí, recuerdo ese sermón». Uno de los niños me guio por todo el esquema del sermón. ¡No es broma!

¿Por qué me gustó y por qué lo recordaron y les gustó también? Muy sencillo. Fue quizá el sermón más visual que he predicado jamás. No

---

55. Sword, *Stylistic Academic Writing*, 156.

siempre utilizo PowerPoint ni recurro a pantallas, pero ese día lo hice, y mientras recorría las cuatro salas de la «Casa del hedonismo» de Salomón, una imagen interesante y clara acompañaba cada punto. Tengo sentimientos encontrados sobre las pantallas en las iglesias, pero no tengo reparos en decir: «¡Hagan sus sermones lo más visuales posible!».[56]

Arthurs también advierte que, cuando prediquemos proverbios, debemos involucrar nuestra imaginación imaginando imágenes: «Trate de ver, escuchar y sentir los tizones, los cerdos, las joyas, los árboles, las coronas, las varas, las pesas y las fuentes».[57] No es un pecado no ofrecer algún comentario visual cuando predicas sobre la «mujer prohibida» de Proverbios, pero sí es una vergüenza. Ofrece comentarios visuales que correspondan a la naturaleza visual del texto. Con cuidado y discreción, ayuda a tu congregación a *ver* algo de «los labios» que «destilan miel», el «paladar» que es «más blando que el aceite», y las terribles consecuencias de someterse al pecado que ella ofrece: «Mas su fin es amargo como el ajenjo, agudo como espada de dos filos» (Pr. 5:3-4). Amonesta a los hombres casados para que no jueguen con el fuego de la lujuria adúltera («¿Tomará el hombre fuego en su seno sin que sus vestidos ardan?», 6:27) y anímalos a disfrutar del placer vivificante de su lecho matrimonial («Bebe el agua de tu misma cisterna, y los raudales de tu propio pozo», 5:15). La imaginería de los proverbios bíblicos es impresionante (ver los ejemplos de arriba y abajo). Haz justicia a esas imágenes desde el púlpito. Cuida la imagen de las ideas:

beben vino de robos (4:17).

la senda de los justos es como la luz de la aurora… (4:18).

---

56. «Como el neuropsicólogo Allan Paivio [*Mental Representations: A Dual Coding Approach* (Oxford: Oxford University Press, 1984)] y otros han documentado, las palabras y las imágenes son procesadas por el cerebro a lo largo de vías completamente separadas; no es para sorprenderse que los lectores comprendan los nuevos conceptos con mayor claridad y los recuerden más fácilmente cuando se presentan tanto verbal como visualmente, en lugar de solo de una manera u otra… Las ilustraciones visuales activan tanto los ojos como la mente… los conceptos abstractos se hacen más fáciles de recordar y accesibles en el momento en que los plantamos en el mundo material, el mundo que nuestros lectores pueden ver y tocar» (Sword, *Stylistic Academic Writing*, 108).

57. Arthurs, *Predicando con variedad*, 150.

La ley del sabio es manantial de vida… (13:14).

Torre fuerte es el nombre de Jehová;
    A él correrá el justo, y será levantado (18:10).

Sabroso es al hombre el pan de mentira;
    Pero después su boca será llena de cascajo (20:17).

¿Has de poner tus ojos en las riquezas, siendo ningunas?
    Porque se harán alas
    Como alas de águila, y volarán al cielo (23:5).

Porque abismo profundo es la ramera,
    Y pozo angosto la extraña (23:27).

vino… como serpiente morderá… (23:31, 32).

Como nubes y vientos sin lluvia,
    Así es el hombre que se jacta de falsa liberalidad (25:14).

Como perro que vuelve a su vómito,
    Así es el necio que repite su necedad (26:11).

El carbón para brasas, y la leña para el fuego;
    Y el hombre rencilloso para encender contienda (26:21).

No tiene temor de la nieve por su familia,
    Porque toda su familia está vestida de ropas dobles (31:21).

Cuando encuentres un proverbio en una epístola, discurso o narrativa, tómate tu tiempo para tratarlo como un proverbio. Desempaca el proverbio en su contexto literario. Aclara por qué está ahí. Ilustra su importancia. Aplícalo a la vida de tu congregación. Y, por favor, ¡explica sus imágenes!

Revive la historia detrás del proverbio

Recordando que «detrás de cada proverbio hay una historia o un grupo de historias», utiliza «estadísticas, ejemplos, acontecimientos actuales e historias» para «animar y advertir».[58] He aquí tres ejemplos: cuando enseñes sobre Proverbios 30:8 («No me des pobreza ni riquezas»), ofrece estadísticas sobre los hábitos de gasto. Por ejemplo, Craig Blomberg comienza su libro *Ni pobreza, ni riquezas: Una teología bíblica de las posesiones materiales*, con una muestra de estadísticas: «Por lo menos mil millones de personas, del total de cinco mil millones de personas en el mundo, viven bajo algún nivel de pobreza… los norteamericanos gastan anualmente el doble en arreglos florales que en ministerios protestantes en el extranjero… e increíblemente 140 veces en actividades de apuestas legales».[59] Al instruir sobre «Cuando los justos dominan» (29:2), ilustra con recortes de noticias sobre los «terrible[s] opresor[es]» (28:16, NVI) de Myanmar o de otra docena de países. Cuando prediques sobre los proverbios que advierten a los jóvenes que eviten andar con malas compañías (p. ej.: Pr. 1:10-19; 7:6-27), comparte la historia de la juventud de Agustín, cuando robaba fruta únicamente por el deseo equivocado de contribuir con la pandilla: «Y de allí sacamos una enorme carga, no para banquete nuestro, sino para arrojarlas a los cerdos».[60]

Cautivos de Cristo

Lo que Pablo escribe en 2 Corintios 10:5 puede servir de excelente lema para la predicación cristiana: «derribando argumentos y toda altivez que se levanta contra el conocimiento de Dios, y llevando cautivo todo pensamiento a la obediencia a Cristo». Una forma de hacerlo al predicar proverbios bíblicos es compararlos y contrastarlos con eslóganes culturales populares, lo que Alyce McKenzie denomina «proverbios en duelo».[61] Los mantras políticos pegadizos y los jingles comerciales

---

58. Arthurs, *Predicando con variedad*, 151.

59. Craig L. Blomberg, *Ni pobreza, ni riquezas: Una teología bíblica de las posesiones materiales* (Barcelona: Clie, 2002), 17, 19.

60. San Agustín, *Confesiones* (Madrid: Editorial Gredos, 2010), 168.

61. Alyce M. McKenzie, *Preaching Proverbs: Wisdom from the Pulpit* (Louisville: Westminster/John Knox, 1996), 127-28.

hacen más que resonar en los oídos de tu congregación; se abren camino en sus memorias, a menudo ofreciendo una cosmovisión alternativa e impía. Por ejemplo, gracias a las redes sociales donde la gente puede decir lo que quiera cuando quiera en un ambiente poco filtrado, se ha generalizado que incluso los cristianos de hoy publiquen sus puntos de vista sobre personas y posiciones, de manera muy poco caritativa. El día antes de escribir esta página, un amigo me habló de una publicación que escribió en Internet, la que hizo que lo despidieran. Iba dirigido directamente a un «intocable» de la gran organización. Me dijo: «Borré la publicación. Sé que no mostraba amor. Pero tenía que decir la verdad». Pensé: ¿Qué tal decir la verdad con amor? Esta persona necesitaba conocer, creer y aplicar el proverbio de Pablo.

Otro ejemplo fue cuando el multimillonario Donald Trump se presentó a las elecciones presidenciales de 2016. Ese año leí un artículo en *Politico* que hablaba de cómo «Trump no hizo ningún esfuerzo por ocultar su creencia en el evangelio de la riqueza». Predicaba regularmente que un voto por él equivalía a riqueza para sus votantes: «Todos serán ricos. Muy ricos», prometía. También anunció sin pudor: «Vamos a hacer que Estados Unidos vuelva a ser rico. Hay que ser rico para ser grande». Bueno, ¿cómo se lleva esa filosofía con las enseñanzas de Jesús sobre la riqueza y la grandeza? Ya saben la respuesta. No le va bien:

> Si alguno quiere ser el primero, será el postrero de todos, y el servidor de todos (Mr. 9:35).

> Porque ¿qué aprovechará al hombre si ganare todo el mundo, y perdiere su alma? (Mr. 8:36).

Cuando utilicé los dichos proverbiales de Trump como ilustración de una enseñanza a la que no se debe prestar atención, se sintió la reacción en contra. Algunos en mi congregación estaban tan acostumbrados a escuchar proverbios falsos, que los proverbios de Dios se habían convertido en motivo de preocupación. Pero así es. Tu trabajo como predicador es destruir todos los proverbios falsos. Con amor, por supuesto.

Hay muchos más ejemplos que se pueden utilizar. Por ejemplo, en lo que se refiere a la lujuria sexual («puedes mirar mientras no toques» contra «¿Tomará el hombre fuego en su seno sin que sus vestidos ardan?», Pr. 6:27); la modestia («enseña un poco de pierna» contra «Como zarcillo de oro en el hocico de un cerdo es la mujer hermosa y apartada de razón», Pr. 11:22); el orgullo («el hombre no es señor de su camino, ni del hombre que camina es el ordenar sus pasos», Jer. 10:23); la lengua («di la verdad, pase lo que pase» contra «hablaremos la verdad con amor», Ef. 4:15, NTV); y la guía («confía en tu instinto» contra «Confía en el Señor con todo tu corazón; no dependas de tu propio entendimiento. Busca su voluntad en todo lo que hagas, y él te mostrará cuál camino tomar», Pr. 3:5-6, NTV).

Con esta sugerencia en mente, he aquí cómo prediqué, en parte, sobre las Bienaventuranzas de Jesús:

¿Qué significa ser bendecido por Dios? ¿Significa buena salud: "Espero que ese estornudo, por intervención divina, no se convierta en algo peor"? ¿Significa mucha riqueza: "Espero que Dios te prospere económicamente a ti y a este país, trayendo seguridad y comodidad"? Puede significar esas cosas. La salud y la riqueza pueden ser grandes bendiciones de Dios. La literatura sapiencial de la Biblia, especialmente Proverbios, habla de tales bendiciones. Los profetas también suman sus voces, pues predijeron que cuando el reino de Dios finalmente llegara, habría un reino de paz y abundancia (ver Is. 65:16-25; Hag. 2:6-9). Incluso al contemplar el comienzo del ministerio terrenal de Jesús, tenemos la impresión de que este reino «bendito» ya ha llegado. ¿Qué hace Jesús en 4:17-25, justo antes del Sermón del Monte? Está «predicando el evangelio del reino», y está «sanando toda enfermedad y toda dolencia en el pueblo» (4:23). Jesús está enseñando sobre el reino de Dios y mostrando, por medio de las sanaciones, que este estaba llegando.

Si vivieras en aquella época, escucharas este mensaje y vieras esas sanaciones (¡o hubieses sido sanado!), ¿no harías lo que hizo la multitud en 4:25? Te amontonarías alrededor de Jesús, preguntándote: *¿Qué va a hacer ahora? ¿Qué va a decir ahora?* Bueno, ¿qué dice? Habla de bendecir. Pero no dice lo que probablemente pensaban que iba a decir. En cambio, dice lo que parece una contradicción tras otra:

Bienaventurados los pobres de espíritu.

Bienaventurados los que lloran.

Bienaventurados los mansos.

Bienaventurados los que tienen hambre y sed de justicia.

Bienaventurados los perseguidos.

Según Jesús, ¿quién es «bienaventurado»? ¿Los valientes, los sabios, los templados o los justos? No. ¿Y el agradable, el gracioso, el inteligente, el atractivo, el sensible y el apto? No. Según Jesús, es bienaventurado el que es pobre, triste, humilde, hambriento y maltratado... Bienvenidos al extraño mundo y a la sabiduría de Jesús. Bienvenidos a la teología de la puerta estrecha de Jesús, la enseñanza que separa a las «multitudes» que quieren salud y riqueza en el aquí y el ahora, y a los «discípulos», que están dispuestos a negarse a sí mismos, tomar sus cruces y seguir a Jesús (cf. 5:1). Bienvenidos «los pocos, los humildes, los seguidores de Jesús». Bienvenidos a lo que significa ser un «bienaventurado» discípulo de Jesucristo.[62]

Ilustraciones bíblicas

Uno de los trece principios de Tremper Longman para leer el libro de Proverbios es especialmente apropiado para la predicación: «Intenta identificar historias o personajes bíblicos que puedan ilustrar la veracidad del proverbio o proverbios que estás estudiando».[63] Permítanme una ilustración de esta sugerencia.

Al predicar sobre Proverbios 6:16-19, la narrativa de la decapitación de Juan el Bautista puede servir para ilustrar perfectamente los vicios enumerados. ¿Cómo les iría a Herodes, Herodías y Salomé si los evaluara el Sermón del Monte de Jesús? ¿Lujuria? Sí. ¿Adulterio? Sí. ¿Ruptura de votos? Sí. ¿Odio? Sí. ¿Venganza? Sí. ¿Asesinato? Sí. Y ¿qué sucedería si pasáramos los datos de sus actos por Proverbios 6:16-19: «Seis cosas aborrece Jehová, y aun siete abomina su alma: Los ojos altivos, la lengua mentirosa, las manos derramadoras de sangre inocente, el corazón que maquina pensamientos inicuos, los pies presurosos para

---

62. Douglas Sean O'Donnell, *Matthew: All Authority in Heaven and on Earth, Preaching the Word* (Wheaton, IL: Crossway, 2013), 109-10.

63. Longman, *How to Read Proverbs*, 157.

correr al mal, el testigo falso que habla mentiras, y el que siembra discordia entre hermanos». Robarle la mujer a su hermano seguramente sembró la discordia. ¿Abominación siete? Sí. El complot rápidamente calculado de Herodías para matar a Juan seguro es una maquinación de «pensamientos inicuos». ¿Abominación cuatro? Sí. La oferta exagerada de Herodes de su reino sin duda constituye una lengua mentirosa, y tal vez falso testimonio. ¿Abominación dos? Sí. ¿Abominación seis? Sí. Los orgullosos juramentos y la oferta de Herodes, junto con sus falsas apariencias frente a la cabeza de Juan ilustran perfectamente «ojos altivos». ¿Abominación uno? Sí. Todos son culpables de derramar «sangre inocente». ¿Abominación tres? Sí. Por último, la rapidez de toda la escena me recuerda a esa frase: «pies presurosos para correr al mal». ¿Abominación cinco? Sí. Siete de siete. Este trío es perfecto en sus imperfecciones.

Ejemplos de la vida real

Antes hemos hablado de los cinco rasgos que definen a la mayoría de los proverbios bíblicos. El quinto nos muestra que los proverbios expresan experiencias y verdades siempre actuales y que, por tanto, se confirman continuamente en nuestras propias vidas y observaciones. En cuanto a este último rasgo, Ryken sugiere que, en consecuencia, «necesitamos proporcionar ejemplos de la vida real… para un proverbio dado». Cuando recientemente prediqué en Reino Unido sobre el tema de la transitoriedad humana y la realidad de la naturaleza efímera de nuestros logros terrenales en Eclesiastés («No hay memoria», 1:11), comencé con la ilustración de la búsqueda de mi nombre en Internet la noche anterior. «Douglas Sean O'Donnell» estaba enlazado a un sitio web, Irishdeaths.com. Allí aparecían varios irlandeses muertos. Yo no estaba entre ellos, pero pronto me uniré. Y mis logros, como los tuyos, serán enterrados y pronto olvidados. He compartido ese ejemplo de la vida real. Haz tú lo mismo.

Acotaciones y otras instrucciones de interrupción

Robert Alden escribe: «Proverbios es realmente una colección de refranes sin disposición, esquema, orden ni progresión. Sin embargo, cuando se piensa en ello, la vida es así. Intentamos poner orden en la vida, pero surgen oportunidades, crisis e intrusiones inesperadas... Quizá por eso Proverbios nos llega en la forma en que lo hace».[64] Imita ese ejemplo.

Phillip Jensen, uno de los predicadores que más han influido en mi forma de predicar, es un maestro de los comentarios perspicaces y aplicables. Escucha cómo lo hace. También puedes escuchar mis pobres imitaciones. Él tiene un sitio web a su nombre, y el equipo de diseño de Crossway ha creado uno para mí. Disfruta de los ejemplos. O piensa: ¡Qué vanidad!

Haz reír

Me casé en una familia que ama los musicales. ¡Oren por mí! Cuando veía *Amor sin barreras* (*West Side Story*) y las dos bandas callejeras se acercaban cantando y bailando, necesitaba un respiro de *esta* realidad. Sin embargo, cuando me arrastraron a ver a actores profesionales cantar y bailar en la producción de *Cantando bajo la lluvia*, quedé impresionado. Me impresionó especialmente cuando oí y vi el *sketch* «Haz reír». ¡Asombroso!

El último consejo es utilizar el humor, ya sea manifiesto (un chiste o un dibujo animado) o minimalista (una frase ingeniosa). En primer lugar, hazlo porque Proverbios lo hace. He aquí otra breve lista de frases graciosas o, al menos, imágenes humorísticas que plantean cuestiones serias:

> Mejor es encontrarse con una osa a la cual han robado sus cachorros,
> Que con un fatuo en su necedad (17:12).

> Como la puerta gira sobre sus quicios,
> Así el perezoso se vuelve en su cama.
> Mete el perezoso su mano en el plato;
> Se cansa de llevarla a su boca (26:14-15).

En segundo lugar, hazlo porque funciona. Un buen chiste o una frase ingeniosa, como una historia bien contada, engancha, ilustra y reenfoca a la gente.

---

64. Robert Alden, *Proverbs: A Commentary on an Ancient Book of Timeless Advice* (Grand Rapids, MI: Baker, 1983), iv.

Piensa en predicadores cuyos sermones admires. ¿Transmiten pasión y convicción? ¿Te atraen de forma visceral? ¿Sientes como si te hablaran directamente del texto antiguo y del Anciano de los días? ¿Son amables, cercanos, enérgicos, claros, honestos y persuasivos? ¿Ofrecen descripciones concretas, anécdotas atractivas, giros satíricos, frases ingeniosas, ideas sorprendentes y comentarios irónicos? ¿Te hacen reír? ¿Has respondido «sí» a las preguntas anteriores? Seguro que sí. Imita a los maestros.

CONCLUSIÓN

En su brillante libro *Short Sentences Long Remembered: A Guided Story of Proverbs and Other Wisdom Literature*, Ryken señala que la forma esencial de la literatura sapiencial —el proverbio individual— «aparece prácticamente en todas las páginas de la Biblia». Y añade: «La Biblia es el libro más aforístico del mundo occidental».[65] Ryken también comparte su trayectoria desde «infravalorar... los proverbios como forma de literatura» hasta tener «un aprecio cada vez mayor» por ellos.[66] Él enumera una serie de obstáculos que entonces se interpusieron en su camino, y que quizá aún se interpongan en el tuyo: (1) un cambio en la sensibilidad cultural, (2) la pérdida de la capacidad de memorizar y (3) la indiferencia hacia la sabiduría.

Es difícil valorar los proverbios bíblicos cuando nuestra «época moderna no es una era oral y no está orientada hacia el conocimiento proverbial», y cuando la cuestión no es simplemente «no valorar los proverbios», sino también «carecer del equipamiento mental para cultivarlos como forma literaria».[67] Estamos inmersos en mil eslóganes superficiales, pero no en palabras cuidadosamente elaboradas de verdades sencillas, pero profundas, que requieren sensibilidad de pensamiento, meditación intensa y pronta aplicación. Además, vivimos en una cultura impresa y digital en la que la memoria está infravalorada e infrautilizada, y rara vez usamos proverbios memorizados para hablar diariamente en la vida de los demás. ¡Es difícil predicar proverbios cuando no hablamos ni escuchamos proverbios! Por último, vivimos

---

65. Ryken, *Short Sentences Long Remembered*, 17.
66. Ryken, *Short Sentences Long Remembered*, 19.
67. Ryken, *Short Sentences Long Remembered*, 20.

en la era de la información. En lugar de salir a la calle, encontrar un ramo de flores y tomarnos el tiempo de pensar en el aspecto y el olor de un lirio, buscamos en Google la información que necesitamos. Como denunció el poeta T. S. Eliot hace casi un siglo: «¿Dónde está el conocimiento que hemos perdido en la información?». Podríamos preguntarnos hoy: «¿Se puede encontrar la sabiduría navegando por nuestros teléfonos y viendo videos de cinco minutos?». Los proverbios bíblicos transmiten información, pero mucho más que simples datos dados al toque de una pantalla. Otorgan la sabiduría de Dios a partir de las experiencias vitales de su pueblo.

En este capítulo, hemos ofrecido maneras de superar tales obstáculos, si es necesario superarlos en tu caso. Y en el caso de cada predicador, esperamos, como Pablo esperaba de Timoteo, «que tu aprovechamiento sea manifiesto a todos» (1 Ti. 4:15). Pablo habla de progreso en la vida santa («Ejercítate para la piedad», v. 7), pero también en el ministerio de la Palabra («serás buen ministro de Jesucristo, nutrido con las palabras de la fe», v. 6). Parte de esa formación incluye saber manejar correcta y completamente las Escrituras (2 Ti. 2:15), incluidos los proverbios. En los próximos años, da prioridad a mostrar a tu gente tus progresos en la comprensión, explicación, ilustración y aplicación de los proverbios.

6

ENTONCES VI

Cómo predicar escritos visionarios

Antes mencioné que el Dr. Ryken relató la vez que un ministro anciano le contó que, a menudo, leía un salmo a los pacientes en un hospital, pero que nunca consideraría predicar un salmo porque «no sabía qué hacer con él». Si eso es cierto para la poesía, cuánto más debe serlo para la literatura visionaria que se halla a lo largo de las Escrituras. Me he encontrado con muchos pastores experimentados que han evitado la segunda mitad de Daniel, la mayor parte de Apocalipsis, el Sermón del Monte y partes de Pablo y los profetas, porque no sabían qué hacer con las «visiones y voces, símbolos y señales, demonios y dragones»,[1] junto con esta muestra de otras visiones extrañas y desconcertantes:

«Cuatro seres vivientes», cada uno de ellos con «cuatro alas» que presentaban «manos de hombre» a los lados de las alas y «cuatro caras»: el cara de hombre, de león, de buey y de águila… (ver Ez. 1:5, 6, 8, 10).

Un macho cabrío flotante («he aquí un macho cabrío venía… sobre la faz de toda la tierra, sin tocar tierra») con «un cuerno notable entre sus ojos» (ver Dn. 8:5).

«descendía algo semejante a un gran lienzo» del cielo «bajado a la tierra», lleno «de todos los cuadrúpedos terrestres y reptiles y aves del cielo» (ver Hch. 10:11-12).

---

1. Jeffrey D. Arthurs, *Predicando con variedad: Cómo reproducir la dinámica de los géneros literarios usados en la Biblia* (Grand Rapids, MI: Editorial Portavoz, 2009), 191.

«y vi a una mujer sentada sobre una bestia escarlata… que tenía siete cabezas y diez cuernos» (Ap. 17:3).

Aunque es poco probable que califiquemos las imágenes anteriores como lo que George Bernard Shaw dijo sobre el libro de Apocalipsis («un curioso registro de las visiones de un adicto a las drogas»[2]), ¿cómo, entonces, *sí* las llamamos? Y lo que es más importante, ¿qué hacemos con ellas? ¿Qué significan y cómo predicamos sermones sobre tales visiones? En este último capítulo, ofrecemos ayuda sobre el género más desconcertante de la Biblia.

CÓMO LEER ESCRITOS VISIONARIOS BÍBLICOS

Comencemos por reconocer que tanto los presbiterianos como los no presbiterianos, si han leído buenas porciones de las Escrituras, están de acuerdo con la declaración de la Confesión de Fe de Westminster de que «Todas las cosas en las Escrituras no son igualmente evidentes en sí mismas, ni igualmente claras para todos» (1.7) y que la literatura visionaria de la Biblia encaja en la categoría «no son igualmente evidentes en sí mismas». Y debido a que es así, es útil admitir que nos sentimos intimidados. La intimidación proviene de la ignorancia y la inexperiencia.[3] Además, la abundancia de topónimos geográficos oscuros, la poesía y el simbolismo escurridizos, la actualidad («referencias a temas o situaciones que existían en la época [del autor] y que habrían entendido las personas que vivían entonces, pero no las personas [¡tú!] que viven ahora»)[4] y la confusión sobre el tiempo (¿ha sucedido eso, está sucediendo o sucederá?) son obstáculos para nuestra comprensión. Comenzamos, entonces, en esta primera mitad del capítulo, con información que, si el Señor quiere, disminuirá la intimidación y te dará el coraje para tomar y predicar lo que no es fácilmente llano y claro, para hacerlo llano y claro a tu congregación.

---

2. Shaw, citado en Arthurs, *Predicando con variedad*, 190.

3. Por ejemplo, ¿a lo largo de tu ministerio, has predicado Ezequiel, Zacarías, Apocalipsis y la segunda mitad de Daniel? Este año en tu lectura devocional de las Escrituras, ¿te has esforzado por leer un libro que es en gran parte profético o apocalíptico?

4. Leland Ryken, *Symbols and Reality: A Guided Study of Prophecy, Apocalypse, and Visionary Literature* (Wooster, OH: Weaver, 2016), 14.

Ruedas dentro de ruedas

Empecemos, como corresponde, con una imagen. He pensado empezar con la imagen giroscópica de Ezequiel («como rueda en medio de rueda», con «aros... llenos de ojos alrededor», Ez. 1:16, 18). Pero, al final, pensé que una imagen de la gloria de Dios era demasiado grandiosa para utilizarla como ilustración de la forma enciclopédica de este género. Así que opté por los paraguas.

Imagínate un montón de paraguas pequeños bajo un paraguas grande, bajo un paraguas más grande, bajo un paraguas supergrande. El paraguas más grande es el género fantástico. Debajo está la literatura visionaria y, a continuación, la literatura apocalíptica. La palabra griega *apokalypsis* «significa "desvelamiento o revelación", y la literatura apocalíptica desvela principalmente un mundo más allá y distinto del nuestro».[5] Algunas partes de la literatura apocalíptica pueden denominarse *apocalíptica profética* o *profecía apocalíptica*. Este género es el género visionario dominante en la Biblia y, por lo tanto, será nuestro centro de atención. Dentro de ese género (pensemos en los libros de Daniel y Apocalipsis), hay otros subgéneros, como oráculos, poemas, canciones, oraciones, epístolas, sátiras y fragmentos narrativos.[6] Lo que Ryken dice de Apocalipsis encaja con partes de la apocalíptica profética de todas las Escrituras: «Se desvelan

---

5. Leland Ryken, *A Complete Handbook of Literary Forms in the Bible* (Wheaton, IL: Crossway, 2014), 25. «La palabra "apocalipsis" procede del griego y significa "revelar". En consecuencia, se ha utilizado tradicionalmente para describir escritos que pretenden ser una revelación de fenómenos que trascienden el mundo de la realidad ordinaria. La escritura apocalíptica suele designar la escritura profética, es decir, la que predice acontecimientos futuros. Dentro de este amplio marco, existen dos tipos principales de escritos apocalípticos. Uno se refiere a un estado trascendental, fuera del tiempo, que seguirá a la historia; este tipo de escritura tiene una orientación escatológica. El otro considera que el estado apocalíptico es alcanzable en la Tierra y describe un estado futuro que se producirá dentro del orden de la naturaleza y de la sucesión temporal ordinaria. Los apocalipsis de este tipo suelen tener un tono social, y el orden social reformado que se vislumbra constituye una advertencia para la sociedad contemporánea. Tanto si se considera que el estado futuro está dentro del tiempo como fuera de él, se ve como un estado ideal, una especie de edad de oro en la que el bien triunfa sobre el mal» (Leland Ryken, *The Apocalyptic Vision in Paradise Lost* [Ithaca, NY: Cornell University Press, 1970], 2).

6. «La literatura apocalíptica es un género híbrido, que participa de la narrativa, la poesía y la profecía. Como narrativa, tiene elementos de argumento, personaje, marco y punto de vista. Como poesía, usa lenguaje figurado (sobre todo el simbolismo) y la emoción elevada» (Arthurs, *Predicando con variedad*, 192).

principalmente dos cosas… la naturaleza del mundo espiritual invisible y lo que sucederá en el futuro».[7]

Espada aguda de dos filos

¿Por qué la Biblia revela y registra escritos visionarios, especialmente apocalípticos? En primer lugar, los sueños y las visiones se dan a menudo para animar a los oprimidos y dar esperanza a los desesperanzados. Está «concebido para exhortar y consolar a los creyentes oprimidos revelando una visión trascendental del futuro que Dios ha preparado, el cual acabará con las circunstancias terrenales actuales».[8] Tanto el contenido como la forma se ajustan a un público concreto y a sus circunstancias históricas específicas. Por ejemplo, en Babilonia, Daniel recibe una visión de la futura vindicación de Dios y de su reinado eterno para darle a él y a los exiliados con él un recordatorio de la soberanía de Dios. Del mismo modo, Juan, exiliado en Patmos, ve la futura victoria final de Dios y de su pueblo fiel sobre el régimen opresor del Imperio romano. Para ambos santos, las visiones de Dios ofrecen una realidad contraria a lo que están viviendo; y si ellos y sus lectores abrazan esas visiones de la supremacía, la presencia y la justicia venidera de Dios, eso les ayudará a soportar el sufrimiento y a continuar con su testimonio fiel.

Una segunda razón para este género es reprender y disciplinar, y si es necesario, juzgar a los discípulos infieles y mundanos. Como resume Arthurs: «Este género consuela a los fieles perseguidos, pero también *castiga* a los infieles que prosperan».[9] El lenguaje expresivo y los símbolos evocadores de esta literatura mantienen los pies de sus oyentes en el fuego, o los ojos en el Hijo del Hombre, cuyos «ojos [son] como llama de fuego» (Ap. 1:14). De este modo, funciona como muchas de las parábolas bíblicas: proporciona la conmoción necesaria. Como escribe Ryken:

La literatura visionaria, con su cautivadora extrañeza, penetra en nuestra manera normal de pensar y nos causa conmoción para que

---

7. Leland Ryken, *Literary Introductions to the Books of the Bible* (Wheaton, IL: Crossway, 2015), 559-60.

8. Arthurs, *Predicando con variedad*, 192.

9. Arthurs, *Predicando con variedad*, 194, énfasis añadido.

veamos que las cosas no son como parecen. La escritura visionaria ataca nuestros patrones arraigados de pensamiento profundo en un esfuerzo por convencernos de cosas, como que el mundo no siempre va a ser como es ahora, que hay algo drásticamente erróneo en la condición actual o que la realidad no se puede limitar al mundo físico que percibimos con nuestros sentidos. La literatura visionaria no es para leer cómodamente junto a una chimenea. Nos causa conmoción.[10]

Lo que Ryken escribe arriba se aplica, sin duda, más allá que solo a aquellos dentro de la iglesia que necesitan arrepentirse del pecado y volver a Cristo. La visión extendida consiste en suscitar la respuesta adecuada y despertar afectos piadosos en todos.

Una tercera ventaja

Que yo sepa, no existen espadas de tres filos. (Aunque sí he encontrado en Internet algo llamado Daga Jagdkommando). Así pues, permíteme exponer una tercera razón para este género en una sección aparte, con el fin de enfatizar. Los escritos visionarios presentan verdades de forma inesperada y absorbente. Las afirmaciones proposicionales son claras y útiles, pero las ideas plasmadas en imágenes son mejores para recordar y ofrecen quizá una descripción aún más clara de la realidad. Por ejemplo, la expresión de Ezequiel de su visión del carro divino ofrece un retrato más nítido, inolvidable y adecuado de nuestro glorioso Dios. Como dice Ryken: «Una abstracción como "Dios es glorioso" no tiene la fuerza que tiene la visión de Ezequiel».[11] D. A. Carson comparte cómo este género, «con su atractivo para las metáforas mixtas y similares, tiene la capacidad única de revelar cosas que son trascendentes, justo al borde de lo inefable. ¿Cómo hablar de la sala del trono de Dios? ¿Cómo hablar de la persona de Dios? Se pueden utilizar muchos adjetivos abstractos. Sin embargo, al final hay poder en las imágenes multiplicadas, amontonadas, a veces formalmente contradictorias entre sí, que se fusionan de

---

10. Leland Ryken, *How to Read the Bible as Literature* (Grand Rapids, MI: Zondervan, 1974), 169-70. También citado en Arthurs, *Predicando con variedad*, 195.

11. Ryken, *Symbols and Reality*, 79.

algún modo para formar una poderosa visión de realidades para las que no tenemos ningún componente visual en nuestro cerebro».[12]

Ryken compara este género con el arte surrealista, la técnica vanguardista del siglo xx de yuxtaposición aparentemente irracional de imágenes familiares con imágenes desconocidas, y de lo normal con lo anormal. Al igual que esas pinturas, puede decirse que la literatura visionaria sigue técnicas surrealistas comunes, entre ellas:

- [Utiliza] el mundo visible que nos rodea como punto de partida, de donde el autor recoge material.
- Lleva objetos comunes a combinaciones irreales (haciendo que lo ordinario parezca, de repente, extraordinario o extraño).
- [Emplea] la distorsión (a veces llamada caricatura) de los propios objetos, de modo que también las partes, y no solo su yuxtaposición, parezcan extrañas.
- [Entremezcla] elementos fantásticos (p. ej.: un dragón) para complementar objetos realistas.[13]

Ryken se pregunta: «¿Por qué los escritores proféticos y apocalípticos recurren al surrealismo?». Su respuesta: «El surrealismo tiene una extrañeza llamativa y capta nuestra atención. Los profetas y visionarios apocalípticos desean superar nuestra insensibilidad a la verdad provocada por la pura familiaridad, y también desafiar nuestra suposición de que lo que vemos a nuestro alrededor es la única realidad que existe. En relación con esto, un efecto del surrealismo es que crea una sensación de misterio, lo que sin duda es apropiado cuando un escritor retrata la realidad sobrenatural».[14]

¡Cuánta verdad! Ver la temible imagen de una «una bestia que tenía siete cabezas y diez cuernos», con «sus pies como de oso, y su boca como boca de león» (Ap. 13:1-2), y la grotesca imagen de una «mujer ebria de la sangre de los santos» (Ap. 17:6) llama nuestra atención. Las imágenes de personas «como espinos cortados... quemados con

---

12. D. A. Carson, «Apocalyptic Literature: Its Function and Usefulness». Disponible en simeontrust.org.

13. Ryken, *Symbols and Reality*, 118-19.

14. Ryken, *Symbols and Reality*, 120.

fuego» (Is. 33:12), langostas grandes y fuertes, como caballos preparados para la guerra con «colas como de escorpiones» que pican a la gente durante cinco meses (Ap. 9:7, 10), o un enorme granizo del peso de un talento, que cae «del cielo sobre los hombres» (Ap. 16:21) —como escenas de una película de monstruos o una escena de batalla en *El Señor de los Anillos*— evocan terror mientras abren nuestros oídos (¡y ojos!) a la revelación de Dios. Con esas imágenes ante nosotros, es difícil permanecer anestesiados ante la verdad de la santidad de Dios y sus juicios venideros.

Un espectáculo en desarrollo

La mayoría de los escritos visionarios poseen los rudimentos de la narrativa. Suele haber una ambientación, con personajes y una apariencia de argumento. Decimos «apariencia» porque los acontecimientos se suceden y tienen algún fin, pero la historia no está claramente estructurada con un principio, un nudo y un desenlace, con una tensión creciente, un conflicto y una resolución. «No hay una acción unificadora ni una trama».[15] No sigue un flujo narrativo fluido, sino que ofrece breves instantáneas o viñetas que «siempre cambian y nunca se centran durante mucho tiempo».[16] Estos «vistazos se presentan a menudo como sueños o visiones, dispuestas como un desfile sucesivo o un caleidoscopio de momentos en constante cambio».[17]

De la ambientación sensible a la extrañeza simbólica

«La ambientación de un reino visionario no es *del todo* extraño».[18] Por ejemplo, en la visión que Isaías tiene de Dios, comienza con un claro marcador histórico («En el año que murió el rey Uzías»), y Dios es

---

15. Ryken, *Symbols and Reality*, 126.

16. Ryken, *How to Read the Bible as Literature*, 170.

17. Ryken, *Complete Handbook of Literary Forms in the Bible*, 26. «El género general es la profecía (22:19). Como la profecía bíblica en general, el medio real es la escritura visionaria: el libro [Apocalipsis] se desarrolla como un desfile de visiones, muy parecido a un vídeo musical moderno» (Leland Ryken, «Introduction to Revelation», en *The Literary Study Bible, English Standard Version* [Wheaton, IL: Crossway, 2019], 1945). La escritura visionaria «no está organizada como una historia», sino «como una serie de visiones o sueños», en la que cada visión se desarrolla como las imágenes de una presentación de diapositivas o los fotogramas de una película de acción (Ryken, *Literary Introductions to the Books of the Bible*, 558).

18. Ryken, *Symbols and Reality*, 72.

representado como el Rey supremo «sentado sobre un trono» (Is. 6:1). Sin embargo, a continuación, pasamos de lo familiar a lo extraño. El trono de Dios es «alto y sublime» (v. 1). ¿Está flotando a centímetros bajo el techo? El soberano divino (¡e invisible!) viste una túnica, y solo las faldas de esta prenda llenan todo el templo. El templo tiene unos veinte pisos de altura. Es mucho espacio para cubrir. ¿Puede alguna criatura respirar en la habitación con este gigantesco manto? Obviamente, tanto Isaías como los ángeles de seis alas pueden. Porque debajo de Dios está el profeta y encima de Dios están los serafines, que con dos alas vuelan y con las otras cuatro se cubren la cara y los pies. Ryken interpreta la escena de la siguiente manera:

> Incluso hoy podemos imaginarnos una sala del trono, así que empezamos con los pies en el suelo. Decir que Dios es «alto y sublime» introduce el primer elemento de «alteridad»: *¿qué* tan alto y *qué* tan elevado? Hay un elemento de misterio en la descripción. ¿Cómo puede una túnica llenar todo un templo? ¿Y cómo se ha pasado de una sala del trono a un templo? En cuanto a los serafines, desafían todas las imágenes realistas que tenemos del mundo conocido. La trascendente escena de la llamada de Isaías nos transporta a un mundo extraño.[19]

Pero... no nos adelantemos. Dentro de unas páginas hablaremos más sobre el simbolismo y su interpretación. Por ahora, mantengamos los pies en la tierra y basémonos en un Dios real que revela realidades a personas reales en momentos y lugares reales de la historia.

Ambientada en la historia

Al igual que todos los sueños y visiones de las Escrituras, la ambientación de la sala del trono descrita anteriormente se sitúa en la historia. De hecho, muchas de las escenas visionarias comienzan con un escenario histórico, como «En el año que murió el rey Uzías vi yo» (Is. 6:1) o «En el primer año de Belsasar rey de Babilonia tuvo Daniel un sueño, y visiones de su cabeza mientras estaba en su lecho» (Dn. 7:1).

---

19. Ryken, *Symbols and Reality*, 72.

Una forma segura de malinterpretar la literatura visionaria es sacar la interpretación de los detalles de la visión, de su marco histórico. Por ejemplo, «Daniel y sus compañeros judíos sobre los que leemos en los seis primeros capítulos habían sido llevados al exilio desde Jerusalén en la primera oleada de cautiverio. En los relatos sobre ellos en Daniel, se nos da una imagen clara de lo que era (y es) vivir como un extranjero desplazado».[20] Esa ambientación prepara la escena para las visiones de los capítulos 7–12. Tras setenta años de exilio, el regreso a Jerusalén es inminente, pero la época de sufrimiento no termina. Solo después de setenta series de siete, llegaría la salvación final de Dios.

Simbolismo

La característica más fundamental de la literatura visionaria es el simbolismo. «Un símbolo —según la breve y útil definición de Ryken— es una imagen, un personaje, un escenario o un acontecimiento que existe por sí mismo (aunque sea fantástico y no real), pero que también señala o representa una o más cosas».[21] Ryken agrega que «el simbolismo es un ingrediente común de la literatura visionaria, en consonancia con el elemento fantástico. En lugar de describir directamente las ambientaciones, los personajes y los acontecimientos, el escritor visionario los describe mediante símbolos. Así, Cristo se convierte en cordero (Ap. 5:6) y las iglesias son representadas simbólicamente como candeleros (Ap. 1:20). En la profecía de Daniel, cuatro reyes adoptan la forma simbólica de las cuatro bestias (Dn. 7:15-27)».[22] Arthurs amplía:

> No se trata del mundo de las epístolas, con su flujo de lógica, ni de los mundos de la narrativa y las parábolas, con sus pies plantados en el suelo de la vida cotidiana. Se acerca más al mundo de la poesía, pero esta es una poesía amplificada, al menos en su uso de símbolos.
>
> Los símbolos pueden ser seres animados, como un dragón escarlata (Ap. 12:3-4), seres vivientes con «... seis alas, y alrededor y por dentro... llenos de ojos...» (Ap. 4:8), un guerrero sobre un caballo bermejo (Ap. 6:4) o dos mujeres que vuelan con alas como las de una

---

20. Ryken, *Literary Introductions to the Books of the Bible*, 277.
21. Ryken, *Symbols and Reality*, 87.
22. Ryken, *Literary Forms*, 209-10.

cigüeña (Zac. 5:9). Los símbolos también pueden ser objetos inanimados, como los candelabros, las copas, las trompetas, las espadas y las coronas. En el mundo de las visiones, estos objetos inanimados pueden convertirse a su vez en actores, como cuando la tierra ayuda a la mujer al tragarse un río que la perseguía (Ap. 12:13-16) y cuando el cuerno del carnero crece hasta echar por tierra las estrellas (Dn. 8:9-10).[23]

Este simbolismo es significativo, ya que «los símbolos aclaran las realidades y las hacen vívidas. La cosmovisión cristiana no consiste solo en *ideas*, sino también en *imágenes o cuadros* (una imagen del mundo además de una cosmovisión)».[24]

Simbolismo de colores y números

Este género utiliza el color y el simbolismo numérico. Sobre el color, Ryken escribe: «En Apocalipsis, el color blanco se asocia con Cristo (1:4), los santos de Dios (3:18; 4:4; 7:9, 14; 19:18), los ejércitos del cielo (19:14) y el trono del juicio de Dios (20:11). El rojo, por el contrario, suele aparecer en contextos de guerra contra el mal (6:4), la aparición del dragón satánico (12:3) y la ramera de Babilonia y su bestia (17:3-4)».[25] Y añade: «Las vestiduras blancas de los santos (Ap. 3:18; 19:14) simbolizan la pureza espiritual. Un caballo rojo (Ap. 6:4) simboliza la matanza en la guerra, y un caballo negro (Ap. 6:5), la muerte. El paño púrpura y escarlata del imperio mundial "Babilonia" (en realidad, Roma) en Apocalipsis 18:12 representa la opulencia y la prosperidad mercantil».[26]

En cuanto a la numerología, resume: «Los números 3, 7, 10 y 12 son números buenos que simbolizan la plenitud, la perfección o la victoria. El número 6 es un número siniestro similar a nuestro 13 de la mala suerte, que se acerca a la perfección del 7, pero se queda corto. Tres años y medio (1260 días) señalan un tiempo corto, a menudo en contextos de

---

23. Arthurs, *Predicando con variedad*, 197-198.

24. Ryken, *Literary Introductions to the Books of the Bible*, 565.

25. Leland Ryken, *Words of Life: A Literary Introduction to the New Testament* (Grand Rapids, MI: Baker, 1987), 139.

26. Ryken, *Symbols and Reality*, 99.

reinado temporal del mal. El número de los redimidos —144.000— simboliza la totalidad (simbolismo cuádruple de 12 por 12, y las 12 tribus representadas) y la magnitud (ya que 1000 simbolizaba una multitud en la Antigüedad). Todo el libro de Apocalipsis se basa en patrones de 7 (cartas a 7 iglesias, 7 sellos, 7 trompetas, etc.); es una inferencia justa que el número 7 simbolice la completitud».[27]

Tanto con los colores como con los números, necesitamos la sabiduría para entender el contexto literario, junto con el tipo de género del libro o de la sección de un libro. Por ejemplo, cuando la ley en Números 19:2 habla de «una vaca alazana, perfecta», la vaca es literalmente del color rojo o rojo anaranjado. Sin embargo, el «caballo rojo» de la visión de Zacarías es un emblema de guerra y derramamiento de sangre. Por ejemplo, dentro de la narrativa histórica de Hechos, cuando Lucas escribe: «pasados los días de los panes sin levadura, navegamos de Filipos, y en *cinco* días nos reunimos con ellos en Troas, donde nos quedamos *siete* días» (Hch. 20:6), debemos entender los números literalmente. Sin embargo, como Ryken afirma más arriba, cuando Juan recuerda su revelación: «Después miré, y he aquí el Cordero estaba en pie sobre el monte de Sion, y con él ciento cuarenta y cuatro mil, que tenían el nombre de él y el de su Padre escrito en la frente» (Ap. 14:1), debemos entender los números simbólicamente, como representando a los incontables elegidos («una gran multitud, la cual nadie podía contar, de todas naciones y tribus y pueblos y lenguas», 7:9).[28] Los 144.000 son los que pueden resistir en «el gran día de… ira» (6:17), los «sellado[s] en sus frentes… siervos de… Dios» (7:3), los «redimidos de entre los de la tierra» (14:3).

Un loco elenco de personajes

Una característica común de los escritos visionarios es que el elenco de personajes incluye *fuerzas naturales*, como el Sol y la Luna, las tormentas, el viento, el mar y los ríos. En el Sermón del Monte de Jesús, «los cuerpos celestes aparecen como actores del escatón final (clímax

---

27. Ryken, *Symbols and Reality*, 99.

28. Siguiendo el patrón de Apocalipsis 5, donde Juan *oye* hablar de un león y luego *ve* un cordero (con Jesús como el mismo referente de ambos animales), en el capítulo 7 Juan *oye* hablar de 144.000 (7:1-8) pero *ve* la gran multitud (v. 9).

de la historia): "E inmediatamente después de la tribulación de aquellos días, el sol se oscurecerá, y la luna no dará su resplandor, y las estrellas caerán del cielo, y las potencias de los cielos serán conmovidas» (Mt. 24:29)».[29] Los actores también pueden ser *agentes sobrenaturales*, como ángeles, dragones o criaturas fantásticas —como dos mujeres con alas como las de una cigüeña—. O, a veces, hay combinaciones de fuerzas naturales y agentes sobrenaturales, como una bestia que sale del mar o un ángel parado sobre el Sol. En Ezequiel 10:9-14, el profeta ve «cuatro querubines que se mueven por el aire en formación coordinada acompañados de ruedas giratorias».[30] *Los animales que se comportan como personas* constituyen una categoría importante de agentes visionarios. Los caballos de la visión de Juan, que tienen colas serpenteantes y fuego y humo que sale de sus bocas, y que atacan a la gente como si fueran guerreros (Ap. 9:17-19), son un ejemplo. Otro son las langostas asesinas de la profecía de Joel:

> Su aspecto, como aspecto de caballos, y como gente de a caballo correrán. Como estruendo de carros saltarán sobre las cumbres de los montes; como sonido de llama de fuego que consume hojarascas, como pueblo fuerte dispuesto para la batalla (Jl. 2:4-5).

Trasciende la experiencia terrenal

Las visiones describen sucesos sobrenaturales o acontecimientos milagrosos y, a menudo, estos sucesos o acontecimientos se sitúan en un escenario cósmico: el mar, el cielo, toda la tierra, o tanto en los cielos como en la tierra. Además, las visiones de realidades terrenales alteradas pretenden «llevarnos en nuestra imaginación a un reino sobrenatural que trasciende la experiencia terrenal».[31] Este puede ser el cielo. «El libro de Apocalipsis es una antología de visiones de la realidad celestial».[32] O puede ser algún otro lugar, como la visión de Isaías de la gloriosa sala del trono de Dios. En esos lugares, trascendemos nuestra experiencia terrenal y obtenemos «una perspectiva "desde arriba"».

---

29. Ryken, *Symbols and Reality*, 74.
30. Ryken, *Symbols and Reality*, 74.
31. Ryken, *Complete Handbook of Literary Forms in the Bible*, 209-10.
32. Ryken, *Complete Handbook of Literary Forms in the Bible*, 209-10.

Como escribe David Helm: «Con esto quiero decir que escriben desde la posición ventajosa de Dios. La historia humana se orquesta desde la sala del trono celestial de Dios. Tanto si se leen las grandes visiones de Zacarías, como de Daniel o incluso de Juan, esta perspectiva divina permanece inalterable. A los lectores, se les ofrece una mirada entre bastidores, o mejor aún, una mirada elevada a través del umbral del cielo, al final de [o en parte de] la historia humana».[33]

Creación de mundos

Todos estos rasgos «crean una fuerte sensación de alteridad y extrañeza mientras leemos», lo que «encaja bien con la idea de que el género apocalíptico es una revelación de una realidad más allá de lo terrenal».[34] Parte de la intención estratégica de este género es ser subversivo. El cielo que entra en la tierra, el futuro desvelado en el presente y lo invisible que se funde con lo visible nos desorienta con el propósito de reorientarnos hacia una visión renovada de Dios, del futuro y del mundo presente en el que vivimos. Otra intención es crear otro mundo en el que puedan entrar sus lectores. «La creación de mundos —en palabras de Ryken— es una habilidad esencial para el compositor de literatura visionaria... La literatura visionaria nos transporta a otro mundo, meramente imaginado».[35] En otro lugar añade: «La literatura visionaria no nos da una réplica del mundo conocido, sino que nos lleva en un susurro imaginario a un mundo alternativo»,[36] donde «los caballos pueden ser rojos y un dragón puede tener siete cabezas y siete cuernos».[37]

Denuncia y dualismo

Este género «incluye un fuerte elemento de denuncia y juicio del malvado sistema mundial actual, junto con una predicción de su fin e imágenes

---

33. David Helm, «Apocalyptic Literature: Study Guide». Disponible en simeontrust.org.

34. Ryken, *Literary Forms*, 26. «El mundo de la escritura visionaria suele ser "extraño" en comparación con el mundo en que vivimos (los críticos literarios utilizan habitualmente la fórmula "motivo del mundo extraño"). Esta alteridad puede ser temporal, como cuando el escritor retrata un estado de cosas futuro que difiere de cómo están las cosas en el momento de escribir la obra. Otra forma de lograr esta cualidad de extrañeza es retratar escenarios, personajes y acontecimientos fantásticos, que no pertenecen a la vida de este mundo» (209-10).

35. Ryken, *Symbols and Reality*, 72.

36. Ryken, *Literary Forms*, 209.

37. Ryken, *Literary Introductions to the Books of the Bible*, 558.

de un mundo alternativo al malvado que conocemos. El mundo en el que nos adentramos en la escritura apocalíptica es dualista, claramente dividido entre las fuerzas del bien y del mal, que se enfrentan en un conflicto permanente».[38]

Un tiempo, y tiempos, y la mitad de un tiempo

La forma en que el tiempo se relaciona con la literatura visionaria de la Biblia no es, estrictamente hablando, un fenómeno literario, pero es importante que lo comprendamos. En primer lugar, hay una orientación futurista (la visión «es para muchos días», Dn. 8:26; «las cosas que deben suceder pronto», Ap. 1:1); es decir, la mayoría de las visiones revelan acontecimientos futuros.

En segundo lugar, las líneas de tiempo suelen funcionar en tres etapas principales: el futuro inmediato o cercano («De aquí a un año… la gloria de Cedar será deshecha», Is. 21:16), el futuro intermedio (p. ej.: la encarnación como cumplimiento de una serie de visiones y profecías) y el futuro escatológico (p. ej.: el regreso de Cristo y el juicio final).[39] Sobre Zacarías 13:1 («En aquel tiempo habrá un manantial abierto para la casa de David y para los habitantes de Jerusalén, para la purificación del pecado y de la inmundicia»), Ryken plantea las siguientes preguntas: «¿Es esta una imagen del futuro cercano, a saber, el regreso de un remanente del cautiverio babilónico para repoblar Jerusalén? ¿Está el profeta Zacarías mirando seiscientos años hacia adelante, hacia la encarnación de Jesús y las bendiciones que esto trajo permanentemente al mundo? ¿Se trata de una visión apocalíptica de la Nueva Jerusalén del milenio y de la eternidad? ¿Podrían ser todas estas visiones simultáneamente?».[40]

En tercer lugar, el orden de los acontecimientos no siempre es cronológico. Por ejemplo, las cuatro bestias de Daniel 7:4-7 simbolizan cuatro reinos, en el orden de su aparición o dominio histórico: Babilonia, Media-Persia, Grecia y Roma. Sin embargo, el comienzo de Daniel 7 señala una ruptura en la secuencia cronológica. Pasamos del reinado de Nabucodonosor (1:1; 2:1) a Belsasar, que siguió a Nabucodonosor

---

38. Ryken, *Literary Forms*, 26.
39. Ver Ryken, *Symbols and Reality*, 27-29.
40. Ryken, *Symbols and Reality*, 16.

(5:1), y a Darío el Medo (6:1). Luego, en 7:1, la visión nos lleva atrás en el tiempo hasta el primer año del rey Belsasar.

En cuarto lugar, los símbolos de estas visiones son «abiertos y capaces de aplicarse a muchas manifestaciones de algo».[41] Dicho de otro modo, lo que se representa como acontecimientos pasados (las cartas a siete iglesias del Asia Menor del siglo I) y futuros (la venida de Cristo y sus juicios) pueden aplicarse en el presente. Las visiones son «suficientemente universales».[42] Lo que sucedió *entonces* y sucederá *después*, podría suceder, de una forma u otra (un juicio temporal o una vindicación), *ahora*.

Esto se relaciona con la característica de la literatura visionaria de patrones recurrentes. Por ejemplo, las cuatro bestias de la visión de Daniel (Dn. 7:4-7), que representan cuatro reinos sucesivos, se convierten, en la visión de Juan (Ap. 13:1-3), en un único reino: el Imperio romano.[43] Juan no era reduccionista en su uso de las imágenes bíblicas, como tampoco deberíamos serlo nosotros. Del mismo modo que las comunidades de Daniel y Juan necesitaban ser consoladas por las promesas de Dios sobre un Rey venidero y su reino eterno y la vindicación final de los justos, nuestro pueblo necesita asimilar el mismo mensaje y animarse en el presente mientras anhela el futuro. Como afirma Ryken en relación con Apocalipsis: «Debido a la forma literaria del libro, que retrata los acontecimientos simbólicamente, su relevancia se extiende a lo largo de la historia del mundo. Babilonia, por ejemplo, puede haber sido el Imperio romano para la audiencia de Juan en el siglo I, pero en tiempos del Antiguo Testamento era literalmente Babilonia, y ha adoptado muchas formas a lo largo de la historia. El modo literario del simbolismo significa que los acontecimientos retratados en Apocalipsis son perpetuamente relevantes y lo serán, en última instancia, al final de la historia».[44]

---

41. Ryken, *Literary Introductions to the Books of the Bible*, 558.

42. Ryken, *Literary Introductions to the Books of the Bible*, 558.

43. Las visiones colapsan sistemáticamente «una época en el tiempo sobre otra», algo que se denomina *transtemporal*. Las imágenes —como las cuatro bestias de Daniel 7 y el compuesto de esas criaturas en Apocalipsis 13— pueden aplicarse «a más de un período de la historia» (Helm, «Apocalyptic Literature: Study Guide»).

44. Ryken, *Words of Life*, 144-45.

Descifrar el código

Antes hemos afirmado que el simbolismo es la característica más fundamental de la literatura visionaria. También ofrecimos esta definición: «Un símbolo es una imagen, un personaje, un escenario o un acontecimiento que existe por sí mismo (aunque sea fantástico y no real), pero que también señala o representa una o más cosas».[45] Es útil disponer de buenas definiciones, pero ¿qué hay de la ayuda para descifrar los complejos códigos? Para descubrir la respuesta a la pregunta: «¿A qué realidad apunta o simboliza la persona, el lugar, la cosa o la acción que no se parece a la vida?», proponemos tres posibles pasos.

El primer paso es ver si puedes interpretar el símbolo por ti mismo. Por ejemplo, en Apocalipsis 1:12 se mencionan «siete candeleros de oro». Poco después, Jesús dice que «los siete candeleros... son las siete iglesias» (1:20). Muy fácil. Hay otros ejemplos de Apocalipsis en los que la interpretación sigue al pie del símbolo, como «la serpiente antigua, que se llama diablo y Satanás» (12:9) y «se le ha concedido que se vista de lino fino... porque el lino fino es las acciones justas de los santos» (19:8). Del mismo modo, en Daniel 2, la interpretación sigue inmediatamente a la narrativa del sueño del rey por parte de Daniel (p. ej.: Nabucodonosor es la «cabeza de oro», v. 38).

Sin embargo, al igual que ocurre con las parábolas, pocos de los detalles simbólicos de la literatura visionaria son interpretados rápidamente. Así pues, el segundo paso será, casi siempre, el primero que demos: es decir, revisar el contexto literario del libro en busca de pistas, ya que a menudo «el propio libro proporcionará la interpretación».[46] Apocalipsis 17:7-18 ofrece un ejemplo interesante. En el versículo 7, el ángel le dice a Juan que no se maraville por la revelación de «la mujer, y de la bestia que la trae, la cual tiene las siete cabezas y los diez cuernos» porque él le dirá [revelará] «el misterio». En los versículos 9-10, se le dice a Juan que las «siete cabezas son siete montes, sobre los cuales se sienta la mujer» y «son siete reyes» también, y en el versículo 12 se le dice que los diez cuernos son «diez reyes, que aún no han recibido reino».

---

45. Ryken, *Symbols and Reality*, 87.
46. Ryken, *Words of Life*, 144.

Estos reyes «tienen un mismo propósito» y «entregarán su poder y su autoridad a la bestia» (v. 13), y como un solo ejército «Pelearán contra el Cordero, y el Cordero los vencerá, porque él es Señor de señores y Rey de reyes; y los que están con él son llamados y elegidos y fieles» (v. 14). Más adelante, se le dice a Juan: «la mujer que has visto es la gran ciudad que reina sobre los reyes de la tierra» (v. 18), y «las aguas» donde está sentada la mujer simbolizan «pueblos, muchedumbres, naciones y lenguas» (v. 15).

En este punto, la revelación sigue siendo poco clara. Los reyes y su poder representan obviamente a los gobernantes terrenales y sus ejércitos, y la mujer es una ciudad importante con dominio mundial. El cordero y su ejército derrotarán a sus enemigos. Pero ¿quién es la bestia? ¿Qué ciudad representa la mujer? ¿Por qué se la llama ramera? ¿Quién es el cordero? ¿Por qué a sus seguidores se los denomina «llamados, elegidos y fieles», y a quién representan? ¿Cómo ganaron la guerra? Todas estas preguntas se responden en Apocalipsis. Nuestro trabajo consiste en averiguar dónde y cómo. Tomemos la más fácil: ¿quién es el cordero y cómo vence? Se nos dice en este texto que es «Señor de señores y Rey de reyes» (v. 14).

Como cristianos, estamos muy familiarizados con las imágenes de animales y el título como representante de Jesús. Pero el propio texto solo establece conexiones indirectas. Así que, como un detective en una investigación policial, el caso solo puede resolverse si seguimos las pistas y vemos adónde nos llevan. Si pasamos de Apocalipsis 17 a Apocalipsis 19, el ángel menciona el nombre de Jesús, en lo que se refiere a los «que retienen el testimonio de Jesús» y dice que ese testimonio «es el espíritu de profecía» (v. 10). La siguiente escena es la de un jinete sobre un caballo blanco. Una vez más, sabemos que se trata de otra imagen de Jesús, pero el texto en sí no hace esa afirmación directa. Lo que sí dice es que en el manto de este jinete está escrito: «Rey de reyes y Señor de señores» (v. 16). Además, leemos esta descripción:

Sus ojos eran como llama de fuego, y había en su cabeza muchas diademas; y tenía un nombre escrito que ninguno conocía sino él mismo… *De su boca sale una espada aguda*, para herir con ella a las naciones, y él las regirá con vara de hierro (vv. 12, 15).

Más arriba se nos dan pistas clave, pues recordamos la descripción de Jesús al principio del libro, donde «Jesús… el soberano de los reyes de la tierra» (1:5) es descrito con ojos «como llama de fuego» (v. 14) y una «espada aguda» que sale «de su boca» (v. 16).[47] ¡Misterio resuelto! Jesús es el cordero. Y vence a sus enemigos, como deja claro el contexto de todo el libro, mediante su muerte y su segunda venida.[48]

La identidad de esos enemigos solo se aclara mediante el último paso: el contexto de toda la Biblia. El importante lema hermenéutico de la Reforma —«Las Escrituras interpretan a las Escrituras»— es crucial para descifrar muchos de los códigos de la literatura visionaria de la Biblia. Lo que se dijo de John Bunyan (si le pinchabas la piel, sangraba Biblia) podría decirse del libro de Apocalipsis (si escarbas bajo la superficie, darás con las Escrituras hebreas). En Apocalipsis, los símbolos que Cristo revela a Juan proceden de la «mina de símbolos» del Antiguo Testamento.[49] Hay casi trescientas alusiones de este tipo, según Bruce Metzger.[50] Para cada sección de la literatura visionaria, debemos reconocer que los diversos símbolos están probablemente enraizados en otros textos bíblicos. Así, deberíamos plantearnos preguntas como: «¿De qué hecho teológico o acontecimiento de la historia de la salvación parece ser este pasaje

---

47. «Casi todo en el pasaje es un símbolo. Los siete candeleros de oro son las siete iglesias de los capítulos 2–3. El Hijo del Hombre que está en medio de ellas es Cristo. La larga ropa y el cinto de oro representan a Cristo como rey y sacerdote. La blancura representa la pureza y el esplendor espirituales. El fuego, el bronce y la luz del sol en todo su esplendor son un ejemplo de la imaginería esmaltada, que combina un brillo sobrenatural de la luz y la dureza de la textura para simbolizar la gloria y la permanencia de un lugar trascendente (el cielo) y de una persona (Cristo). Las siete estrellas son los ángeles de las siete iglesias. La espada es la palabra, el poder y el juicio de Cristo» (Ryken, *Symbols and Reality*, 89-90).

48. Ver Ap. 5:6, 12; 13:8; 17:14.

49. Arthurs, *Predicando con variedad*, 186.

50. Bruce M. Metzger, *Breaking the Code: Understanding the Book of Revelation* (Nashville: Abington, 1993), 13. «Ningún otro libro del Nuevo Testamento está tan impregnado del Antiguo Testamento como Apocalipsis… En general, se reconoce que Apocalipsis contiene más referencias al AT que cualquier otro libro del NT, aunque los intentos anteriores de calcular la cantidad total han variado [195, 226, 278, 394, 455, 493, 635, aproximadamente 1000]» (G. K. Beale y Sean M. McDonough, «Revelation», en *Commentary on the New Testament Use of the Old Testament* [Grand Rapids, MI: Baker Academic, 2007], 1081, 1082). En palabras de Arthur Jackson, «todos los profetas se dan cita en Apocalipsis» (citado en Helm, «Apocalyptic Literature: Study Guide»).

una versión simbólica?»[51] y «¿Qué doctrina conocida del NT (como el juicio de Dios contra el mal), o acontecimiento de la historia de la salvación (como la derrota del mal por parte de Cristo) o enseñanza escatológica (como la degeneración de la historia humana en sus fases finales) se representa en los detalles visionarios del texto?».[52] Porque, como señala Ryken, «Las extrañas visiones de Apocalipsis siguen refiriéndose a doctrinas conocidas e ideas escatológicas enseñadas en otras partes del Nuevo Testamento... El libro de Apocalipsis desarrolla el modelo que podemos construir a partir de otras partes del Nuevo Testamento».[53]

Por ejemplo, he aquí la breve interpretación de Ryken de los símbolos de Apocalipsis 12: Este texto «comienza con una visión de una mujer (Israel) que da a luz a un hijo (Cristo), al que un dragón rojo (Satanás) intenta destruir, pero que es milagrosamente protegido y arrebatado al cielo (la ascensión de Jesús tras encarnarse en la tierra)».[54] ¿Cómo llega Ryken a esta conclusión? He aquí la respuesta: «Sobre la base de los símbolos del Antiguo Testamento para las tribus de Israel (vv. 1-2), podemos identificar a la mujer como Israel. El niño que ha de gobernar a todas las naciones es obviamente Cristo. Sabemos que el dragón es Satanás (12:9), que fue incapaz de destruir a Cristo durante su vida terrenal y su historia redentora».[55] Esto ofrece un excelente resumen de lo que debería ser nuestro proceso habitual de deducción. Necesitamos tener un ojo agudo para lo obvio,[56] un agarre firme de la experiencia humana en el mundo,[57] una comprensión del argumento de la Biblia, un conocimiento de la historia y los símbolos culturales de las audiencias originales, y la capacidad de conectar a una persona o un acontecimiento de la historia de la salvación con otro.

51. Ryken, *Words of Life*, 143.
52. Ryken, «Introduction to Revelation», *Literary Study Bible*, 1947.
53. Ryken, «Introduction to Revelation», *Literary Study Bible*, 1947.
54. Ryken, *Literary Introductions to the Books of the Bible*, 561.
55. Ryken, *Words of Life*, 141.
56. Ryken, *Words of Life*, 143.
57. Ryken, *Words of Life*, 144.

Un comentario sobre los comentarios

¿Y si los pasos anteriores no nos llevan a ninguna parte? Si el símbolo no se interpreta en el contexto inmediato ni en ningún otro lugar, el último paso es preguntar a un experto. ¡Consulta los comentarios bíblicos!

En la edición de abril de 2011 de *Themelios*, Murray Harris reseñó el comentario de J. Ramsey Michaels sobre el Evangelio de Juan. En su reseña, como breve inciso sobre los comentarios, Harris escribió: «¡Qué cantidad tan increíble de riquezas tenemos ahora!». Cierto. Por ello, para los predicadores, especialmente cuando nos acercamos a textos visionarios, es una tontería descuidar la lectura de algunos buenos comentarios. En otro lugar, al detallar mi rutina semanal habitual para la preparación de sermones, escribí: «Utilizo entre cinco y treinta comentarios a la semana. ¿Me llaman loco? Está bien. Prefiero que me llamen loco a que me llamen vago. Mi lógica es la siguiente: Si puedo obtener información de mi becario del lunes, que es un estudiante de Biblia en la universidad local [mi práctica habitual en ese momento de mi vida], ¿no puedo también (¡y además!) obtener información de mis compañeros comentaristas del martes, que suelen ser profesores de Biblia en las más prestigiosas universidades y seminarios? Pasar el rato con los comentaristas en el estudio o en Starbucks es el mejor estudio bíblico del mundo. No dejes de asistir».[58] Este consejo es especialmente cierto en el difícil género visionario. Después de hacer tu propio trabajo —ya sea el lunes por la mañana o el sábado por la noche (¡Dios no lo quiera!)—, ve qué tienen que decir los expertos sobre el gran macho cabrío al que se le rompe un cuerno, el azufre ardiente que cae del cielo, los pájaros que comen la carne de los reyes y otros mil textos complicados. Comprueba si tus conocimientos de las Escrituras y de la historia antigua te ayudan a arrojar luz sobre los misterios que intentas resolver.

---

58. Douglas Sean O'Donnell, «Spirit-Filled Sitzfleisch: The Prayerful Art of Sermonizing», en *Unashamed Workmen*, ed. Rhett Dodson (Fearn, Ross-shire, Escocia, UK: Christian Focus, 2014), 210-11.

CÓMO PREDICAR ESCRITOS VISIONARIOS BÍBLICOS

Debo admitir que escribí este último capítulo en último lugar no porque encaje de forma natural —porque incluye el libro de Apocalipsis— como último capítulo de un libro sobre la predicación de los géneros de la Biblia, sino porque carezco de experiencia en este género y, por tanto, me sentía intimidado. Mi experiencia es escasa. He impartido un estudio bíblico para hombres sobre Daniel, he predicado sobre el Sermón del Monte en Mateo y Marcos, he predicado dos veces sobre Apocalipsis 1–5, y uno de mis sermones navideños favoritos se basa en Apocalipsis 12. Pero eso es todo lo que he enseñado y predicado sobre la literatura visionaria de la Biblia. Así que, no hace falta decir que he aprendido mucho leyendo el material de Ryken sobre este tema, también otros tomos académicos (especialmente Arthurs), y leyendo y escuchando a pastores que tienen mucha más experiencia. Y, por esta razón, no puedo esperar para compartir lo que he aprendido; y, para algún día, si el Señor quiere, predicar sobre todas las visiones en la Palabra de Dios. A continuación, ofrezco dieciséis sugerencias. (Lo sé, deberían ser siete o doce, pero dieciséis es el número al que llegué).

Ferviente oración

Sobre el Sermón del Monte, J. C. Ryle escribió: «Todos los pasajes de la Escritura como este deberían considerarse con gran humildad, y pidiendo fervientemente en oración la enseñanza del Espíritu».[59] Ese es un buen consejo para abordar toda la literatura visionaria. Arrodíllate en el estudio antes de subir al púlpito.

Un tono gris puro en un mundo cada vez más blanco y negro

La iglesia está más polarizada que nunca, y muchas personas de nuestras congregaciones exigen que ofrezcamos declaraciones autorizadas, sobre todo, desde la teoría crítica de la raza hasta la identidad del anticristo. El consejo aquí es simple, pero seguramente controvertido:

---

59. J. C. Ryle, *Meditaciones sobre los Evangelios. Mateo* (Ciudad Real: Editorial Peregrino, 2001), 162.

No hay que tener miedo a dar varias interpretaciones y permitir cierta ambigüedad.[60] Si Daniel, que recibió mucha más sabiduría e información privilegiada de la que nosotros tendremos o recibiremos jamás, pudo decir que «no… entendía» una visión (Dn. 8:27), entonces tenemos que bajar un poco el tono cuando se trata de este género instintivamente misterioso.

No enfatices demasiado la identificación

Todo símbolo representa a alguien, algún lugar o algo, pero a veces identificar a cada persona, lugar y cosa puede ser una preocupación malsana, especialmente cuando las propias Escrituras no ofrecen ninguna pista. Así que, por favor, deja a un lado tu sermón sobre diez razones por las que los diez cuernos de Apocalipsis 13 representan a las naciones de la Unión Europea. Es muy probable que eso no sea cierto. Lo que sí es cierto es que Dios tendrá la victoria mediante su Hijo sobre todo imperio maligno, los de la Europa actual y los de todo el mundo. ¡Evita la identificación excesiva desde el púlpito!

No hagas de profeta (Así dice el Señor)

Comencé mi sermón sobre Marcos 13:24-37 con una larga lista de falsas predicciones y la repetición de la frase «Cristo no regresó». Por ejemplo:

Un clérigo romano de los siglos II y III calculó que Jesús regresaría en el año 500 d. C. Su predicción se basaba en las dimensiones del Arca de Noé. Cristo no regresó. El 1 de enero del año 1000, muchos cristianos de Europa predijeron el fin del mundo. Tristemente, algunos reaccionaron a esa marca milenial de manera militar. A medida que el primer día del año se acercaba rápidamente, ejércitos cristianos viajaron a algunos de los países paganos del norte de Europa con el fin de hacer conversos, por la fuerza, si era necesario, antes de que Cristo regresara. Cristo no regresó. También, en la Edad Media, el Papa Inocencio III tomó el número 618 (el año en que se fundó el Islam) y

---

60. Por ejemplo, puede haber algunas opciones exegéticas para el consuelo de Cristo del «maná escondido» y «una piedrecita blanca» (Ap. 2:17) a la iglesia de Pérgamo.

le añadió el número 666 (el número de la bestia) para obtener 1284 como el año del juicio final de Cristo. Cristo no regresó.[61]

Continué incluyendo las predicciones de Joseph Smith, Charles Taze Russell, Edgar Cayce y Harold Camping. En seis mil vallas publicitarias en todo Estados Unidos, Camping decretó: «El Día del Juicio se acerca / 21 de mayo [2011]. La Biblia lo garantiza». Cuando llegó el día (y Cristo no), Camping se limitó a ofrecer otra falsa predicción para el día del regreso de Cristo.

Cuando se trata de averiguar los detalles del Sermón del Monte, o de cualquiera de las profecías apocalípticas, debemos mantenernos dentro de los límites de lo revelado en las Escrituras.[62] Si Jesús afirma claramente: «Pero de aquel día y de la hora nadie sabe, ni aun los ángeles que están en el cielo, ni el Hijo, sino el Padre» (Mr. 13:32), es pecaminoso que pretendamos saber más que el Hijo encarnado.

No debemos hacernos los profetas. Y, si lo hemos hecho, debemos arrepentirnos, que es en realidad lo que hizo Camping unos meses antes de morir. En una entrevista privada, declaró lo que Jesús afirmó en Marcos 13:32, que ningún ser humano puede saber el día en que se acabará el mundo.[63] Además, en una carta pública a los oyentes de su cadena Family Radio, admitió que sus predicciones eran «pecaminosas», que no había hecho caso de lo que Jesús enseñó en el Sermón del Monte, y que ahora estudiaba su Biblia «con más fervor... no para encontrar fechas, sino para ser más fiel en [su] comprensión [de ella]».[64] Alabado sea Dios. ¿Necesitas arrepentirte de jugar al profeta, de pronósticos fantasiosos y de la fascinación por las tablas, los gráficos proféticos y las interminables especulaciones que los acompañan?

---

61. Douglas Sean O'Donnell, *Mark: Arise and Follow the Son*, próximamente.

62. «Qué pasará cuando» no es la pregunta correcta; se pierde «la intención del mensaje apocalíptico» («Genre of Apocalypse», en *Dictionary of Biblical Imagery* [*Gran diccionario enciclopédico de imágenes y símbolos de la Biblia*], ed. Leland Ryken, James C. Wilhoit, y Tremper Longman III [Downers Grove, IL: IVP Academic,1998], 35). Publicado en español por editorial Clie.

63. «Harold Camping Exclusive: Family Radio Founder Retires» (*Christian Post*, 24 de octubre de 2011).

64. «Letter from Harold Camping to the "Faith Radio Family"» (*Charisma News*, 7 de marzo de 2012).

Revivir el pasado, exponer el presente

Muchas de las falsas predicciones surgen por no comprender (¡o ni siquiera buscar!) la intención del autor para su audiencia original, dentro de su contexto cultural. Identificamos a los cuatro seres vivientes de Ezequiel con los poderes políticos actuales, sin llegar a comprender el significado del detallado contexto histórico del libro:

> Aconteció en el año treinta, en el mes cuarto, a los cinco días del mes, que estando yo en medio de los cautivos junto al río Quebar, los cielos se abrieron, y vi visiones de Dios. En el quinto año de la deportación del rey Joaquín, a los cinco días del mes, vino palabra de Jehová al sacerdote Ezequiel hijo de Buzi, en la tierra de los caldeos, junto al río Quebar; vino allí sobre él la mano de Jehová (Ez. 1:1-3).

Este libro de profecías apocalípticas comienza con estos catorce detalles históricos por una razón. Si pasamos por alto los detalles de *cuándo* ocurrió esta visión y a *quién*, no podremos entender *qué* significa la visión, ni mucho menos su significado contemporáneo. Como advierte Helm, «nos centramos tanto en hacia dónde se dirige la historia que nos olvidamos de considerar cómo era la historia o hacia dónde iba».[65] Arthurs ofrece un ejemplo excelente de cómo revivir el texto en su contexto histórico original:

> Imagínese que usted es un seguidor devoto de Cristo en la época de Domiciano. Lo acosan y lo marginan, tal vez hasta lo encarcelen y torturen. ¿Por qué? Porque ama a Jesús y se ha ofrecido a Él como sacrificio vivo. Imagínese sus sentimientos de venganza y alivio cuando el telón se levanta para mostrarle a Dios, llamado Fiel y Verdadero, quien pronto juzgará a las naciones (Ap. 19:11, 15). La tensión de la teodicidad se resuelve, y usted decide aguantar hasta el final.[66]

Una de las razones para revivir el pasado es salvar la distancia entre el público antiguo y la iglesia contemporánea. Como exiliados en esta

---

65. Helm, «Apocalyptic Literature: Study Guide».
66. Arthurs, *Predicando con variedad*, 197.

tierra, todos podemos identificarnos con los temas de la apocalíptica exílica. En Daniel, por ejemplo, los relatos sobre el exilio (capítulos 1–6) y las visiones (capítulos 7–12) ponen de relieve «los problemas contemporáneos a los que se enfrentan los cristianos que viven en una cultura hostil».[67] Revivir el pasado también ofrece la oportunidad de simpatizar con la iglesia perseguida de hoy y orar por ella.

La semana que escribí el borrador de este capítulo, estuve en la predicación del pastor Jeff Frazier de la iglesia Chapelstreet en Geneva, Illinois. En su sermón «Esmirna: La iglesia perseguida, Apocalipsis 2:8-11», citó las siguientes estadísticas: «Solo en el último año, 340.000 cristianos viven en lugares donde experimentaron altos niveles de persecución y discriminación; 5361 fueron asesinados por su fe; 4488 iglesias, escuelas u otros edificios cristianos fueron atacados o destruidos; 6200 creyentes fueron detenidos sin juicio, arrestados, condenados y encarcelados». Hizo una pausa, y luego nos exhortó enérgicamente: «Y deberíamos estar orando, orando de rodillas por la iglesia perseguida». Amén y amén.

No pierdas la esperanza

Puede que no nos enfrentemos a una injusta condena de prisión o a amenazas contra nuestras vidas o lugares de culto, pero lo que Pablo escribió a Timoteo es cierto para todos los cristianos a lo largo de la historia: «todos los que quieren vivir piadosamente en Cristo Jesús padecerán persecución» (2 Ti. 3:12). Además, todos vivimos en un mundo caído. Perdemos trabajos, mueren seres queridos, surgen crisis y los descarriados siguen descarriados. Experimentamos todo tipo de males y tenemos un corazón propenso al mal. Por eso, todos necesitamos escuchar múltiples mensajes sobre la esperanza. Predicar a partir de la literatura visionaria nos asegurará que hemos abordado ese tema. Lo que dice Ryken sobre los últimos tiempos y el libro de Apocalipsis es válido para gran parte de la literatura visionaria: «El género apocalíptico es el género del final feliz. El libro de Apocalipsis termina con un héroe montado en un caballo blanco que mata a un dragón, se casa con su novia, celebra la boda con un banquete y vive feliz para siempre en

---

67. Ryken, *Literary Introductions to the Books of the Bible*, 280.

un palacio repleto de joyas».[68] Las visiones inspiradas de la Biblia nos ofrecen una nueva visión. Debido a la violencia, la injusticia, la opresión y las catástrofes naturales, somos testigos de la victoria y la vindicación de Dios. Se nos lleva a la cima de la montaña para «ver a través de lo que sucede, lo que realmente sucede».[69] ¡Nuestro pueblo lo necesita! ¡Nosotros lo necesitamos! Todos necesitamos esperanza. Mantengamos esa esperanza.

Predicadores del evangelio

Tras su resurrección, Jesús dejó claro que sus sufrimientos desempeñan un papel central en nuestra comprensión del Antiguo Testamento (ver Lc. 24:25-27, 44-47). Al predicar literatura visionaria, especialmente visiones sobre acontecimientos futuros, es fácil olvidar el pasado y el presente, incluso el acontecimiento pasado de la muerte de Jesús y la importancia presente de ella.

En su excelente guía de estudio sobre la literatura apocalíptica, Helm ilustra la centralidad de la cruz en nuestra predicación con la visión del rey Nabucodonosor en Daniel 2. Está claro, nos dice Helm, que la revelación divina del rey pagano se centra en el futuro («lo que ha de acontecer en lo por venir», Dn. 2:45) y que la gran estatua que ve «tiene algo que ver con el fin de la historia humana tal como la conocemos, con la instauración de un reino eterno».[70] Así, los sermones típicos sobre este texto se centran únicamente en un tiempo futuro en el que el reino de Dios regirá en el mundo. Está bien. Predicar sobre la soberanía presente y futura de Dios está bien. Sin embargo, lo que a menudo se pasa por alto es el detalle que Jesús no pasa por alto, a saber, la piedra que «fue cortada, no con mano» y que «hirió a la imagen en sus pies de hierro y de barro cocido, y los desmenuzó» (2:34). Sí, «desmenuzó el hierro, el bronce, el barro, la plata y el oro» (v. 45).

---

68. Ryken, *Symbols and Reality*, 98. «Estas imágenes de la voluntad de Dios "así en la tierra como en el cielo" desviaban la atención de los oyentes de las crisis de la vida cotidiana. Vislumbraban otro tiempo y otro mundo en el que, desprovisto de los vicios del actual orden mundial, prevalecía la virtud del orden universal de Dios» («Genre of Apocalypse», en *Dictionary of Biblical Imagery*, 35).

69. Fred B. Craddock, «Preaching the Book of Revelation» (*Interpretation* 40.3 [1986]: 278).

70. Helm, «Apocalyptic Literature: Study Guide».

En Lucas 20:17-18, Jesús responde al desafío de los líderes religiosos judíos: «Dinos: ¿con qué autoridad haces estas cosas?» (v. 2), con la parábola de los labradores malvados. Esta parábola narra la inminente muerte de Jesús y termina con la frase sobre el juicio de Dios a los que rechazan y matan a su Hijo: «Vendrá y destruirá a estos labradores, y dará su viña a otros» (v. 16). Los escribas y los sumos sacerdotes se quedan atónitos. «¡Dios nos libre!», fue su respuesta. Jesús responde, entonces, con otro juicio: «Pero él, mirándolos, dijo: ¿Qué, pues, es lo que está escrito: La piedra que desecharon los edificadores ha venido a ser cabeza del ángulo? Todo el que cayere sobre aquella piedra, será quebrantado; mas sobre quien ella cayere, le desmenuzará» (vv. 17-18).

Jesús cita el Salmo 118 y Daniel 2. El primer texto se sitúa en el contexto de la esperanza de liberación del salmista: «No moriré, sino que viviré… Mas no me entregó a la muerte» (Sal. 118:17-18). La segunda es una clara alusión a la visión de Nabucodonosor. Helm comenta: «Al aludir a Daniel 2, Jesús relaciona su propia muerte con el cumplimiento del sueño apocalíptico de la piedra que los "desmenuzó"».[71] En la exposición que Jesús hizo de Daniel 2, encontró que el «centro de gravedad» del sueño era «su propia muerte y resurrección».[72] Así, Helm amonesta al predicador: «Nuestra predicación de Dn. 2 debe destacar la cruz de Cristo como el momento de la historia humana en que Dios irrumpió en el orden mundial y comenzó su reinado real. Este compromiso de fundamentar todas las Escrituras… en la cruz de Cristo nos convierte en predicadores del evangelio».[73]

El ahora y el deber

Helm también habla de la relevancia del énfasis «en el "ahora" de la literatura apocalíptica para la vida cristiana».[74] Además, basándose en el trabajo de Leon Morris, habla del «deber».[75] Él señala que las obras apocalípticas del mundo judío y grecorromano se centran solo

---

71. Helm, «Apocalyptic Literature: Study Guide».
72. Helm, «Apocalyptic Literature: Study Guide».
73. Helm, «Apocalyptic Literature: Study Guide».
74. Helm, «Apocalyptic Literature: Study Guide».
75. Ver Leon Morris, *Apocalyptic* (Grand Rapids, MI: Eerdmans, 1983), 58-61.

en la alteridad del futuro, mientras que «el apocalipsis bíblico está íntimamente relacionado con el deber y la ética del aquí y ahora».[76] La literatura visionaria, en sus diversos subgéneros, ofrece algunas de las llamadas más claras al discipulado y ejemplos de discipulado. Como afirma Helm:

> Al leer Amós, uno queda impresionado, no solo por el inminente día del Señor (una idea muy apocalíptica), sino también por la necesidad de que el pueblo de Dios se arrepienta y comience a vivir correctamente de nuevo bajo la Palabra de Dios. Lo mismo ocurre con Apocalipsis. Está lleno de un deber profético. Exige un cambio ético: no permitirá que los cristianos de todas las épocas comprometan sus principios para apaciguar una época llena de desafíos morales. De hecho, Juan utiliza la palabra *guardar* no menos de 10 veces, lo que significa que sus lectores deben *atender* u *obedecer*. A lo largo de todo el libro, se exhorta a los lectores a *recordar*, a *hacer* y a permanecer sin mancha del mundo. Es osado en su intención de conseguir para Dios un pueblo definido por el término «vencedores»: hombres y mujeres que nunca comprometan sus convicciones cristianas en este mundo hostil.[77]

Lo mismo puede decirse de Daniel. Como resume Ryken: «Una de las aplicaciones más obvias del libro… es que muestra a los cristianos cómo vivir piadosamente en una sociedad secular opresiva o no cristiana».[78]

«Atrévete a ser un Daniel» no es un eslogan trillado de la escuela bíblica vacacional. Debería ser la súplica constante del predicador a su pueblo, de una forma u otra. Como Daniel, debemos orar con regularidad, permanecer fieles y afrontar con valentía la persecución. También deberíamos predicarnos a nosotros mismos y a los demás lo que Daniel se atrevió a predicar al rey más poderoso del mundo: «tus pecados redime con justicia, y tus iniquidades haciendo misericordias para con los oprimidos, pues tal vez será eso una prolongación de tu tranquilidad» (Dn. 4:27). No debemos predicar las visiones proféticas

---

76. Helm, «Apocalyptic Literature: Study Guide».
77. Helm, «Apocalyptic Literature: Study Guide».
78. Ryken, *Literary Introductions to the Books of the Bible*, 281.

sin exhortaciones éticas; el Sermón del Monte, sin llamamientos a la vigilancia, la resistencia fiel, la espera paciente, el trabajo duro y el servicio amoroso (ver Mt. 24:13, 45-51; 25:14-30); y Apocalipsis, sin llamamientos a la fe, la resistencia, la obediencia («la paciencia de los santos, los que guardan los mandamientos de Dios y la fe de Jesús», Ap. 14:12; cf. 13:10) y la santidad («Salid de ella, pueblo mío, para que no seáis partícipes de sus pecados», 18:4).

Nuestra predicación debe seguir el modelo de 2 Pedro 3. Después que Pedro escribe sobre el repentino día del Señor («los cielos pasarán con grande estruendo, y los elementos ardiendo serán deshechos, y la tierra y las obras que en ella hay serán quemadas», v. 10), ofrece esta admonición: «Puesto que todas estas cosas han de ser deshechas, ¡cómo no debéis vosotros andar en santa y piadosa manera de vivir… procurad con diligencia ser hallados por él sin mancha e irreprensibles, en paz» (vv. 11, 14). Esperamos «la venida del día de Dios» (v. 12), la promesa de «cielos nuevos y tierra nueva, en los cuales mora la justicia» (v. 13), actuando éticamente. «A Pedro no le preocupaba —afirma Helm— cuándo volvería Cristo, sino *cómo* debían vivir los cristianos hasta que Cristo volviera».[79] Nosotros deberíamos compartir la misma preocupación.

Siente la tensión

Pensé en titular esta sugerencia: «Predica toda la verdad», o «No andes de puntillas en torno a la verdad» o «Afronta las preguntas difíciles». Tenemos que hacer lo que dicen esos tres títulos rechazados. Sin embargo, opté por: «Siente la tensión», porque si haces una exégesis fiel a estos textos (¡predica toda la verdad y nada más que la verdad!), la tensión será tangible. Predicar la verdad provoca tensión.

Mi primer sermón como pastor fue el 16 de septiembre de 2001, cinco días después del 11 de septiembre. Mi pasaje preseleccionado fue Apocalipsis 19:11-21.[80] Prediqué un sermón sobre la venida de Jesús como salvador y juez; y era precisamente el mensaje que el pueblo de Dios necesitaba oír aquel domingo. Comencé el sermón diciendo:

---

79. Helm, «Apocalyptic Literature: Study Guide».

80. Ken Carr, el pastor principal, predicó la semana anterior sobre Filipenses 2:1-11. Habló de la encarnación. Yo debía centrarme en el regreso de Cristo.

Los acontecimientos de esta semana son ciertamente impactantes, repulsivos y dolorosos. Que se hayan violado las reglas del reino de Dios no es sorprendente, pero que ahora se haya violado el suelo de Estados Unidos es revolucionario. Esta semana hemos presenciado actos de guerra contra Dios y contra el hombre, episodios de maldad que son demasiado increíbles para comprenderlos plenamente. Pero la gran providencia de Dios tiene hoy una palabra para nosotros. No soy profeta ni hijo de profeta, pero debo confesar que hace meses que seleccioné Apocalipsis 19:11-21. En aquel momento, obviamente desconocía el futuro, y cuando escribí la mayor parte del sermón (antes del 11 de septiembre), sentía aprensión por la acogida que pudiera tener, debido a la naturaleza gráfica del texto. Sin embargo, a la luz de los acontecimientos de esta semana, no se me ocurre ningún pasaje en toda la Biblia más pertinente, apropiado y práctico. Estoy convencido de que nos vendrá bien esta mañana meditar sobre la gran soberanía de nuestro Dios y el glorioso regreso de su Hijo.

Luego leí el pasaje bíblico. Oramos. Y empecé el sermón así:

La venganza tiene su lugar en la fe cristiana. Y no tiene un papel insignificante, innecesario o menor en nuestra salvación. Es tan fundamental y crucial como los conceptos bíblicos de gracia, misericordia, amor y perdón, porque en su centro se encuentra nuestro Señor Jesucristo. Cuando la mayoría de nosotros pensamos en Jesús, rara vez nos lo imaginamos, como lo hace el libro de Apocalipsis, como un rey santo, un juez justo y un guerrero victorioso. En nuestras mentes, no nos cuesta imaginarlo como un bebé envuelto en pañales, como un niño que enseña en el templo, como un hombre que camina milagrosamente sobre el agua y como un salvador moribundo. Pero nos cuesta imaginarlo como un poderoso rey conquistador, fuerte, feroz, implacable y vengativo. Una de las razones por las que podemos tener esta dificultad se debe a nuestra ignorancia o a nuestros malentendidos sobre Cristo y su segunda venida. Por un lado, puede que simplemente no estemos informados de los detalles del regreso de Cristo; por otro lado, puede que seamos capaces de recitar algunos de los hechos de la segunda venida, pero que no comprendamos su objetivo último.

A medida que predicaba sobre la relación entre la salvación y el juicio, es decir, que Jesús salvará a su pueblo juzgando a los que no son su pueblo, creaba tensión. Podía sentirlo. ¡Mi congregación exudaba tensión!

La predicación fiel de este género producirá esa tensión. La resolución es buena y necesaria, pero no tengas miedo de dejar que tu congregación viva en la tensión creada por el texto. Mientras escuchan, deja que reflexionen: «Usted está de parte de Dios o contra Él. Usted lleva puesta una túnica blanca o la marca de la bestia. Su nombre está escrito en el libro de la vida o en los libros del juicio».[81] Ayuda a los testigos fieles a alegrarse de su perseverancia, a los creyentes tibios a lamentarse y arrepentirse de su vacilación, y a los incrédulos a temblar ante el juicio venidero.

Convierte sus oídos en ojos

«Por un lado —escribe Charlie Dates—, la predicación tiene elementos técnicos para la exégesis, la estructura, la proclamación teológica y doctrinal. Por otro lado, la predicación, como el jazz, puede moverse dentro de una estructura, un esquema invisible, una narración que hace el punto sin necesariamente anunciar el punto. Puede invitar a los oyentes a entrar en la narrativa bíblica, convertir sus oídos en ojos y atrapar su imaginación».[82] Anteriormente, he aplicado aspectos de esta cita a los esquemas para predicar narrativas; permíteme aplicarla de forma diferente a la predicación del género visionario. La predicación es tanto una ciencia como un arte. Los sermones sobre la literatura visionaria requieren la combinación de ambas disciplinas. Nuestros sermones necesitan estructuras claras y explicaciones precisas. También necesitan realzarse con cánticos y miras elevadas.

---

81. Ver Arthurs, *Predicando con variedad*, 196-197.

82. Charlie E. Dates, «Preface: The Treasure and Potential of African American Preaching», en *Say It! Celebrating Expository Preaching in the African American Tradition*, ed. Eric C. Redmond (Chicago: Moody, 2020), 18.

Por ejemplo, en su sermón sobre Apocalipsis 21, mi amigo Ed Copeland siguió la estructura y el énfasis de Juan, ambos visuales. Ed dividió el texto en los dos puntos naturales de división: «Vi un cielo nuevo y una tierra nueva…» (v. 1) y «entonces… uno de los siete ángeles… habló conmigo, diciendo: Ven acá, yo te mostraré la desposada, la esposa del Cordero» (v. 9). Observa el lenguaje: «vi» y «te mostraré». Se decidió por el título «Esperando la boda» para ajustarse al énfasis temático de la intimidad representada en las dos mitades de los capítulos y en cada escena dentro de ellos. Al hacerlo, ofreció en su prefacio antes del sermón este excelente consejo para todo predicador: «La literatura apocalíptica es, por naturaleza, evocadora, visual y visceral. En consecuencia, me centré en lo que las imágenes pretendían transmitir y en cómo debían hacer sentir al lector».[83] Lo consiguió. Con sus cinco escenas sermónicas —la novedad (del cosmos recreado), la novia, el tabernáculo, la ciudad y las naciones—, hizo que las imágenes sobrenaturales del texto aterrizaran en la vida real de su congregación. Su recorrido por lo que vio Juan ayudó a su pueblo (¡y al lector!) a ver que Dios ha preparado un lugar de intimidad con nosotros. Concluyó: «Somos residentes extranjeros. Eso no es motivo de desesperación, sino de gozo. Un día estaremos en la cena de las bodas del Cordero, sin mancha ni arruga, y disfrutaremos de su rostro imperturbable en el lugar que nos ha preparado por los siglos de los siglos. Amén».[84]

Hoy día se predica demasiado desde el lado izquierdo del cerebro. El lado izquierdo, como resume Ryken, se «activa con conceptos abstractos, razonamiento lógico y pensamiento proposicional».[85] Necesitamos eso en nuestros sermones, pero sin descuidar el otro hemisferio del cerebro. El lado derecho de nuestro cerebro «se ocupa de las sensaciones, las palabras que nombran imágenes concretas y el lenguaje figurado».[86] Cuando procesamos información con el lado derecho, es «mediante imágenes e intuición».[87]

---

83. K. Edward Copeland, «Waiting for a Wedding: Expository Preaching from the Apocalypse», en *Say It! Celebrating Expository Preaching in the African American Tradition*, 202.

84. Copeland, «Waiting for a Wedding», 213.

85. Ryken, *Symbols and Reality*, 84.

86. Ryken, *Symbols and Reality*, 84.

87. Ryken, *Words of Life*, 144.

En sus comentarios sobre Daniel 7:1-8, Helm observa cómo el género cambia de narrativo a apocalíptico o, como él lo expresa, «narrar una historia da paso a ver una película». También señala que, por difíciles que puedan ser de entender algunas de las visiones, los predicadores deben recordar que «mucha gente prefiere las películas a los libros, algo más abiertamente visual y vívido».[88] Pregunta: ¿Clasificaría tu gente tus sermones como visuales y vívidos?[89] Pregunta complementaria: ¿Dirían: «Me ayuda a *ver* lo que dice la Palabra de Dios»? Nuestra gente comprende la Palabra con ambos lados del cerebro. Sé equilibrado. ¡Empieza a predicar más al lado derecho! Convierte sus oídos en ojos.

Predicación encáustica

En su libro *Small Preaching: 25 Little Things You Can Do Now to Become a Better Preacher*, Jonathan Pennington compara una temporada de predicación en una congregación concreta con la pintura «encáustica», una antigua técnica que «utiliza cera caliente coloreada con pigmentos y aplicada en capas» para crear, con el tiempo, una imagen final multidimensional y resplandeciente. Él comenta: «Es un arte lento, en el que cada estrato y cada color se enfrían antes de aplicar el siguiente». En lo que se refiere a la predicación, aboga por «adoptar una visión de arco largo de la predicación, un enfoque lento, capa por capa, de su vida como predicador», y anima a los predicadores a «ver cada sermón que predican como una capa de cera, un color para una parte del cuadro general», un cuadro que, con el tiempo, el Espíritu Santo puede utilizar para crear una obra maestra.[90] ¡Qué consejo tan excelente! Este próximo domingo, vierte uno de los diversos colores de la paleta creativa de Dios. Déjalo reposar.

---

88. David Helm, *Daniel for You* (Epsom, Inglaterra, UK: The Good Book Company, 2017), 117.

89. «Para comunicarse bien, los predicadores deben escribir y pronunciar sus sermones en un estilo oral que los oyentes puedan comprender inmediatamente». Sidney Greidanus enumera dieciséis sugerencias, entre ellas ofrecer «palabras vívidas e ilustradas: un lenguaje que nos ayude a ver la acción» (*Preaching Christ from Daniel: Foundations for Expository Sermons* [*Predicando a Cristo desde Daniel: Fundamentos para sermones expositivos*] [Grand Rapids, MI: Eerdmans, 2012], 28). Publicado en español por editorial Teología para Vivir.

90. Jonathan T. Pennington, *Small Preaching: 25 Little Things You Can Do Now to Become a Better Preacher* (Bellingham, WA: Lexham, 2021), 33-34.

Repítelo, con un nuevo color, domingo tras domingo, hasta que Dios te llame a casa, a un nuevo hogar eclesiástico o a su propio hogar.

Esta excelente imagen y consejo desencadenaron en mi mente una forma específica de predicar un sermón individual sobre la literatura visionaria. Necesitarás pintura de secado rápido, o meter la cera caliente en un congelador bastante frío, pero la idea es esta: tomar tantas imágenes como proporcione el texto y ofrecer un color para cada una, un color para cada parte de un cuadro general. O, si estás predicando sobre Apocalipsis, a menudo puedes utilizar los colores proporcionados. He aquí un ejemplo de lo que quiero decir: tomemos Apocalipsis 5. Hay imágenes clave obvias: (1) el rollo con los siete sellos, (2) el León de la tribu de Judá que abre el rollo, que es también (3) el Cordero que fue inmolado, y (4) la adoración del León-Cordero por la multitud de criaturas angélicas y terrenales. Es solo una idea, pero ¿y si cada una de las cuatro imágenes anteriores representara un color —azul (las lágrimas, porque no se encontró a nadie que abriera el libro), púrpura (por el rey León), rojo (por la sangre salvadora y conquistadora del Cordero) y dorado (por los cuencos de oro del incienso, una de las imágenes de adoración)—, y cada color combinado creara un trono, donde el punto del pasaje (o parte del punto) sea que el León/Cordero está sentado junto al «que estaba sentado en el trono» (5:1), a quien Dios describió en Apocalipsis 4? Es solo una idea. Tal vez una mala. O tal vez una que despierte tu imaginación homilética, como la idea de Pennington lo hizo con la mía.

Rompecabezas

Otra idea que he tomado prestada y modificado de Pennington se refiere a la idea de «concebir y elaborar un sermón» como si fuera «un rompecabezas». El fundamento filosófico es que el aprendizaje puede producirse «de forma sistemática y lineal», pero la mayoría de la gente suele aprender «de forma más asociativa, encontrando y conectando fragmentos de datos y pensamientos que experimentamos de forma un tanto aleatoria». Hay algunas formas sistemáticas de armar un rompecabezas (como empezar por las piezas de los bordes), pero «en su mayor parte es un proceso de descubrimiento muy poco lineal». Pennington explica la analogía relacionada con la predicación:

A veces un texto habla de una cuestión complicada que tiene varios puntos y perspectivas que deben considerarse cuidadosamente, como cuestiones de economía, raza, género o sexualidad. En lugar de tratar de presentar un argumento simple y lineal, un enfoque de rompecabezas podría liberar al predicador para reconocer y explorar esta complejidad en el camino a pintar un cuadro útil y claro. Se pueden sostener y examinar varias ideas diferentes antes de unirlas. En este tipo de sermón, probablemente lo mejor será hacer tres movimientos: enmarcar el tema (juntar las piezas de los bordes); explorar varios temas distintos (examinar piezas que pueden no parecer conectadas); y completar el cuadro (mostrar cómo encajan todas las piezas).[91]

He aquí mi modificación referente a la predicación de la literatura visionaria: a veces, con un texto cargado de imágenes, lo mejor es seguir estos tres pasos: (1) dejar clara la sección de las Escrituras (p. ej.: Ap. 5), (2) recorrer brevemente los aspectos clave de cada imagen (Jesús es el León, luego el Cordero), y (3) unir las piezas y ofrecer una imagen de las imágenes (Jesús gobierna por medio de su muerte sacrificial).

Un ritmo en tres etapas

Bien, otra idea prestada y modificada. Pennington sugiere que la observación de Alfred North Whitehead sobre la educación puede proporcionar un marco útil para estructurar y elaborar los movimientos de nuestros mensajes. Whitehead señala «el crecimiento en el conocimiento… como un proceso o *ritmo* que generalmente pasa por tres etapas». La primera etapa es el romance, en la que la gente se siente intrigada por una idea y quiere aprender más sobre ella; la segunda etapa es la precisión, en la que «la curiosidad lleva a la comprensión» (se establecen conexiones y las preguntas encuentran respuesta); la tercera etapa es la generalización, en la que «la gente pasa a considerar cómo este tema preciso se conecta con el resto de la vida».[92] Aplicado a la predicación, Pennington escribe:

---

91. Pennington, *Small Preaching*, 52-53.
92. Pennington, *Small Preaching*, 50-51, resumiendo a Whitehead.

El predicador comienza con la etapa del romance, invitando indirectamente a los oyentes a intrigarse por una idea, ayudando a que el tema del texto les llame la atención, quizá por primera vez. A menudo, esto puede lograrse eficazmente con preguntas bien afinadas que estimulen el interés. El segundo movimiento... es la etapa de precisión. Este es el centro del sermón, en el que el predicador se esfuerza por pasar del interés inicial a una creciente apreciación y al conocimiento de la complejidad e importancia de la idea del texto. Por último, la etapa de generalización es análoga al giro crucial hacia la aplicación que suelen dar los sermones, aunque haciendo más hincapié en cómo la idea del sermón conecta con otros conceptos y verdades y con la vida en general.[93]

Recomiendo encarecidamente este movimiento a la hora de predicar literatura visionaria. Por ejemplo, en un sermón sobre la visión de Jesús en Apocalipsis 1, comienza con una pregunta como: «¿Quién es Jesús?». Ofrece ideas que vayan desde las percepciones populares hasta las diversas concepciones erróneas de las religiones del mundo. Luego, sumérgete en los detalles. Responde a las preguntas que los curiosos deberían hacerse, después de tu interesante, atrayente y atractiva introducción. Pregunta: «¿Por qué se representa a Jesús con el pelo blanco, una espada que sale de su boca, etc.?». Una vez descifrado el código, ponte práctico. Responde a la pregunta: «¿Y ahora qué?».

Lo no verbal

La literatura visionaria abarca los grandes temas de la Biblia. Debemos «predicar [estos] grandes temas de maneras grandes».[94] Arthurs ofrece tres maneras de lograrlo.[95] En primer lugar, usa ilustraciones adecuadas. Segundo, usa «un estilo ligeramente elevado». Tercero, usa «el canal no verbal».

Una de las demostraciones más conmovedoras que he visto en un servicio cristiano fue cuando alguien, en la capilla de una escuela, leía las Escrituras sobre la creación del universo, mientras tres artistas

---

93. Pennington, *Small Preaching*, 51-52.
94. Arthurs, *Predicando con variedad*, 208.
95. Arthurs, *Predicando con variedad*, 209.

dibujaban en tres lienzos separados lo que parecían ser tres pinturas totalmente diferentes. Sin embargo, cuando terminó la lectura de las Escrituras, y con ella el sonido de una música sutil, y los tres lienzos se colocaron juntos, formaron un cuadro unificado con la frase (si no recuerdo mal) «En el principio, Dios». Como exhorta Arthurs: «Si tiene artistas dotados en su congregación, ¿por qué no dejar que se expresen cuando predique de la literatura apocalíptica? Descubra el gozo que viene de trabajar con un equipo, y descubra el poder de proclamar la literatura visionaria con símbolo y canción».[96]

Liturgia: Escrituras, cantos y súplicas

Deja que la organización de tipo desfile de la literatura visionaria, junto con la mezcla de subgéneros dentro de ella (cantos, confesiones y oraciones), te ayuden a crear nuevas liturgias basadas en estos textos antiguos. Sobre Apocalipsis, Fred Craddock aconseja:

> Que toda la liturgia traiga a Apocalipsis a la congregación. El sermón no es el único que porta la Palabra de Dios. Los himnos extraídos, ya sea en espíritu o en el texto de Apocalipsis, los himnos inspirados por el Apocalipsis y las porciones sanas de Apocalipsis bien leídas, pero sin comentario, no solo sirven de contexto para un sermón, sino que, por sí mismos, pueden decir y hacer lo que el profeta Juan procuró decir y hacer. De hecho, dada la naturaleza sumamente litúrgica de Apocalipsis, esta sugerencia final al predicador tiene más peso que una opción; el libro en sí lo exige.[97]

Arthurs ofrece un excelente ejemplo de un arreglo de Apocalipsis 7:9-12 para lectores y un coro.[98] Aquí ofrezco mi propio servicio especial de porción de las Escrituras, sermón y canto sobre Apocalipsis 5:

Bienvenida y oración inicial

Lectura responsiva: Apocalipsis 4:2, 6, 8b, 9-11

---

96. Arthurs, *Predicando con variedad*, 212.
97. Citado en Arthurs, *Predicando con variedad*, 208-209.
98. Ver Arthurs, *Predicando con variedad*, 209.

Y al instante yo estaba en el Espíritu; y he aquí, un trono establecido en el cielo, y en el trono, uno sentado… Y delante del trono había como un mar de vidrio semejante al cristal; y junto al trono, y alrededor del trono, cuatro seres vivientes llenos de ojos delante y detrás… y no cesaban día y noche de decir:

> *Santo, santo, santo es el Señor Dios Todopoderoso, el que era, el que es, y el que ha de venir.*

Y siempre que aquellos seres vivientes dan gloria y honra y acción de gracias al que está sentado en el trono, al que vive por los siglos de los siglos, los veinticuatro ancianos se postran delante del que está sentado en el trono, y adoran al que vive por los siglos de los siglos, y echan sus coronas delante del trono, diciendo:

> *Señor, digno eres de recibir la gloria y la honra y el poder; porque tú creaste todas las cosas, y por tu voluntad existen y fueron creadas.*

Canto:	Santo, Santo, Santo (Reginald Heber)
Escrituras:	Apocalipsis 5:1-5
Himno coral:	¿Es Él digno? (Andrew Peterson)
Escrituras:	Apocalipsis 5:6-10
Sermón:	Digno es el Cordero
Canto:	Digno eres, oh Cristo (Douglas Sean O'Donnell)[99]

Lectura responsiva: Apocalipsis 5:11-14

Y miré, y oí la voz de muchos ángeles alrededor del trono, y de los seres vivientes, y de los ancianos; y su número era millones de millones, que decían a gran voz:

---

99. Ver Douglas Sean O'Donnell, *God's Lyrics: Rediscovering Worship through Old Testament Songs* (Phillipsburg, NJ: P&R, 2010), 187.

*El Cordero que fue inmolado es digno de tomar el poder, las rique-
zas, la sabiduría, la fortaleza, la honra, la gloria y la alabanza.*

Y a todo lo creado que está en el cielo, y sobre la tierra, y debajo de
la tierra, y en el mar, y a todas las cosas que en ellos hay, oí decir:

*Al que está sentado en el trono, y al Cordero, sea la alabanza, la
honra, la gloria y el poder, por los siglos de los siglos.*

Los cuatro seres vivientes decían:

Amén;

y los veinticuatro ancianos se postraron sobre sus rostros y adoraron
al que vive por los siglos de los siglos.

Hazlo a lo grande o vete a casa

Nuestra siguiente sugerencia sigue bien al Jesús representado en Apo-
calipsis 5 y en todo el libro.[100] Cuando prediques sobre el Hijo de
Dios descrito al principio de Apocalipsis y en todo el libro, o sobre el
Señor Dios Todopoderoso de Ezequiel 1 o sobre el Anciano de Días de
Daniel 7, hazlo a lo grande o vete a casa. Utilizo ese eslogan de ventas
o deportes algo trillado de «ir por todo» o «dar todo tu esfuerzo», para

---

100. «En Apocalipsis, finalmente vemos a Jesús develado: "el soberano de los reyes de
la tierra" (1:5), el "Alfa y la Omega" (1:8), "y su voz como estruendo de muchas aguas"
y su rostro "era como el sol cuando resplandece en su fuerza" (1:15-16). Él estaba en pie
sobre el monte de Sion (14:1, 14). Tenía en la cabeza una corona de oro (14:14) y montaba
un caballo blanco (19:11). Blandía una espada aguda y regía con vara de hierro (19:15).
El Jesús que vemos en Apocalipsis, con su ropa teñida en sangre (19:13), es un Jesús muy
diferente del que conocimos en los Evangelios, donde su gloria de vez en cuando deste-
llaba desde detrás del telón. Sin duda alguna, todavía es el Cordero de Dios, pero ahora
el Cordero también es "el León de la tribu de Judá, la raíz de David, ha vencido" (5:5).
"Miles de miles, y millones de millones de ángeles cantan a gran voz: 'El Cordero que fue
inmolado es digno de tomar el poder, las riquezas, la sabiduría, la fortaleza, la honra, la
gloria y la alabanza'" (5:12). Él enjuga las lágrimas de los fieles, extiende su tabernáculo
sobre ellos y guía a fuentes de aguas de vida (7:17), pero para los malvados, la hora de
su ira llega cuando el reino de este mundo se convierte en el reino de Cristo (11:18, 15).
Pídale a Dios que le ayude a captar esa visión, y pídale que le ayude a transmitir eso a los
oyentes» (Arthurs, *Predicando con variedad*, 205).

hacer un punto extremadamente serio: tenemos que dejar de predicar (irnos a casa, o quedarnos en casa) si no predicamos a un Dios grande.

En un artículo publicado en *Preaching Today*, el Dr. Duane Litfin comparte esta historia:

> Recuerdo a un estudiante que predicaba un sermón sobre el Evangelio de Marcos, donde Jesús está expulsando demonios. El estudiante predicó un sermón básicamente sobre cómo expulsar demonios. Cuando terminó, empezamos a preguntarle qué había hecho con el texto. Le pregunté:
>
> —¿Crees que Marcos estaba tratando de decirnos aquí cómo expulsar demonios?
>
> —Mmm, no, probablemente no —dijo.
>
> —¿Qué crees que estaba haciendo Marcos?
>
> —Bueno, Marcos nos estaba enseñando acerca de Jesús.
>
> —¿Qué nos estaba enseñando acerca de Jesús?
>
> —Que Él tenía poder sobre lo oculto, las fuerzas del mal y el universo.
>
> —¿Por qué no lo predicaste de esa manera? —le dije.
>
> —No se me ocurría cómo aplicarlo —me respondió.
>
> —¿Y si lo aplicamos así: "Arrodillémonos todos y adoremos a Jesús"? —le dije.
>
> —No se me había ocurrido —me respondió.[101]

Lo que Litfin aplica a una historia milagrosa, nosotros podemos aplicarlo a la forma en que las visiones y los sueños de la Biblia describen a Dios. Y en el estudio, al igual que en el púlpito, deberíamos acostumbrarnos a adorar humildemente a nuestro imponente Señor («Adora a Dios», Ap. 19:10; 22:9), temblar ante Él (ver Dn. 10:10, 11), saber que «hay un Dios en los cielos, el cual revela los misterios» (Dn. 2:28), tratar de entender esos misterios («procuraba comprenderla» la visión, Dn. 8:15), confesar nuestro pecado («siendo hombre inmundo de labios», Is. 6:5), reconocer su gobierno («que reconozcas que el cielo gobierna»,

---

101. En línea, https://www.preachingtoday.com/books/art-and-craft-of-biblical-preaching/style/felt-needs-preaching.html.

Dn. 4:26) y alabar su nombre: «Sea bendito el nombre de Dios de siglos en siglos, porque suyos son el poder y la sabiduría» (Dn. 2:20).

Exaltación escatológica

En su perspicaz y revelador artículo «Sermonic Eschatonics in Preaching», Robert Smith Jr. sostiene que existe «una relación inextricable entre predicación y escatología», y lo ilustra mediante la tradición de predicación afroamericana, en la que el objetivo de una «presencia escatológica en la predicación» —o lo que él denomina «sermón escatónico»— es «pintar el futuro de los creyentes en el lienzo del texto bíblico a pesar de su crisis actual».[102] Él escribe:

> Los predicadores del siglo xxi tienden a ser miopes en su predicación y a *mirar* el ahora sin *vislumbrar* la gloria de Aquel que hace nuevas todas las cosas. Hay una tendencia del predicador contemporáneo a mirar el texto bíblico microscópicamente y ver sus implicaciones para el ya, sin mirar a través del texto bíblico telescópicamente y discernir sus verdades a la luz de la eternidad. Tanto la penúltima como la última observación del texto bíblico determinan si el predicador mira las Sagradas Escrituras bifocalmente o con un ojo cerrado.[103]

Inspirándose en el FCF (Fallen Condition Focus [Enfoque de la condición caída]) de Bryan Chapell, en el que el predicador relaciona el texto bíblico con un aspecto de nuestra condición caída, Smith habla de nuestra necesidad de tener un FCF (Future Condition Focus [Enfoque de la condición futura]) que «destaque la consumación de la humanidad redimida que conlleva la celebración: lo que Dios diseñó para nosotros en la eternidad pasada, incluso antes de la caída de la humanidad en el pecado», una «celebración escatológica [que] comienza en esta vida y alcanza su plenitud en la eternidad futura».[104]

Smith recuerda que la mayoría de los sermones que escuchaba de joven terminaban con una celebración de este tipo, y cómo esta tradición

---

102. Robert Smith Jr., «Sermonic Eschatonics in Preaching», *Preaching* (otoño, 2020): 18.

103. Smith, «Sermonic Eschatonics in Preaching», 19.

104. Smith, «Sermonic Eschatonics in Preaching», 20. «Dios declaró el *Christus Victor* en el libro de Apocalipsis (11:15) antes de anunciar el protoevangelio en Génesis 3:15» (20).

estaba arraigada en el culto de la comunidad de esclavos. Lo describe de esta manera: «Después de una semana en la que se desgarraba a los esclavos, diciéndoles que eran 3/5 humanos que tenían cola, pero no alma, los esclavos se ponían sus ropas de domingo para ir a la reunión porque iban a encontrarse con el Señor en la iglesia. Había libertad para expresarse; libertad para llorar; libertad para sentir el Espíritu; libertad para predicar, cantar y gritar. Habían estado esperando toda la semana para exhalar el domingo por la mañana».[105] ¡Nuestras congregaciones también necesitan exhalar! Permíteselo. Anímalos. Muéstrales cómo. Ponles delante —mientras algunos se enfrentan a la discriminación y la marginación, otros a rupturas sentimentales y pérdidas económicas, y algunos a la propia muerte— a su glorioso Salvador y a su brillante futuro.

CONCLUSIÓN

John Barton escribió: «Sabemos instintivamente que una frase que comienza: "las estrellas caerán del cielo, el sol se convertirá en tinieblas, y la luna en sangre" no terminará "y el resto del país estará parcialmente nublado con chubascos dispersos».[106] Muy cierto. Pero lo que no es instintivo, especialmente para aquellos que crecieron en la iglesia evangélica en el siglo pasado, es que las imágenes anteriores deben tomarse *de manera literaria*, no de manera literal. Esperamos que hayas aprendido esta verdad fundamental en este capítulo. Y, con suerte, habrás adquirido una mayor confianza en cómo leer y predicar este difícil género. Más que eso, oramos para que estés tan abierto «a la maravilla, el misterio y la alteridad» y a la «energía imaginativa y brillantez» de «los extraños mundos de la imaginación visionaria»[107] y tan «receptivo al poder imaginativo de las imágenes y los símbolos»,[108] que permitas que tu imaginación vuele. ¡Intenta volar más allá de las estrellas![109]

---

105. Smith, «Sermonic Eschatonics in Preaching», 21.

106. John Barton, *Reading the Old Testament: Method in Biblical Study* (Filadelfia: Westminster, 1984), 17.

107. Ryken, *Symbols and Reality*, 77, 93.

108. Ryken, apuntes sobre Daniel, en *Literary Study Bible, English Standard Version*, 1368.

109. Francis Schaeffer escribió que los cristianos no deben sentirse amenazados por «dar rienda suelta a su imaginación y fantasía… El creyente es aquel cuya imaginación debería volar más allá de las estrellas» (Francis A. Schaeffer, *Arte y Biblia* [Barcelona: Ediciones Evangélicas Europeas, 1974], 23, 101).

CONCLUSIÓN
Unas palabras finales sobre tu trabajo en la Palabra

Era domingo por la mañana. Estaba en la oficina de la iglesia a punto de dirigirme al santuario para el primer servicio. Vi un mensaje en mi teléfono. Era de Kent Hughes. Me invitaba a escribir un volumen para «Predica la Palabra», la serie de comentarios que él edita. Me dijo: «Me encantaría que colaboraras. Piensa sobre qué libro de la Biblia te gustaría escribir». Rápidamente me vino a la mente el Evangelio de Mateo. Pero yo nunca había publicado nada y pensé que sería presuntuoso llamarlo y decirle: «¡Lo haré! Y, oh sí, apúntame para el gran libro de Mateo». Decidí pedir las cartitas de Juan, y lo haría después del servicio. Cuando volví a mi despacho, había otro mensaje de Kent: «Me gustaría que escribieras sobre Mateo, si estás dispuesto». Por la fuerza de Dios, ¡me animé!

El prefacio del editor de Kent para cada libro de la serie «Predica la Palabra» se titula: «Una palabra a los que predican la Palabra».[1] En ese prefacio, responde a la pregunta: «¿Cómo explicamos el sentido de complacencia de Dios en nuestra predicación?» mediante las categorías aristotélicas de logos, ethos y pathos. Aristóteles utilizó estas categorías para hablar de la persuasión: «Ahora bien, las pruebas aportadas por el discurso son de tres clases. La primera depende del carácter moral [el ethos del orador], la segunda depende de poner al oyente en un cierto estado de ánimo [pathos], la tercera, del propio discurso [logos]».[2] En

---

1. Kent Hughes, en Douglas Sean O'Donnell, *Matthew: All Authority in Heaven and on Earth, Preaching the Word* (Wheaton, IL: Crossway, 2013), 13-14.

2. Aristóteles, *Retórica* 17 (1.2.1356a). Abraham Kuruvilla ofrece esta interesante observación: «Varios siglos más tarde [después del siglo IV a. C.], Pablo pareció hacerse eco de esas mismas ideas: "pues nuestro evangelio no llegó a vosotros en palabras solamente [p. ej.: *logos*], sino también con poder y con el Espíritu Santo y con gran y plena confianza [p. ej.: *pathos*], como bien sabéis cuáles fuimos entre vosotros por amor de vosotros [p. ej.: *ēthos*]" 1 Ts. 1:5»

lo que se refiere a la predicación, y a la pregunta que Kent pretendía responder, escribe: «El placer de Dios es una cuestión de *logos* (la Palabra), *ethos* (lo que eres) y *pathos* (tu pasión)». Es obvio que un manual sobre la predicación de los géneros literarios de la Biblia probablemente no cambie ni mejore tu carácter. Pero Lee y yo esperamos haberte ofrecido alguna ayuda con el pathos (p. ej.: esperamos que sientas las emociones del texto bíblico antes y mientras lo predicas) y mucha ayuda con el logos. Esperamos que sepas más sobre cómo proclamar fielmente historias, parábolas, epístolas, poemas, proverbios y visiones que se encuentran en la santa Palabra de Dios. Esperamos haberte animado en tu labor con la Palabra.

Además, esperamos que este libro te haya hecho tomar conciencia y apreciar el arte de la Palabra inspirada, te haya ayudado a comprender que un análisis literario de la Biblia es inestimable para una predicación fiel, y te haya ofrecido un arsenal de herramientas analíticas para explorar y exponer todo el canon. Por último, esperamos, como Pablo hizo con Timoteo, que todo esto «sea manifiesto a todos» (1 Ti. 4:15). ¡El objetivo del predicador es el progreso, no la perfección! Que tu congregación note en este próximo año, y en los muchos años venideros, que tus sermones sobre Salmos suenan diferentes que tus sermones sobre Filipenses, y que tus sermones sobre Filipenses no compartan la misma forma, estilo, modo y tono que tus sermones sobre Proverbios. Y que lleguen a crecer, a medida que crece tu progreso en tu predicación que es sensible al género literario, en su amor por nuestro buen Dios y su buen libro.

(Kuruvilla, *A Manual for Preaching: The Journey from Text to Sermon* [Grand Rapids, MI: Baker Academic, 2019], 257).

RECURSOS ÚTILES

Arthurs, Jeffrey D. *Predicando con variedad: Cómo reproducir la dinámica de los géneros literarios usados en la Biblia*. Grand Rapids, MI: Editorial Portavoz, 2009.

Greidanus, Sidney. *Predicando a Cristo desde Génesis: Fundamentos para los sermones expositivos*. Colombia: Monte Alto Editorial, 2021.

__________. *Predicando a Cristo desde Daniel: Fundamentos para Sermones Expositivos*. Lima: Teología para Vivir, 2021.

__________. *Predicando a Cristo desde Eclesiastés: Fundamentos para sermones expositivos*. Lima: Teología para Vivir, 2022.

Piper, John. *Exultación expositiva: La predicación cristiana como adoración*. Grand Rapids, MI: Editorial Portavoz, 2019.

Ryken, Leland, James C. Wilhoit y Tremper Longman III, eds. *Gran diccionario enciclópedico de imágenes y símbolos de la Biblia*. Barcelona: Clie, 2015.

ÍNDICE DE LAS ESCRITURAS

NUESTRA VISIÓN

Maximizar el efecto de recursos cristianos de calidad que transforman vidas.

NUESTRA MISIÓN

Desarrollar y distribuir productos de calidad —con integridad y excelencia—, desde una perspectiva bíblica y confiable, que animen a las personas a conocer y servir a Jesucristo.

NUESTROS VALORES

Nuestros valores se encuentran fundamentados en la Biblia, fuente de toda verdad para hoy y para siempre. Nosotros ponemos en práctica estas verdades bíblicas como fundamento para las decisiones, normas y productos de nuestra compañía.

Valoramos la excelencia y la calidad
Valoramos la integridad y la confianza
Valoramos el mérito y la dignidad de los individuos y las relaciones
Valoramos el servicio
Valoramos la administración de los recursos

Para más información acerca de nuestra editorial y los productos que publicamos visite nuestra página en la red: www.portavoz.com